QUEM MEXEU NO MEU DINHEIRO?

O Guia do
PAI
Rico

Who took my money?

QUEM MEXEU NO MEU DINHEIRO?

Como fazer do seu dinheiro um campeão!

ROBERT T. KIYOSAKI
SHARON L. LECHTER

Tradução
Maria José Cyhlar Monteiro
Economista e Professora da
Universidade Federal do Rio de Janeiro

Revisão Técnica
Afonso Celso da Cunha Serra

ELSEVIER

EDITORA
CAMPUS

Do original
Rich dad's who took my money?
Tradução autorizada da edição publicada por Warner Business Books e Warner Books

Editoração Eletrônica
DTPhoenix Editorial

Revisão Gráfica
Shirley Lima da Silva Braz

Projeto Gráfico
Elsevier Editora Ltda.
A Qualidade da Informação
Rua Sete de Setembro, 111 — 16º andar
20050-006 — Rio de Janeiro — RJ — Brasil
Telefone: (21) 3970-9300 Fax (21) 2507-1991
E-mail: info@elsevier.com.br
Escritório São Paulo
Rua Elvira Ferraz, 198
04552-040 — Vila Olímpia — São Paulo — SP
Telefone: (11) 3841-8555

ISBN 85-352-1486-0
(Edição original: ISBN 0-446-69182-8)

CIP-Brasil. Catalogação-na-fonte.
Sindicato Nacional dos Editores de Livros, RJ

K68q Kiyosaki, Robert T., 1947-
Quem mexeu no meu dinheiro? — Como fazer do seu dinheiro um campeão / Robert T. Kiyosaki, Sharon L. Lechter; tradução de Maria José Cyhlar Monteiro. — Rio de Janeiro: Elsevier, 2004.

Tradução de: Rich dad's who took my money?
ISBN: 85-352-1486-0

1. Finanças pessoais. 2. Poupança e investimento. 3. Riqueza. I. Lechter, Sharon L. II. Título.

04-2523 CDD – 332.024
CDU – 330.567.2

04 05 06 07 5 4 3 2 1

Sumário

Nota do autor

Este livro é para as pessoas que querem exercer maior controle sobre seu dinheiro e obter retornos superiores àqueles auferidos pelo investidor médio. Não diremos exatamente o que deve ser feito... já que o que o leitor fará para enriquecer e como o fará de fato dependem apenas dele... Contudo, este livro ajudará você a entender por que alguns investidores conseguem retornos muito superiores à média, com menos risco e em muito menos tempo.

Noventa por cento dos investidores se enquadram na média e precisam continuar aplicando em fundos de investimento e em planos de aposentadoria. As informações deste livro se destinam aos 10% que desejam se tornar investidores profissionais e acelerar o crescimento de suas carteiras financeiras.

Obrigado.

ROBERT T. KIYOSAKI
SHARON L. LECHTER

INTRODUÇÃO

Como transformar US$10 mil em US$10 milhões em dez anos

"O maior receio dos americanos é ficar sem dinheiro quando chegar o momento da aposentadoria."

PESQUISA DO JORNAL USA TODAY

"A principal razão das dificuldades financeiras é que as pessoas procuram conselhos financeiros de pessoas pobres ou de vendedores."

PAI RICO

Em dezembro de 2002, um jornal de Phoenix, Arizona, publicou um artigo sobre meu livro *Profecias do Pai Rico*, que acabara de ser lançado em outubro daquele ano. Fiquei surpreso com a objetividade do artigo, já que poucos jornalistas financeiros dizem coisas muito simpáticas sobre o livro.

Embora equilibrado, o autor da matéria a fechou com uma observação que me perturbou. Ele teceu comentários sobre o retorno de 39% sobre meu investimento mais recente. Tive a impressão de que o jornalista queria insinuar que eu estava mentindo ou exagerando ao falar do retorno de meus investimentos.

Muita gente não gosta de quem se gaba ou exagera. Não ligo para essas pessoas. Meu problema é que, quando mencionei aquele retorno, não estava me gabando nem exagerando. Na verdade, estava fazendo exatamente o oposto — na realidade tinha subestimado meu retorno. Em outras palavras, meu retorno não era apenas um cálculo financeiro.

Era dinheiro de verdade, em termos do que tinha entrado em meu bolso e que tinha gerado lucro bem maior do que 39%.

Durante alguns dias fiquei perturbado. Finalmente, liguei para o jornal para marcar uma hora. Queria esclarecer a questão. Disse ao jornalista que não esperava que ele voltasse a escrever sobre mim ou que publicasse uma retratação. Tudo o que eu queria era poder ir a seu escritório com meu contador e mostrar-lhe como tinha lucrado aqueles 39%. Sua resposta foi cordial e marcamos uma reunião.

Depois que meu contador e eu explicamos como eu tinha obtido os 39% e como isso era um percentual subestimado, o único comentário dele foi: "Bom, o investidor médio não pode fazer o que o senhor faz".

Ao que respondi: "Nunca disse que era para fazer".

Então ele interrompeu: "O que o senhor faz é muito arriscado".

Continuei, "Nestes últimos anos, milhões de investidores perderam trilhões de dólares, boa parte aplicada em ações e fundos de investimento que o senhor recomenda. Muitas pessoas que perderam dinheiro investindo a longo prazo em fundos de investimento nunca conseguirão se aposentar. Isso não é arriscado?".

"Bem, isso aconteceu porque há muita corrupção nas empresas", respondeu, na defensiva.

"Em parte isso é verdade, mas quanto dessas perdas não foi provocado pelos maus conselhos de planejadores financeiros, corretores e jornalistas econômicos? Se investir a longo prazo em fundos de investimento é uma coisa tão boa, por que tanta gente perdeu tanto dinheiro?"

"Continuo defendendo minha posição", respondeu ele. "Estou convencido de que investir a longo prazo e diversificar as aplicações em vários fundos de investimento é o melhor caminho para o investidor médio".

"Concordo", repliquei. "Seu conselho é o melhor para o investidor médio... mas não para mim".

Meu contador, Tom, entrou então na conversa e disse: "Com uma pequena mudança no foco e com o uso de diferentes ativos, o investidor médio poderia obter retornos muito mais altos com muito menos risco. Em vez de ficar sentado, acompanhando as reviravoltas do mercado e ouvindo os palpites dos gurus financeiros, que tentam adivinhar a próxima grande dica sobre investimento em ações, o investidor que recorrer ao plano do pai rico do Robert não precisa entrar em pânico cada vez que o mercado cair ou se preocupar em saber qual será o setor que vai subir. Assim, o investidor pode auferir retornos muito mais altos com muito menos risco e o dinheiro entra automaticamente, como uma mágica. Na verdade, muitas vezes chamo essa estratégia de investimento de *dinheiro mágico*".

A idéia de um retorno de 39% — e agora *dinheiro mágico* — foi demais para o jornalista. Ao ouvir essa expressão, deu por encerrado o encontro.

Como disse, o jornalista era cordial e aberto. Algumas semanas depois, ele escreveu outro artigo sobre mim, embora eu não tivesse pedido. Mas, apesar de exato, ele não mencionou como eu tinha obtido aquele retorno nem falou nada sobre dinheiro mágico.

O mais importante é que lhe sou grato por ter-me inspirado para escrever este livro... um livro que *não* se destina ao investidor médio.

PERGUNTAS FREQÜENTES

Depois da reunião com o jornalista, resolvi escrever este livro. Achei que era hora de explicar a fórmula do pai rico para obter com um pequeno investimento um retorno extraordinariamente alto. Este livro também me propiciaria a oportunidade de responder a algumas perguntas feitas com freqüência... e que muitas vezes evito responder... como:

1. "Tenho US$10 mil. Em que devo aplicá-los?"
2. "Que tipo de investimento o senhor indica?"
3. "Como começar?"

A principal razão de minha hesitação em responder a essas perguntas é que a resposta verdadeira é "Depende da pessoa. O que eu *faria* é muitas vezes diferente do que você *deveria fazer*".

Outra razão para essa minha hesitação é que, quando respondo, explicando exatamente o que faço e como obtive altos retornos com menos dinheiro e menos risco, o que ouço são coisas assim:

1. "Isso não pode ser feito aqui."
2. "Não tenho condições para isso."
3. "Não há um jeito mais fácil de fazer?"

POR QUE TANTAS PESSOAS PERDEM

Em minha opinião, uma das razões pelas quais milhões de pessoas perderam trilhões de dólares entre 2000 e 2003 é que estavam procurando maneiras fáceis de investir dinheiro... e muita gente está sempre disposta a apontar caminhos fáceis... com respostas do tipo:

1. "Poupe."
2. "Invista a longo prazo e diversifique."
3. "Jogue fora o cartão de crédito e livre-se de suas dívidas."

Este livro *não* foi escrito para quem quer respostas fáceis. Se o leitor gosta de respostas financeiras simplistas, que muita gente está disposta a aceitar, então provavelmente este livro não lhe interessará. Minhas respostas podem parecer muito difíceis ou complicadas para a maioria das pessoas.

Este livro se destina aos que desejam exercer maior controle sobre seu dinheiro e ganhar muito mais dinheiro com seu dinheiro. Se for isso o que lhe interessa, então, por favor, leia.

A PIOR MANEIRA DE ENRIQUECER

Embora o jornalista estivesse certo ao dizer que sua orientação era ótima para o investidor médio, o fato é que essa é uma das formas mais difíceis de enriquecer. As pessoas empregadas que aplicam em planos de aposentadoria como o PGBL* estão pegando um trem parador na vida — um trem com um motor cansado, que não acelera e que nunca alcança os picos dos retornos financeiros. Também os freios são falhos, o que torna preocupantes os trajetos morro abaixo.

Ainda que as aplicações a longo prazo em fundos de aposentadoria possam ser uma boa idéia para o investidor médio, essa alternativa para mim é uma forma de investimento lenta, arriscada, ineficiente e altamente tributada.

HÁ INVESTIMENTOS MELHORES

Quando me perguntam "Em que devo investir?", gosto de mostrar o gráfico a seguir.

E explico: "Há três classes diferentes de ativos: *empresas, imóveis* e *papéis*". O gráfico compara dois dos três tipos: investimentos em imóveis e aplicações no índice S&P 500, que devem ser as preferidas pela maioria dos investidores em papéis. Deixo que o gráfico fale por si. Acredito que ele mostre a diferença entre o topo da montanha e o alto da colina.

---

* *Nota da Tradutora:* PGBL — Plano Gerador de Benefícios Livres. É um plano de Previdência Privada que permite a acumulação de recursos e a contratação de rendas para recebimento a partir de uma data escolhida pelo participante.

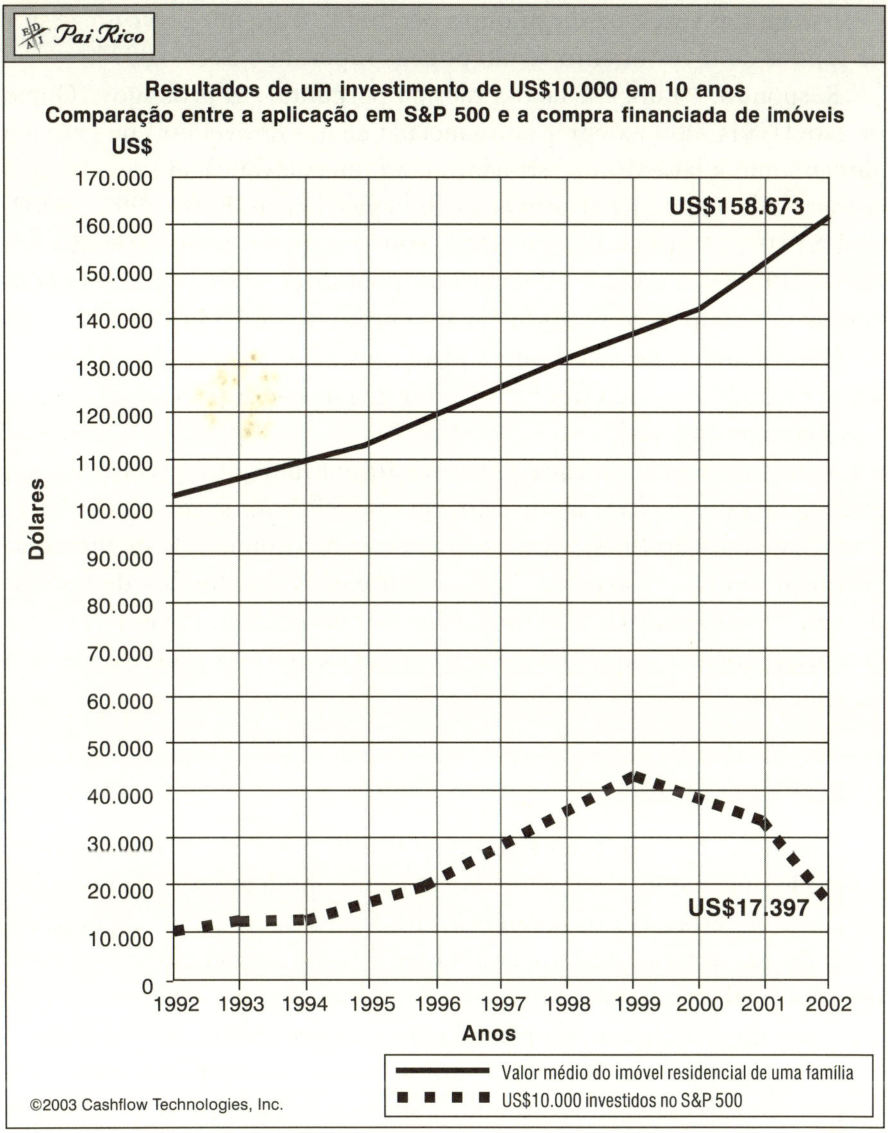

Continuo explicando: “Um bom investimento simples é aplicar num fundo de ações indexado ao S&P 500.* Muitos gestores de fundos de investimento consideram o S&P 500 a referência a ser superada; infelizmente muito poucos a superam”.

* *Nota da Tradutora:* Índice de preços das ações de 500 ações mais negociadas na Bolsa de Valores de Nova York. É considerado uma referência do mercado.

Isso muitas vezes faz surgir outra pergunta, "Para que serve um gestor de fundos de investimento se tão poucos superam o S&P 500?".

Respondo: "Também faço a mesma pergunta". E prossigo: "Quem investe US$10.000 na compra financiada de um imóvel está na verdade aumentando a base do investimento com uma alavancagem de x%, que corresponde ao financiamento concedido pelo banco. Entre 1992 e 2002, os US$10 mil aplicados no S&P 500 teriam se transformado em US$17.397. Já os US$10 mil investidos no imóvel, mais o financiamento bancário, teriam se convertido em algo próximo de US$158.673".

Depois que as pessoas contemplam o gráfico durante algum tempo, uma pergunta que ouço freqüentemente é "Por que as pessoas não investem mais em imóveis?".

Minha resposta: "Porque para investir em imóveis é preciso ser um melhor investidor. Para se investir em imóveis com sucesso, não basta uma boa educação financeira, as exigências de capital e de qualificação gerencial são muito maiores. Aplicar em papéis, em fundos de investimento, é muito mais fácil, menos oneroso e não demanda muito esforço gerencial, por isso é que um número maior de pessoas prefere esse tipo de aplicação".

RETORNOS MÉDIOS

Contudo, destaco que os retornos dos imóveis que o gráfico apresenta são uma média nacional e que as médias podem ser enganosas. Na verdade, os retornos dos imóveis foram muito maiores em algumas regiões do que em outras. Explico: "O S&P 500 é negociado no mercado internacional, enquanto os imóveis são transacionados em mercados locais. Isso quer dizer que o investidor atento pode obter retornos ainda maiores com imóveis. Os US$10 mil aplicados no S&P 500 gerarão o mesmo retorno para todos que aplicarem nele... enquanto os US$10.000 investidos em imóveis, durante o mesmo período, poderiam transformar-se em muito mais do que os US$158.675, ou em muito menos. Se a pessoa fizer investimentos muito ruins em imóveis e for péssimo administrador pode perder tudo o que aplicou e muito mais. Nesse caso teria sido melhor aplicar no S&P 500. O sucesso dos investimentos imobiliários depende da competência pessoal do investidor. O sucesso das aplicações em fundos de ações indexados depende do desempenho das empresas que compõem o índice.

À pergunta "Posso, partindo de um montante inicial de US$10 mil, ganhar mais do que US$158.673?", minha resposta é "Sim, mas para isso o investidor precisa recorrer ao poder de uma empresa". Das três classes de ativos, a empresa é o mais poderoso, mas é o que exige mais capacidade para iniciar, consolidar e gerenciar. Uma pessoa competente na condução de uma empresa e também em investimentos imobiliários pode obter retornos extraordinariamente altos, que superam em muito os valores registrados em nosso gráfico. Em outras palavras, os retornos estão *fora do gráfico*.

COMO OBTER RETORNOS EXTRAORDINARIAMENTE ALTOS

Embora parte do conteúdo deste livro já tenha sido abordada em outros livros do *Pai Rico*, agora nos aprofundaremos muito mais na questão dos investimentos que geram retornos extraordinariamente altos. Apresentarei os *aceleradores* de dinheiro que meu pai rico apontou.

Neste livro o leitor verá por que a *diversificação* e os *investimentos a longo prazo* nem sempre são o melhor caminho e por que muitas pessoas perdem dinheiro seguindo conselhos nesse sentido.

Um dos segredos mais bem guardados dos investidores bem-sucedidos é a *integração*, em lugar da *diversificação*. Em vez de investir apenas em um ativo, os investidores bem-sucedidos integram duas ou três classes de ativos, então *aceleram*, *alavancam* e *protegem* o fluxo de caixa gerado por esses ativos. Por exemplo, Bill Gates se tornou o homem mais rico do mundo integrando o poder de uma empresa e o poder dos papéis. Ele alcançou o sonho de muitos empreendedores, o de criar uma empresa e abrir seu capital no mercado de ações. Em outras palavras, ele transformou parte de sua empresa em papéis de um tipo mais conhecido como "ações". Se Bill Gates não tivesse aberto o capital de sua empresa, provavelmente continuaria sendo rico, mas dificilmente se tornaria, tão jovem, o homem mais rico do mundo. Dito de forma simples, foi a integração de dois ativos que acelerou seu enriquecimento. Ele não se tornou o homem mais rico do mundo sendo um empregado da Microsoft que ganha salário e diversifica suas aplicações em fundos de investimento.

Donald Trump obtém grandes retornos com seu dinheiro sendo dono de uma empresa que investe em imóveis. E Warren Buffett, o maior investidor do mundo, obtém retornos extraordinariamente altos por meio de uma empresa que investe em outras empresas.

GRANDES EMPRESAS VERSUS *PEQUENAS EMPRESAS*

Isso não quer dizer que seja necessário que sua empresa seja grande ou que atue no ramo imobiliário. O que importa destacar é que um investidor pode ser dono de uma pequena empresa e também investir em imóveis. É como ter duas profissões, uma para a pessoa e outra para seu dinheiro, algo que eu recomendo. Por exemplo, a profissão pela qual sou mais conhecido é a de autor. Essa é minha profissão. A profissão de meu dinheiro são os imóveis. Repetindo, o importante é *integrar* dois ou três ativos em vez de *diversificar* dentro de um único tipo de ativo.

Mesmo que o leitor seja dono de uma pequena empresa, ele ainda pode tirar partido de algumas vantagens financeiras como se fosse uma grande empresa. Do mesmo modo como uma grande empresa e o mercado de ações fizeram de Bill Gates um bilionário, uma pequena empresa, imóveis e papéis podem torná-lo um multimilionário em menos de dez anos. A pergunta é, *Você tem competência para investir muito bem em pelo menos dois ativos diferentes?* Se tiver, a mágica financeira poderá ocorrer.

SINERGIA VERSUS *DIVERSIFICAÇÃO*

Neste livro o leitor aprenderá a fórmula do pai rico para obter retornos extraordinariamente altos. O pai rico ensinou a seu filho e a mim que é preciso ter bons assessores e então integrar e acelerar o poder dessas forças financeiras. Essas forças financeiras são:

1. Empresas
2. Imóveis
3. Papéis
4. O dinheiro de seu banco
5. A legislação tributária
5. A legislação societária ou empresarial

Integrar quer dizer combinar e operar em conjunto. Diversificar quer dizer separar e operar separadamente.

Quem for capaz de integrar e acelerar essas seis forças obterá retornos extraordinariamente altos, começando com muito pouco dinheiro. Se fizer um trabalho notável — integrando essas seis forças —, aproveitará a mágica do dinheiro, ou sinergia financeira.

O QUE É SINERGIA?

Muitas vezes se define a palavra "sinergia" dizendo que "o todo é maior do que a soma das partes". Em termos simples, significa que 1 + 1 = 4, isto é, 4, nesse caso a soma, é maior do que as partes, 1 + 1.

Outro exemplo de sinergia: digamos que alguém pegue sementes de abóbora e um punhado de terra. A terra sozinha não será capaz de propiciar a germinação das sementes, por mais que se coloque terra em cima das sementes. É preciso juntar luz solar e água à terra, na medida certa, para que de repente a planta comece a crescer. É sinergia entre a terra, o Sol e a água que provoca a mágica da germinação da semente. O mesmo acontece com o dinheiro. Com os ingredientes certos, seu dinheiro pode crescer como num passe de mágica. Se o seu dinheiro ficar enterrado por baixo de uma pilha de terra diversificada, pode até virar cogumelo, mas não gerará a *mágica do dinheiro*.

O PODER DA SINERGIA

Este livro fala de como podemos dominar nosso dinheiro utilizando diferentes forças financeiras e criando sinergia financeira... também conhecida como mágica do dinheiro.

Obviamente, este livro não é para o investidor médio. Repetindo o que o jornalista me disse quando lhe expliquei como eu conseguia um retorno de 39%, "Bom, mas o investidor médio não pode fazer o que o senhor faz".

E repito minha réplica a esse comentário, "Nunca disse que ele podia".

Este livro é para pessoas que não gostam de entregar seu dinheiro a estranhos e ficar esperando e rezando para que ele ainda esteja lá quando precisarem dele. Este livro é para quem quer exercer maior controle sobre seu dinheiro e quer superar o retorno médio obtido pelo investidor médio. Este livro não lhe dará uma receita do que fazer — isso porque o que a pessoa faz para enriquecer e como o faz dependem dela —, contudo, ele auxiliará o leitor a entender por que alguns investidores obtêm retornos muito superiores aos do investidor médio, com menos risco e menos dinheiro e em muito menos tempo.

É POSSÍVEL GANHAR US$10 MILHÕES INVESTINDO US$10 MIL EM FUNDOS DE INVESTIMENTO?

Isso quer dizer que após a leitura você conseguirá obter resultados semelhantes com seus US$10 mil? E a resposta é: "Depende de você".

Uma pergunta mais importante pode ser: "Você pensa que é possível transformar US$10 mil em US$10 milhões em dez anos, aplicando apenas em fundos de investimento?". A mesma pergunta pode ser feita a alguém que investe *apenas* em imóveis. Na maioria dos casos a resposta é não. É muito difícil obter retornos extraordinários com apenas uma classe de ativos, que é o que a maioria das pessoas tenta fazer. Se elas investirem em diferentes ativos e integrarem o poder de diferentes aceleradores, isso criará uma sinergia dos investimentos e tornará possível a obtenção de retornos extremamente altos.

O MEDO NÚMERO UM DOS AMERICANOS

Durante uma palestra, uma jovem levantou a mão e perguntou: "Por que os retornos extremamente altos são tão importantes? Qual é o problema de enriquecer devagar? E afinal por que o dinheiro é tão importante? A felicidade não seria mais importante?".

Toda vez que falo em dinheiro e em enriquecimento, há sempre alguém entre o público que expressa essa idéia, que eu chamaria do cinismo da "falta de importância do dinheiro". Naquela oportunidade, eu estava preparado e, sorrindo, lhe passei uma matéria do *USA Today*. O jornal fizera uma pesquisa e verificara que *o medo número um dos americanos é ficar sem dinheiro*. O maior medo não era do câncer, da criminalidade ou da guerra nuclear. Era não ter dinheiro na velhice. Era viver uma longa existência sem dinheiro. A maioria das pessoas percebe que a Seguridade Social e os hospitais públicos não têm condições de ampará-las quando ficarem idosas.

Enquanto a jovem lia a matéria para o grupo, escrevi no quadro negro, "O jogo do dinheiro" e abaixo desenhei o quadro da página a seguir.

Quando a jovem acabou de ler o artigo, falei "Os senhores sabem que, em 2010, 78 milhões de americanos estarão com 65 anos ou mais? De cada três, um não tem plano de aposentadoria".

"Já ouvi isso", replicou ela. "Mas por que o senhor diz que é um jogo?"

Apontei para as faixas de idade, no quadro negro, e disse, "Muitas vezes os jogos se dividem em tempos. Por exemplo, um jogo de futebol americano se divide em quatro tempos de 15 minutos. É muito comum que as pessoas terminem os estudos por volta dos 25 anos e tenham como perspectiva se aposentar aos 65. Isso significa que o jogo do dinheiro tem uma duração de 40 anos, e que cada tempo do jogo dura 10 anos. Esperamos ganhar dinheiro e fazer uma reserva para nossa apo-

O jogo do dinheiro

Idade	Tempos do jogo
25 a 35	1º tempo
35 a 45	2º tempo
Intervalo	
45 a 55	3º tempo
55 a 65	4º tempo
	Prorrogação
	Tempo esgotado

sentadoria durante esses 40 anos. Consegui sair do jogo pouco depois do segundo tempo, aos 47 anos. Minha mulher, Kim, saiu do jogo aos 37 anos, pouco após terminar o primeiro tempo. Dá para entender o que estou falando do jogo?"

A jovem fez um gesto afirmativo, ainda com o recorte do *USA Today* entre as mãos. "E se não tiverem conseguido formar uma reserva suficiente até os 65 anos, então terão que continuar trabalhando no que o senhor chama de "prorrogação".

"Certo. Isso pode até ser bom, pois o trabalho provavelmente os manterá mais saudáveis. Mas há uma diferença entre *ter* que trabalhar e *querer* trabalhar."

"E 'tempo esgotado' significa que a pessoa está viva, mas é incapaz, fisicamente, de continuar trabalhando".

Fazendo que sim com a cabeça, prossegui, perguntando: "Sem precisar revelar sua idade, a senhora poderia me dizer em que tempo do jogo se encontra e se ainda está jogando ou já ganhou o jogo?".

"Não faço segredo de minha idade. Tenho 32 anos, o que me coloca no primeiro tempo do que o senhor chama do jogo do dinheiro". Parou um pouco e continuou, "E não estou nem perto de ganhar o jogo. Tenho várias dívidas, o crédito educativo, as prestações da casa própria, do carro, os impostos e as despesas do dia-a-dia. Praticamente gasto nisso tudo que ganho".

Depois de um longo silêncio para que todos que estavam na sala tivessem oportunidade de refletir, falei, "Obrigada por sua sinceridade. E se a senhora já estivesse no quarto tempo do jogo, digamos com 55 anos, e tivesse acabado de perder muito dinheiro na bolsa, ainda teria tempo para investir a longo prazo? Poderia resistir a outra crise do mercado? Poderia trabalhar e esperar enquanto seu dinheiro rende menos do que 10% ao ano?".

"Não", respondeu.

"Agora, a senhora entende por que é importante ter dinheiro suficiente e por que melhorar a educação financeira e gerar altos retornos em menos tempo é importante?"

Ela balançou a cabeça afirmativamente.

Para reforçar minha argumentação, perguntei, "Agora, ficou claro por que não faz muito sentido deixar seu futuro financeiro ao sabor das oscilações do mercado de ações? Por que não é interessante pôr nosso dinheiro na mão de estranhos, que ficam dando palpites sobre quais são as ações mais rentáveis? Será que faz sentindo trabalhar arduamente e pagar impostos cada vez mais altos e então descobrir na velhice que nada sobrou depois de toda uma vida de trabalho?".

"Não", respondeu.

Certo de que ela entendera por que era importante controlar os meios para obter melhores retornos, acrescentei, "E entendeu por que o maior medo dos americanos é ficar sem dinheiro quando a velhice chegar?".

"Sim", disse com voz trêmula. "Mamãe e papai estão apavorados com a idéia de que tenham que vir morar comigo daqui a alguns anos. E eu também tenho medo. Gosto muito deles, mas sou filha única. E tenho marido e três filhos. Como meu marido e eu vamos dar conta de nossa família e de meus pais quando eles ficarem mais velhos, da educação das crianças e da nossa aposentadoria?"

NÃO SEJA UMA VÍTIMA

A sala estava em silêncio. Eu podia imaginar quantas pessoas enfrentavam os mesmos problemas financeiros. "Os US$10 milhões não são o mais importante", falei. "O que importa é tomar as rédeas do nosso futuro financeiro. É aprender a jogar nosso próprio jogo do dinheiro, em vez de deixar que outros fiquem com nosso dinheiro o joguem o jogo para nós. Não estou falando de enriquecer rápido, embora isso seja possível. O que quero destacar é a necessidade de entender por que os ricos ficam mais ricos e o que é preciso para não ser uma vítima do jogo do dinheiro. Não quero que vocês fiquem nas mãos dos que dirigem o jogo. Entendendo o jogo, vocês exercerão maior controle e poderão assumir maior responsabilidade sobre seu dinheiro e seu futuro financeiro".

NÃO É TARDE DEMAIS

"E posso ganhar o jogo?", perguntou a jovem.

"Sem dúvida", respondi. "Para começar, é preciso uma mudança de atitude. Depois, formule um plano para os próximos dez anos. Repito, não se trata de enriquecer depressa. A questão é aprender o jogo e jogar. Conhecendo as regras, o jogo fica mais interessante. Com o correr dos anos, a maioria das pessoas diz: 'Por que não fiz isso antes? É um jogo divertido'".

"E se eu não mudar, não terei muitas chances de ganhar... não é isso?"

"Bom, não tenho bola de cristal, mas, com três filhos pequenos, pais idosos e ainda tendo de cuidar de suas próprias necessidades financeiras e das de seu marido, eu diria que por enquanto você está perdendo o jogo — não ganhando. Mas nunca é tarde para a virada... portanto, quanto mais cedo começar a virar o jogo, melhor. Apenas peço que não espere até seu dinheiro e sua energia terem sumido, não ouça maus conselhos financeiros e não invista a longo prazo, para no fim descobrir que o dinheiro economizado com tanto esforço não rendeu conforme as expectativas e que será necessário continuar trabalhando cada vez mais até resolver seus problemas financeiros ou, o que é ainda pior, concluir que nunca será capaz de parar de trabalhar. Por favor, não faça como os milhões de pessoas que acordam um dia e perguntam "*Quem mexeu no meu dinheiro?*"

A jovem assentiu e voltou a sentar. Eu podia ver que ela estava imersa em pensamentos. Tinha que decidir se assumia o controle de seu dinheiro ou se simplesmente o deixava nas mãos de quem se julgava financeiramente mais perspicaz do que ela. Só ela podia fazer essa escolha.

E é disso que o livro trata. Fala do jogo do dinheiro e da escolha entre entregar seu dinheiro a alguém que fará o jogo em seu lugar ou assumir o controle de seu dinheiro, de seu futuro e do jogo.

Como dizia meu pai rico, "Se você controla seu dinheiro, você está assumindo o controle de sua vida". E também gostava de dizer: "Entregue seu dinheiro a estranhos e seu dinheiro trabalhará para os outros — antes de trabalhar para você".

COMENTÁRIOS DE SHARON

Robert me pediu que fizesse alguns comentários ao final de cada capítulo, sob minha perspectiva de contadora e empresária. Fui educada na tradição de que se deve freqüentar a escola e tirar boas notas para conseguir um bom emprego.

Meu marido, Michael, e eu tivemos vidas profissionais bem-sucedidas, mas as oportunidades de sucesso existentes há vinte anos, quando começamos, não são facilmente encontradas em nossos dias. Em face da grande quantidade de informações hoje disponível, nunca foi tão fácil, ou mais importante, assumir o controle do destino financeiro de si próprio e da sua família. *Quem mexeu no meu dinheiro?* oferece estratégias de investimento alternativas que devem ser levadas em consideração.

Meus comentários visam destacar aspectos do que foi dito por Robert ou acrescentar alguma coisa às suas palavras.

Este livro se divide em duas partes

A primeira parte do livro trata da sinergia entre assessores e seus diferentes pontos de vista. A sinergia entre assessores é importante porque nossa mente é nosso maior ativo. Tendo acesso às idéias de vários conselheiros diferentes, bons e ruins, e gerando sinergia com a combinação de orientações, aumentamos grandemente o poder de nossas mentes... nosso maior ativo. A maioria de nós termina os estudos pensando que temos que fazer tudo sozinhos. Este livro mostrará o valor da criação de uma equipe de especialistas para nos dar assistência.

Um dos motivos pelos quais muitas pessoas perdem dinheiro ou deixam de obter retornos financeiros extraordinários é o fato de receberem orientação financeira de instituições financeiras e de vendedores... não de investidores bem-sucedidos.

De todos os nossos ativos, nossa mente é o mais valioso e por isso precisamos da melhor orientação disponível.

A segunda parte do livro trata da sinergia entre diferentes ativos e outras forças financeiras. Nela mostramos como reunir o poder de uma empresa, de imóveis, de papéis, da legislação tributária, do dinheiro de seu banco e das estruturas societárias para obter retornos financeiros extraordinariamente altos, com menos risco e menos dinheiro.

Por enquanto, apresentarei um quadro que destaca a diferença entre as maneiras como, em geral, as pessoas que estão no lado esquerdo (empregados e autônomos) e no lado direito (donos de empresa e investidores) do Quadrante CASHFLOW investem seu dinheiro. Outra forma de diferenciar esses hábitos de investimento é observar que os que estão do lado esquerdo do quadrante em geral estacionam seu dinheiro (pou-

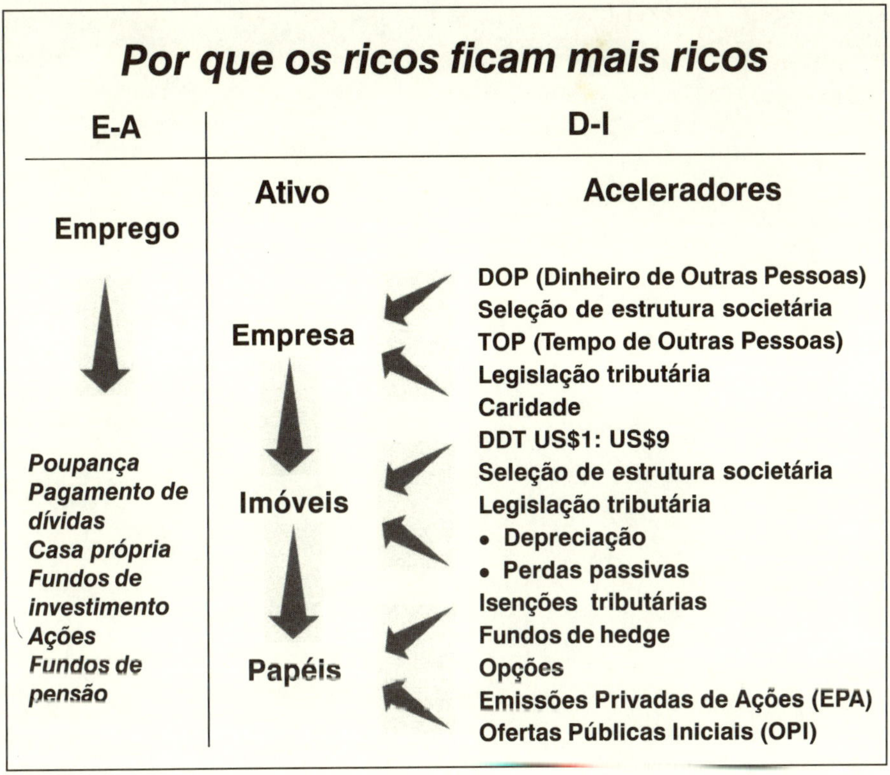

pam), enquanto os investidores profissionais do lado direito procuram fazer com que seu dinheiro se acelere e cresça constantemente. Tenha em mente este quadro durante a leitura do livro.

Foi ao elaborar esse quadro, quando já estávamos terminando de escrever o livro, que Robert e eu conseguimos entender melhor nossos próprios métodos de investimento. Na verdade, é a fórmula que o pai rico ensinou a Robert e que ele continua usando até hoje.

Analisaremos e discutiremos os métodos e os veículos usados pelo pai rico, por Robert e por outros investidores profissionais. Entendendo melhor os ativos e seus aceleradores, descobriremos novas oportunidades de investimento que talvez criem um novo futuro de liberdade financeira para o leitor e sua família.

Parte I

Em que devo investir?

"Quanto melhor for sua formação de investidor, tanto melhores os conselhos sobre investimentos que você receberá."

Pai Rico

Capítulo 1

Pergunte a um vendedor

"Uma das primeiras coisas que você deve aprender para melhorar como investidor é a diferença entre vender o peixe e bom conselho sobre investimentos."

Pai Rico

"Tenho US$10 mil. Como devo aplicá-los?". Como já disse na introdução, durante vários anos eu não sabia como responder a esta pergunta singela. As primeiras respostas foram desajeitadas, enroladas e vagas. A razão da minha incapacidade para responder a uma pergunta tão simples é que na verdade a resposta adequada não é tão simples. Todos somos diferentes. Nossas histórias de vida são diferentes, sonhamos sonhos diferentes, nossas emoções são diferentes, nossa situação financeira é diferente e vemos o risco financeiro de modo diferente. Em outras palavras, o que *eu* faria com os meus US$10 mil pode não ser o que *você* deveria fazer com os seus US$10 mil. De fato, o que eu fiz com US$10 mil há dez anos não é o que eu faria com essa mesma quantia nos dias de hoje. Como dizia Einstein, "Tudo é relativo".

Finalmente, depois de ter deparado com essa pergunta muitas vezes, cheguei a uma resposta que me parece adequada. Hoje, ao ouvir essa pergunta, respondo, "Se você não sabe o que fazer com seu dinheiro, deposite-o num banco e não diga a ninguém que tem dinheiro para investir". E afirmo isso porque, se *a pessoa* não sabe o que fazer com seu dinheiro, há literalmente milhões de outras que sabem. Quando se trata de dinheiro, todos têm uma opinião e um conselho sobre o que fazer com o dinheiro *dos outros*.

O PROBLEMA DOS CONSELHOS

O problema é que nem todos os conselhos são bons. Entre março de 2000 e março de 2003, milhões de pessoas perderam entre US$7 trilhões a US$9 trilhões em um dos maiores colapsos das bolsas de valores de toda a história e muitas delas perderam por ter dado ouvido aos chamados especialistas em finanças. A ironia é que muitos desses especialistas ainda estão oferecendo seus conselhos e muitas pessoas ainda os escutam.

Durante uma das piores crises do mercado de ações de toda a história, os especialistas aconselhavam as pessoas a continuar aplicando no mercado. Em vez de vender, eles diziam que as pessoas deviam continuar comprando... e muita gente continuou comprando, até chegar ao fundo do poço.

Há um velho dito segundo o qual, "Quando os motoristas de táxi estão dando dicas sobre ações, chegou a hora de vender". Talvez a frase também devesse incluir os comentaristas financeiros.

AS VOZES DO BOM SENSO

Durante a louca expansão ocorrida entre 1995 e o início de 2000, Alan Greenspan, presidente do Banco Central dos EUA, e Warren Buffett, tido como o maior investidor do mundo, foram duas vozes do bom senso. Greenspan lançou advertências sobre a *exuberância irracional* dos mercados e Buffett ficou simplesmente fora deles.

Durante a expansão e o colapso, o nome de Buffett foi muitas vezes usado como sinônimo de investidor perspicaz. Os conselheiros financeiros usavam o nome dele como justificativa para que as pessoas entrassem no mercado. Diziam: "Warren Buffett isto e Warren Buffett aquilo". Quando seu nome era mencionado, as pessoas pareciam aplicar mais no mercado. O que esses conselheiros não diziam a seus fiéis investidores é que Buffett não estava aplicando no mercado.

Numa entrevista publicada em 11 de novembro de 2002 na revista *Fortune*, sob o título "O oráculo de tudo", Buffett dizia: "Comprei minha primeira ação há 60 anos. Em 50 desses 60 anos valeu a pena comprar ações. Em 10 deles não encontrei nada que valesse a pena". Uma das razões pelas quais ele deixou de comprar ações é simples. Nesses dez anos, o período entre 1992 e 2002, as ações estavam caras demais. Acho interessante constatar que, quando o maior investidor do mundo não encontrava nada em que valesse a pena aplicar, milhões de investidores de primeira viagem e de especialistas o fizessem.

CRITICANDO O MAIOR INVESTIDOR DO MUNDO

A matéria prossegue, observando que havia não muito tempo, especificamente no auge da expansão, no início de 2000, muitos comentaristas financeiros respeitados começaram a criticar Buffett por estar afastado do mercado. Um desses especialistas, Harry Newton, editor da *Technology Investor Magazine*, escreveu, "Buffett deveria dizer 'desculpem'. Como ele perdeu as revoluções dos semicondutores, dos aparelhos sem fio, do DLS, do cabo, da biotecnologia?". Um mês depois, o mercado de tecnologia entrava em colapso, arrastando com ele bilhões de dólares dos investidores. Quem deveria estar dizendo "desculpem" hoje?

MEU HISTÓRICO

Como sou muitas vezes jogado no grupo dos chamados especialistas em finanças, é importante que o leitor tome conhecimento de meu histórico. Em 2002 recebi um telefonema de um corretor de Baltimore, Maryland. Ele disse, "Acabei de ler seu terceiro livro, *Pai rico: O Guia de Investimentos*. Meus parabéns por ter previsto o colapso de 2000. Gostaria de ter dito a meus clientes para ler o livro antes da queda do mercado". Não, não acredito que eu tenha previsto o colapso, apenas adverti que existia essa possibilidade. Mas quem ler o livro pode verificar a exatidão da minha previsão.

O melhor testemunho de meu histórico não se encontra em meu histórico, mas em *Histórias de Sucesso do Pai Rico*, onde registro o que aconteceu com meus leitores. Nele apresento as histórias de pessoas comuns que obtiveram sucesso financeiro, muitas delas entre 2000 e 2003, o mesmo período em que milhões perdiam trilhões. De modo que, em vez de me gabar de meus sucessos financeiros, que foram significativos durante o colapso do mercado, meus resultados mais importantes podem ser medidos pelo sucesso dos meus leitores. Se quiser conferir meu histórico, não deixe de ler *Histórias de Sucesso do Pai Rico*.

RESPOSTA À PERGUNTA

Uma boa assessoria é fundamental para o sucesso financeiro. Muitas vezes desejaria ter tido tempo para responder à pergunta "O que posso fazer com meus US$10 mil?", em lugar de afirmar secamente: "Ponha no banco". Agora, resolvi responder à pergunta neste livro. E decidi escrever um livro como resposta porque *a pergunta é muito importante*.

O PREÇO DE UM MAU CONSELHO

Em junho de 2003, estava num táxi rumo ao aeroporto. No rádio um especialista em finanças estava dando alguns conselhos: "Agora chegou a hora de voltar ao mercado de ações".

"Por que o senhor diz isso?", perguntou o entrevistador.

"Porque todas as luzes estão verdes", disse o especialista. "O mercado está numa fase de alta". E aí passou a desfiar seus jargões e frases padronizadas que muitos de nós já cansamos de escutar repetidamente, antes do colapso, durante o colapso e agora, depois do colapso.

Olhando pela janela do táxi, não dava atenção às palavras do especialista até que o entrevistador voltou a manifestar-se: "Muito bem, agora vamos ouvir as perguntas dos nossos ouvintes".

O primeiro ouvinte falou: "Estou com 78 anos. Minha mulher tem 75 anos. Em janeiro de 2000 estávamos convencidos de que tínhamos acumulado uma boa reserva para a nossa aposentadoria. Tínhamos quase US$1 milhão em fundos de investimento".

"Ótimo", disse o entrevistador.

"Sim, mas era em janeiro de 2000".

"E quanto o senhor tem agora?", perguntou o especialista em finanças.

"Aí é que está o problema", falou o ouvinte. "Em março de 2000, quando o preço das ações começou a cair, liguei para o meu assessor financeiro, pedindo um conselho".

"E o que ele disse?", perguntou o entrevistador.

"Disse mais ou menos o mesmo que o seu entrevistado está falando agora. Afirmou que o mercado iria se recuperar logo... que era uma pequena correção decorrente da realização de lucros. Ele nunca nos advertiu que era um colapso do mercado. Na verdade, ele nunca falou que o mercado poderia cair e que os fundos de investimento não eram seguros. O que ele nos dizia é que devíamos continuar investindo a longo prazo, comprando, guardando as ações e diversificando".

"E foi isso o que o senhor fez?", perguntou o entrevistador.

"Ficamos quietos. Fizemos o que ele nos disse. Esperamos que o mercado parasse de cair. E, à medida que os preços ficavam mais baixos, ele até ligava para nós dizendo que era hora de comprar mais ações."

"Então o senhor comprou mais ações?"

"Claro. Mas o mercado continuava em queda e nós continuávamos ligando para ele. Em agosto de 2002 ele parou de atender as nossas ligações. Depois descobrimos que ele saíra da empresa e que outra pessoa fora posta em seu lugar. De qualquer modo, cansamos de abrir as correspondências da corretora, eu não agüentava ver o dinheiro que juntara durante toda a vida indo pelo ralo enquanto o mercado caía. Não estamos trabalhando mais e agora estamos pensando no que fazer."

"E quanto dinheiro vocês têm agora", perguntou o entrevistador.

"Bom, depois que ele parou de atender nossas ligações, resolvemos agir e tirar o dinheiro do fundo mútuo. Minha mulher e eu achamos melhor pôr o dinheiro no banco. Tinham sobrado US$350 mil e o aplicamos num certificado de depósito".

"Boa idéia", disse o entrevistador. "Pelo menos vocês têm algum dinheiro. US$350 mil são uma quantia bastante razoável".

"Mas o problema é que a aplicação só rende 1% ao ano. Um por cento de US$350 mil é apenas US$3.500 por ano. Mesmo levando em conta o que recebemos da Seguridade Social e do Medicare,* o dinheiro não dá para muita coisa. Fico apavorado com a idéia de que a gente tenha que passar a gastar o dinheiro aplicado, e nesse caso ficar numa situação financeira ainda pior. O que o senhor aconselharia?"

"O senhor mora em casa própria?", perguntou o especialista em finanças.

"Sim, mas não peça para vendermos o imóvel. É tudo o que nos resta. Além disso, vale apenas US$120 mil e ainda temos uma hipoteca de US$80 mil em cima dele. Fizemos essa hipoteca no período em que os juros estavam caindo para ter um pouco mais de folga financeira".

"E o que fizeram com esse dinheiro extra?", perguntou o entrevistador.

"Sumiu. Usamos para despesas do dia-a-dia. É por isso que estou pedindo um conselho".

"Que conselho o senhor daria a estes ouvintes?", perguntou o entrevistador ao especialista em finanças.

"Bom, em primeiro lugar foi um erro ter vendido as ações", disse o especialista. "Como eu disse, o mercado está se recuperando".

"Mas esteve em queda durante anos", disse o ouvinte. "É apavorante perder tanto quando chegamos a esta idade".

"Sim, sei", retrucou o especialista. "Mas ouça. É preciso sempre investir pensando no longo prazo. Comprar ações e ficar com elas. Di-

---

* *Nota da Tradutora:* Programa do governo federal dos EUA voltado ao atendimento de saúde para pessoas maiores de 65 anos, crianças com incapacidades e doentes renais graves. Nos EUA não há sistema público de saúde voltado à população em geral, só programas como o Medicare e o Medicaid (para os carentes).

versificar. Os mercados caem, mas sempre se recuperam, como está acontecendo agora".

"Mas o que ele e a esposa devem fazer agora?", perguntou o entrevistador.

"Está na hora de voltar ao mercado. Como já disse, estamos numa fase de recuperação. É preciso lembrar sempre que, nos últimos 40 anos, o mercado de ações subiu 9% ao ano em média".

"Então o senhor acredita que é hora de voltar ao mercado?", insistiu o entrevistador.

"Isso mesmo", disse o especialista. "É preciso voltar antes que se perca a oportunidade de aproveitar a próxima subida".

"É um bom conselho", disse o entrevistador para seu ouvinte de 78 anos. "Obrigado por ter ligado. E agora vamos ao próximo ouvinte".

O táxi estava chegando ao aeroporto e meu sangue fervia. "Como podem ficar sempre repetindo a mesma baboseira... e ainda receber por isso? Como é que eles conseguem dormir de noite?" Essas idéias me passavam pela cabeça enquanto me dirigia ao portão de embarque. Enquanto esperava pela hora do embarque, meus olhos se detiveram na manchete de um jornal abandonado no terminal, "Investidores despejam dinheiro em imóveis". Balancei a cabeça e pensei: "Depois de uma expansão e uma queda, nada como outra expansão e outra queda".

O MESMO VELHO CONSELHO

Enquanto o avião taxiava na pista, lembrei de quando estava começando a investir sem saber muito como tudo aquilo funcionava. Voltei a 1965, quando, aos 18 anos, adquiri as primeiras cotas de um fundo de investimento. Eu nem sabia bem o que era um fundo de investimento. Tudo o que sabia era que fundos de investimento tinham algo a ver com Wall Street* e na época achei que seria legal investir em Wall Street. Estava estudando em Nova York, na Academia da Marinha Mercante, instituição pública que formava os oficiais de cargueiros, petroleiros e navios de passageiros, bem como outras embarcações comerciais. Sendo uma academia militar, tínhamos que vestir uniforme militar, engraxar os sapatos e marchar. E como eu vinha do Havaí, onde todo o mudo andava

* *Nota da Tradutora:* Rua onde se localiza o centro financeiro de Nova York.

de jeans e camiseta, estava tendo dificuldade em me ajustar. Era outono, as folhas das árvores estavam mudando de cor e caindo e daí a pouco iria sentir meu primeiro inverno.

Uma tarde disseram que um senhor Carling queria falar comigo. Não conhecia ninguém com esse nome, mas, sendo novato, tinha aprendido a fazer o que mandam, e depressa, sem perguntas.

"Comece a investir enquanto é jovem", disse um sorridente Carling, sentado à minha frente. "E lembre *sempre* o segredo dos grandes investidores: compre e fique com as ações, invista pensando no longo prazo. Multiplique seu dinheiro. E *nunca* esqueça que é preciso estar atento e diversificar".

Ao ouvir esses conselhos disse apenas "sim, senhor". Eu não sabia do que ele estava falando, mas, depois de quatro meses na academia, sabia bem ficar empertigado e dizer "sim, senhor".

O senhor Carling era um ex-aluno da academia que deixara de vender navios para entrar no ramo de planejamento financeiro. Ele conhecia o inferno que estávamos vivendo. Já passara por isso. Em lugar de apenas responder "sim, senhor", eu deveria ter perguntado como tinha entrado no campus, já que não era mais um aluno nem estava na Marinha Mercante, e como sabia meu nome. Tudo o que eu sabia era que ele tinha entrado em contato comigo e agora, no horário de estudo, estava à minha frente enquanto eu dizia "sim, senhor" a outra figura de autoridade, que desta vez vestia terno e gravata em lugar do uniforme militar.

"Quanto tenho que investir?", perguntei.

"Apenas US$15 por mês", disse sorrindo.

"Quinze dólares", exclamei. "De onde vou tirar esse dinheiro? Eu só faço estudar". Vale recordar que estávamos em 1965 e nessa época US$15 eram um bocado de dinheiro para um estudante.

"Coragem", disse o sorridente Carling. "A academia lhe ensinará a ser disciplinado. Com disciplina e guardando um pouco de dinheiro todo mês, você logo terá uma boa poupança. Lembre-se, aplique *sempre* pensando no longo prazo". Embora eu concordasse com tudo o que ele dizia, não pude deixar de observar a ênfase que dava à palavra *sempre*. Por alguma razão, a palavra e o tom em que ela era dita me deixavam pouco à vontade.

O tempo era precioso. Tinha que voltar logo ao estudo, de modo que concordei com tudo o que ele dizia. Assinei um papel comprometendo-me a aplicar mensalmente no fundo de investimento que ele indicara. Depois de preenchida a papelada, voltei correndo aos meus estudos e quase esqueci do plano de investimento. Todos os meses, a partir de novembro daquele ano, fazia meu cheque.

FÉRIAS DE NATAL

Os primeiros seis meses na academia foram difíceis. Foi um dos períodos mais duros de minha vida. Era a primeira vez que estava fora de casa, era a primeira vez que estava em Nova York... tinha raspado a cabeça e havia muito o que estudar. Além disso, os novatos só estavam autorizados a sair do campus no Dia de Ação de Graças e no Natal. Enquanto os gelados ventos do inverno varriam o estreito de Long Island, eu contava os dias que faltavam para as férias de Natal. O dinheiro que tinha no banco apenas me permitia comprar a passagem para casa porque os bilhetes para o pessoal militar tinham um desconto.

Finalmente estava de volta ao clima ameno do Havaí. A primeira coisa que fiz foi procurar meus colegas e surfar o dia inteiro. Embora meus colegas me gozassem por estar com a cabeça raspada, era bom poder estar de volta em casa e me sentir um garoto sem obrigações. Até o bronzeado estava voltando.

Alguns dias depois da chegada, dei uma passada no escritório do pai rico e de seu filho, Mike. Mike e eu já tínhamos surfado juntos e ele disse que seu pai queria me ver. Depois de algumas brincadeiras e de pôr em dia as novidades, mencionei de passagem que tinha feito meu primeiro investimento... num fundo de investimento. Para mim, era apenas um fato corriqueiro. Mas, para o pai rico, o que eu fizera merecia mais do que conversa fiada.

"Você fez o quê?", perguntou.

"Investi num fundo de investimento."

"Por quê?", perguntou. Ele não indagou em que fundo eu tinha aplicado. Só queria saber o motivo.

Em lugar de responder, comecei a enrolar, procurando uma explicação que parecesse lógica.

"E quem lhe disse para fazer isso?". Antes que eu pudesse responder, continuou, "Você conhece essa pessoa?".

"Sim", respondi com firmeza e um pouco na defensiva. "É um ex-aluno da academia. Da turma de 1958. E tem autorização para entrar no campus e intermediar os investimentos do pessoal".

Pai rico sorriu irônico e perguntou: "E como ele descobriu *seu* nome?"

"Não sei. Deve ter sido o pessoal da academia".

O pai rico continuou com o sorriso irônico nos lábios. Ajeitou a cadeira, estendeu as pernas, juntou as mãos embaixo do queixo e ficou parado, buscando as palavras certas para o que queria dizer.

Finalmente, rompi o silêncio perguntando, "Fiz alguma coisa errada?".

Durante longos segundos o pai rico continuou em silêncio. "Não", disse finalmente. "Primeiro, quero lhe dar os parabéns por ter tomado a decisão de investir. Muitas pessoas esperam até que seja tarde demais ou nem pensam no futuro. Muitas pessoas gastam tudo que ganham, e esperam que a empresa em que trabalham ou o governo cuide deles quando já não puderem trabalhar. Pelo menos você fez alguma coisa — investiu parte de seu dinheiro".

"Mas fiz algo de errado?"

"Não — não se pode dizer que você tenha realmente cometido um erro".

"Então por que o senhor está preocupado?", perguntei. "Há investimentos melhores?"

"Sim e não. Sempre há investimentos melhores e também há investimentos ainda piores", disse o pai rico voltando a endireitar-se na cadeira. "Não estou preocupado com a aplicação que você escolheu. Estou preocupado com você".

"Comigo? Por quê?"

"Estou mais preocupado com o tipo de *investidor* em que você vai se tornar do que no tipo de investimento que você fez."

VENDER O PEIXE EM VEZ DE ENSINAR A INVESTIR

"Não sou um bom investidor?"

"Não, não é isso", disse o pai rico. "Ele o aconselhou a 'investir pensando no longo prazo, comprar, ficar com as ações e diversificar'. Certo?"

"Sim", respondi baixinho.

"O problema é que ele não o orientou. Ele vendeu o peixe dele. Não é uma boa maneira de investir e muito menos de aprender a investir. Assim você não adquirirá os conhecimentos que precisa para se tornar um investidor perspicaz".

"Por que o senhor diz que foi conversa de vendedor?", perguntei.

"Pense bem. Como você vai aprender a investir se você simplesmente faz um cheque todos os meses?"

Refleti alguns minutos e finalmente disse: "Não muito. Mas por que o senhor disse que ele só estava vendendo o peixe dele?"

"Reflita bem. Continue pensando nesse conselho, 'investir pensando no longo prazo, comprar, ficar com as ações e diversificar'".

"O senhor não vai me contar?", perguntei.

"Não. Pelo menos não agora. Você só tem 18 anos. Tem muito que aprender sobre o mundo real. Neste momento você tem a oportunidade de aprender uma das lições mais importantes da vida. Então pense. Quando achar que descobriu por que 'investir pensando no longo prazo, comprar, ficar com as ações e diversificar' é uma conversa de vendedor e não um ensinamento, volte a falar comigo. A maioria das pessoas nunca descobre a diferença entre conversa de vendedor e boa educação financeira. É por isso que tão pouca gente enriquece e tanta gente perde dinheiro investindo. Perdem porque pensam que uma conversa de vendedor é ensinamento sobre investimentos. E como acham que 'investir pensando no longo prazo, comprar, ficar com as ações e diversificar' é ensinamento, elas acreditam que seja o melhor a ser feito. Há muita diferença entre conversa de vendedor e educação de verdade".

Enquanto o pai rico falava, eu comecei a entender por que aquele homem tinha dado tanto destaque à palavra "sempre".

MILHÕES PERDEM TRILHÕES

Como já mencionei, estima-se que entre março de 2000 e março de 2003 milhões de pessoas tenham perdido algo entre US$7 trilhões e US$9 trilhões durante o colapso da bolsa. Esses prejuízos não incluem a perda de empregos e o sofrimento emocional que esses traumas trazem em seu rastro. Por que tantas pessoas perderam tanto dinheiro? Embora as razões sejam muitas — desde economia enfraquecida, atos terroristas, análises financeiras desfavoráveis, fraudes, tendências de mercado e outras — um motivo básico pouco conhecido é que milhões de pessoas confundiram a conversa de vendedor dos agentes do ramo com orientação financeira firme. Muitos fizeram sempre seus cheques, ou não venderam seus papéis... guardando-os como investimentos a longo prazo, mesmo quando o maior colapso das bolsas estava acontecendo na frente de seus olhos.

O DINHEIRO NÃO SE PERDEU

Michael Lewis é um respeitado comentarista econômico conhecido por best-sellers como *Liar's Poker, The New New Thing* e *Moneyball.*

Ele foi editor de assuntos americanos no semanário inglês *The Spectator* e editor geral do *The New Republic*. Também foi professor visitante da Universidade da Califórnia, Berkeley.

Num artigo publicado em 27 de outubro de 2002 na *New York Times Magazine*, Lewis afirma: "As perdas das bolsas de valores não são perdas para a sociedade. São transferências de riqueza entre pessoas".

Ele então descreve sua experiência com o mercado. "Eu deveria ter visto que o momento em que finalmente decidi comprar ações de empresas da Internet era exatamente o momento de vender. Em vez disso, adquiri ações da Exodus Communications ao preço unitário de US$160 e as vi subir alguns pontos para então despencar. O que aconteceu com meu dinheiro? Ele não sumiu. Ele foi embolsado pelas pessoas que me venderam as ações. Os suspeitos, em ordem de probabilidade: a) algum empregado da Exodus; b) um bem relacionado fundo de investimento que entrou no mercado quando a empresa fez sua oferta pública inicial; ou c) um day trader* que as comprou a US$150".

Em outras palavras, entre 2000 e 2003, de US$7 trilhões a US$9 trilhões não foram perdidos... foram transferidos de um investidor para outro. Entre 2000 e 2003, alguns investidores ficaram mais ricos e outros mais pobres... e é por isso que o pai rico estava mais preocupado comigo, o *investidor*, do que com meus *investimentos*.

QUANDO VENDER?

Em 1965, ao perceber que meu pai rico não estava contente com meu primeiro investimento, perguntei, "Devo vender essas cotas do fundo de investimento?".

Sorrindo, ele disse: "Não, não se desfaça delas agora. Você pode ter cometido um equívoco, mas ainda não aprendeu a lição. Deixe o dinheiro lá mais algum tempo. Faça seus cheques regularmente até aprender o que é preciso. Se você fizer isso, aprenderá uma lição inestimável. Você pode ganhar algo muito mais importante do que o dinheiro. Você estará a caminho de se tornar melhor investidor. Uma das primeiras coisas que você precisa saber, se quiser melhorar como investidor, é a diferença entre a conversa de vendedor e a orientação financeira confiável".

---

* *Nota da Tradutora:* Pessoas que operam nas bolsas de valores comprando e vendendo ações no mesmo dia com o objetivo de ganhar com pequenas diferenças de preço.

INVESTIR A LONGO PRAZO

Terminadas as férias de Natal de 1965, voltei para a academia em Nova York. Foi duro ter que abandonar as praias do Havaí e voltar para o frio daquela cidade. Em vez de surfar, tremia.

Seguindo o conselho do pai rico, continuei enviando meu cheque mensal ao fundo de investimento. Como estudava em tempo integral e o dinheiro que recebia de casa era pouco, não era fácil arrumar um dinheiro extra. E ainda tinha que dar conta do dinheiro para alguma saída. Então, passei muitos sábados fazendo biscates na vizinhança a US$2 a hora. Com isso, podia, trabalhando um ou dois sábados por mês, conseguir o necessário para aplicar mensalmente no fundo e dar conta de minhas outras despesas.

De tanto em tanto, procurava no jornal as páginas de economia para ver como meu fundo estava se saindo. Não era grande coisa. Todo trimestre chegava um envelope da administradora do fundo com um extrato de minhas aplicações. Com o tempo, tinha até medo de abrir o envelope, pois os resultados não eram nada animadores. O número de cotas que eu detinha continuava aumentando, mas o valor da cota não se alterava muito. Na verdade, eu me sentia bobo por ter feito um investimento tão pouco rentável.

Seis meses mais tarde voltei para o Havaí, por conta das férias de verão de 1966. Quando passei pelo escritório de pai rico, ele me convidou para almoçar. "Como vai seu fundo mútuo?", perguntou logo que sentamos à mesa do restaurante.

"Bom, já apliquei quase US$100 nestes seis meses, mas não rende grande coisa. As cotas valiam cerca de US$12 quando comecei e até hoje esse valor não mudou".

Pai rico deu uma risadinha, "Está ficando impaciente?".

"Bom, eu queria que rendesse um pouco mais".

"Não é bom ser impaciente", disse o pai rico. "Nos investimentos a paciência é importante".

"Mas o fundo não rende nada", respondi.

O pai rico deu uma sonora gargalhada. Obviamente estava achando graça das minhas observações: "Não estou falando do fundo", disse. "Estou falando de você. Você precisa aprender a ser paciente se quiser tornar-se um bom investidor".

"Mas estou sendo paciente. Meu dinheiro está lá há quase dez meses. E o valor da cota continua o mesmo".

"Como já disse, isso é o que acontece com os investidores impacientes", disse o pai rico, falando com seriedade. "Os investidores impacientes muitas vezes investem apressadamente — e sua impaciência os leva a aplicar em investimentos de baixo desempenho".

"Investimentos de baixo desempenho... só porque investi com impaciência?"

"Quanto tempo você ficou conversando com a pessoa que o convenceu a aplicar nesse fundo mútuo?"

"Falamos quase uma hora. Ele me perguntou quais eram meus objetivos na vida. Apresentou alguns gráficos mostrando que o Índice Dow Jones estava subindo continuamente. Explicou a importância de investir pequenas quantias por um período longo".

"E foi por isso que você resolveu aplicar no fundo", disse o pai rico sorrindo.

"Sim", respondi.

"Chamo isso de impaciência. Você se apressou em investir e agora aguarda impaciente enquanto sua aplicação não faz nada. Como é que você quer achar um bom investimento se não tem nem idéia do que seja um bom investimento e não está disposto a investir tempo para achar um investimento? Você obteve o que pediu. Sua impaciência o levou a aplicar num investimento que o deixa ainda mais impaciente. Nunca se esqueça disso: os investidores impacientes são os que fazem os piores investimentos. Entendeu?"

"Sim", respondi impaciente. "Então estou desperdiçando meu dinheiro?".

"Não", disse o pai rico com firmeza. "Agora não se preocupe em ganhar ou não. Neste momento você está aprendendo uma lição preciosa. A maioria dos investidores nunca pensou na impaciência. Reflita bem sobre esta lição".

"Tudo bem", respondi. "Vou refletir e da próxima vez que tiver que tomar uma decisão sobre investimentos, vou ser mais paciente".

"Bom. A maioria dos investidores culpa os investimentos e não a eles mesmos. Na verdade, o problema é o investidor e não o investimento. E agora você está aprendendo qual é o preço de sua impaciência. É um bom ponto para começar — se souber aproveitar a lição dessa experiência".

"Mas estudo em tempo integral. Tenho que me concentrar nos estudos", argumentei. "Não tenho tempo para pesquisar e aprender mais".

"E em breve estará se formando e passará a trabalhar em tempo integral. Talvez case, compre uma casa e forme uma família. Se isso acontecer, suas despesas aumentarão e a falta de tempo também. Se você pensa que está ocupado enquanto é estudante, espere até ter um emprego, casar e ter filhos. Se você não arrumar um tempo para aprender a ser um melhor investidor agora, você estará dizendo o mesmo amanhã. 'Não tenho tempo para aprender mais e pesquisar'. Sua impaciência, sua preguiça, essa conversa de falta de tempo o levarão a fazer o que acabou de fazer, a pôr seu dinheiro em mãos de estranhos sem ter a mínima idéia do que estão fazendo com ele".

Fiquei em silêncio, assimilando o que acabara de ouvir. Não gostava do que o pai rico estava falando. Eu estava ficando furioso. Se ele imaginasse como era difícil estar numa academia militar, com toda a carga de estudos e a prática de esportes e ainda a necessidade de tentar levar uma vida social.

"Admita que você é impaciente", disse o pai rico. "Admita que você não está disposto a investir tempo para aprender a ser investidor. Isso seria muito mais honesto do que ficar falando que você está muito ocupado. Admita então que você não tem paciência suficiente para descobrir um bom investimento".

"E se admitir isso, então não posso reclamar do mau desempenho de minha aplicação", completei.

"Ou queixar-se quando perder dinheiro com seu investimento", disse o pai rico em tom irônico.

"Quer dizer que posso perder dinheiro aplicando em fundos de investimento?", perguntei.

"Podemos perder dinheiro com qualquer coisa. Mas sabe o que é pior do que perder dinheiro?"

"Não", respondi balançando a cabeça. "O que poderia ser pior?"

"O pior de não aprender a investir é nunca ver grandes investimentos", disse o pai rico. "Se você não investir tempo para aprender a ser investidor, acabará vivendo com receio de investir, repetindo sempre que 'investir é arriscado'. E se acreditar que os investimentos são um risco, você evitará investir, ou entregará seu dinheiro a pessoas que você espera sejam capazes de investir com sabedoria. Mas ainda pior é que, se evitar investir, você estará perdendo os melhores negócios do mundo. Você viverá com medo, em vez de sentir a empolgação da busca e da descoberta de bons negócios. Quando você se agarra à segurança, com medo de perder, você está perdendo toda a emoção de ganhar. Você está renunciando à emoção de ficar rico. Essa é a conseqüência mais grave de ser impaciente e de não investir tempo em se tornar investidor de verdade".

Voltei a ficar em silêncio, refletindo, e me veio à mente a lembrança daquele homem que me convencera a investir no fundo de investimento.

Como se estivesse lendo meus pensamentos, o pai rico perguntou: "Esse vendedor de aplicações lhe disse que as bolsas em média sobem 10% ao ano? É assim que esse pessoal costuma vender seu peixe. Ele disse algo parecido?"

"Sim, foi por aí?"

O pai rico caiu na gargalhada, "E não é que ele pensa que isso é um ótimo retorno? Um ganho de 10% é ridículo! E, além disso, pergunte se ele garante a obtenção desse retorno insignificante. Claro que não. Ele só vai mandar os parabéns no seu aniversário, agradecendo pelo negócio. Ele ganha, você perde. Mas a maior perda é que você nunca verá grandes investimentos porque você nunca será um bom investidor, seguindo esse conselho de 'investir pensando no longo prazo, comprar, ficar com as ações e diversificar'. E, ainda por cima, os bons investimentos vão para as pessoas mais preparadas e os investidores menos informados ficam com os investimentos menos rentáveis e mais arriscados".

"O senhor está dizendo que os fundos mútuos são os investimentos mais arriscados?", indaguei.

"Não... não estou dizendo isso", retrucou o pai rico, agora num tom irritado. E, suspirando, continuou, "Preste atenção. Vou repetir. Não estou falando dos *investimentos*. Estou falando dos *investidores*. Se os investidores não carecerem de educação financeira, todas as suas aplicações serão arriscadas. Podem até acertar de tanto em tanto, mas geralmente no longo prazo acabarão devolvendo ao mercado tudo o que ganharam. Já vi investidores pouco preparados pegar um grande investimento imobiliário e darem com os burros n'água. Outros adquirem uma empresa lucrativa e logo a levam à falência. Já vi investidores mal informados comprar ações de uma grande empresa, e depois que seus preços sobem não as vendem. Então, as bolsas caem e eles ficam com o mico na mão. Portanto, *não* é o investimento que é arriscado, é o investidor".

Estava começando a entender o que pai rico dizia. Ele estava fazendo o possível para que eu visse um mundo que poucas pessoas vêem... o mundo do investidor de verdade.

Retomando o fôlego, o pai rico continuou. "Também vi investidores profissionais pegarem um investimento estragado por um mau investidor e recuperá-lo. Então, é o mau investidor que perde dinheiro e o bom investidor que ganha".

"Quer dizer que um investidor esperto nunca perde dinheiro?", perguntei.

"Claro que não. Todos nós perdemos de vez em quando. O que quero deixar evidente é que um investidor perspicaz procura aprimorar sua competência. O investidor médio só se preocupa em ganhar dinheiro. Não sou eu que vai dizer como você vai encaminhar sua vida. Neste momento quero que você pare um instante e reflita sobre o que está aprendendo agora... *não* sobre o quanto está ganhando ou deixando de ganhar. Não se concentre no dinheiro. Concentre-se em aprender a ser melhor investidor".

"Então, não estou aprendendo muito sobre investimentos se tudo que faço é assinar um cheque... investindo a logo prazo?"

"Isso mesmo. Você não está aprendendo a ser investidor. Você está aprendendo a ser poupador".

O pai rico levantou e se espreguiçou. Podia ver que ele estava cansando de martelar uma idéia tão simples na minha cabeça. Voltando-se para mim, perguntou: "Então, o que aprendeu sobre fundos de investimento e sobre você mesmo?".

"Descobri que sou impaciente. Que fico procurando desculpas para não arrumar um tempo para aprender a investir".

"E isso leva a quê?", perguntou o pai rico.

"A que eu não faça sempre o melhor investimento. Quer dizer que não estou vendo que existe um mundo empolgante, um mundo que poucos conhecem. E também quer dizer que, se eu não mudar um pouco minha atitude, serei mais um jogador do que um investidor".

"Muito bem dito", sorriu o pai rico. "E o que mais?"

Parei um pouco para pensar, mas não sabia o que dizer. "Não sei".

"E o que me diz de entregar seu dinheiro a alguém totalmente desconhecido? De não saber para quem esse estranho entrega seu dinheiro e o que essas pessoas ainda mais desconhecidas farão com seu dinheiro? Você sabe a quanto montam as taxas de administração que está pagando? Sabe o quanto do seu dinheiro está de fato sendo investido e o quanto fica nos bolsos daqueles que gerenciam seu investimento? Será que parte desse dinheiro vai voltar para o seu bolso? O que acontece se eles perderem seu dinheiro? A quem você vai recorrer? Sabe como responder a todas estas perguntas?"

Balancei a cabeça e respondi com um não quase inaudível.

"Você perguntou ao cara que o convenceu a aplicar nesse fundo mútuo se ele podia viver de seus investimentos ou se ele vivia das comissões sobre o dinheiro que você aplica com ele?"

Bem baixinho, respondi: "Nunca perguntei".

CONFLITO DE INTERESSES

Quando percebi meu erro, queria culpar o senhor Carling, mas não dava. *Eu era o investidor*. Eu fiz a escolha de investir num fundo de investimento sem pesquisar do que se tratava. Os corretores ganham suas comissões vendendo produtos financeiros ao investidor médio. Precisamos aprender a fazer as perguntas certas, como quais as taxas de administração deste fundo investimento? Qual é a sua comissão nessa venda? O pai rico estava procurando me mostrar que eu precisava assumir o controle de minhas decisões financeiras e não deixar esse poder em mãos de terceiros.

UMA ADVERTÊNCIA BRANDA

Em 2002, algumas das maiores empresas de Wall Street foram multadas num total de US$1,4 bilhão por fraudes e conflitos de interesses. O procurador geral do estado de Nova York disse numa coletiva de imprensa: "Todo investidor sabe que o mercado envolve riscos... Mas espera e merece orientações honestas — conselhos e análises financeiras que não sejam maculadas por conflitos de interesses". Uma multa de 1,4 bilhão, quando os investidores perderam algo entre US$7 trilhões e US$9 trilhões, equivale a uma multa de US$1,4 para quem causou danos no valor de US$7 mil a US$9 mil, nada mais que uma advertência branda — e menos do que as comissões que essas grandes empresas ganharam às custas dos prejuízos do investidor.

Como parte do acordo que impôs essa multa, ficou combinado que se desenvolveria um conjunto de normas para eliminar os conflitos de interesses entre os grupos de análise de ações e de venda de ações de Wall Street. Ou seja, os analistas de ações seriam impedidos de realizar pesquisas sobre ações para os bancos de investimento das instituições financeiras.

PRÊMIO PARA UM TRABALHO BEM-FEITO

Logo depois da multa por fraude, o *The Wall Street Journal* publicou uma matéria intitulada:

"Merrill Lynch gratifica com generosidade seus executivos."

Resumindo a matéria, no ano anterior, a Merrill Lynch & Co concedera a seu presidente e a seu principal executivo bônus no montante de US$7 milhões, apesar da contínua queda das cotações, que prejudicara tantos dos negócios da empresa.

A matéria continuava: em 2002, a Merril demitira de seus quadros 6.500 empregados, com o que as demissões acumuladas desde 2000 chegavam a 21.700.

Quando acabei de ler o jornal, não pude deixar de imaginar como era possível que a mesma empresa pagasse milhões de dólares em bônus a seus executivos, depois de ter contribuído para perdas de trilhões de dólares dos investidores, além de ter sido acusada de fraude, e que esses mesmos executivos, em vez de aprimorarem seu desempenho, demitissem quase 22 mil empregados.

Para ser justo e não parecer que tenho uma bronca com a Merril Lynch, a matéria do *The Wall Street Journal* também divulgou os salários anuais dos CEOs de outras instituições financeiras:

Morgan Stanley	US$11 milhões
Goldman Sachs	US$12,1 milhões
Lehman Brothers	US$12,5 milhões
Bear Stearns	US$19,6 milhões

Algumas dessas empresas também estavam no grupo que fora multado por fraude pelo estado de Nova York.

SEGUEM-SE OS PROCESSOS

Em junho e julho de 2003, um grupo de pequenos investidores ajuizou ação coletiva contra a Merrill Lynch. Mas a sentença foi contra eles, apesar das provas substanciais de perjúrio. Embora não goste de assistir à derrota de pequenos investidores, acho que concordo com a decisão, pelo menos quando ela afirma que todos os investidores devem estar conscientes de seus atos, ao entrarem no mundo dos investimentos. Em outras palavras, o juiz disse: "Azar o deles".

A FRAUDE DOS FUNDOS DE INVESTIMENTO

Em junho e julho de 2003, o procurador geral do estado de Nova York voltou sua atenção para o comportamento dos fundos de investimento no início daquele ano. "Há motivações financeiras ocultas em quase toda transação envolvendo fundos de investimento", declarou. Ele estava preocupado com taxas de administração não divulgadas e conflitos de interesses na operação desses fundos. Investigava duas práticas, a "late trading" e "market timing". A prática de "late trading", ou negociações retardatárias, consiste em adquirir cotas de fundos de investimento após o fechamento do mercado, ao preço das 16 horas daquele dia, permitindo que os investidores favorecidos tirassem partido de fatos supervenientes e ainda não refletidos no preço de fechamento das cotas. A prática do "market timing", ou timing do mercado, envolve a negociação de cotas de fundos mútuos no curto prazo, o que tem um efeito prejudicial sobre os cotistas de longo prazo do fundo. Embora a cada dia surjam novas revelações em virtude das investigações em curso, os conflitos de interesses e as negociações baseadas em informações privilegiadas abalaram a confiança dos investidores.

TORNE-SE UM INVESTIDOR INSTRUÍDO

Como já foi mencionado anteriormente, no mundo dos investimentos o dinheiro não se perde. Apenas muda de mãos. É por isso que hesito em dizer para alguém onde investir seus US$10 mil. Se a pessoa não sabe o que fazer com seu dinheiro, ela deveria primeiro investir algum *tempo* em sua educação financeira antes de investir o *dinheiro*. Penso que um dos principais motivos pelos quais milhões de pessoas perderam trilhões de dólares foi que elas investiram seu *dinheiro* mas não estavam dispostas a investir seu *tempo*.

Portanto, minha resposta à pergunta "Tenho US$10 mil. Em que devo aplicá-los?" é invista tempo para aprender a se tornar um bom investidor antes de investir seu dinheiro no que você espera que seja uma boa aplicação. Lembre sempre o que o pai rico me disse há muitos anos: "Pessoas sem muita educação financeira caem facilmente em conversas de vendedor... pensando que sejam conselhos". Portanto, este livro trata das coisas que meu pai rico pensava que valessem o investimento de meu tempo — para obter uma boa instrução financeira — antes de investir meu dinheiro. O pai rico também dizia: "Quanto melhor for a sua educação financeira, melhores serão os conselhos que você obterá na hora de investir".

COMENTÁRIOS DE SHARON

Reconhecer a diferença entre uma conversa de vendedor e uma boa orientação sobre investimentos é o tema do primeiro capítulo deste livro porque isto é de fundamental importância para os investidores bem-sucedidos. Será que a orientação que você está comprando é a melhor para você e para seu investimento ou visa apenas gerar maiores comissões para seus assessores? O objetivo do vendedor é ganhar dinheiro *explorando* você, enquanto o assessor visa ganhar dinheiro *orientando* você.

Estacionar ou acelerar?

Grande parte da educação financeira dos investidores médios é obtida em instituições financeiras, como bancos e corretoras, que dizem ao investidor para aplicar, ou "estacionar", o dinheiro a longo prazo e esperar que o valor dos investimentos aumente a cada ano. Esse conselho, "poupar para um momento de necessidade", é adequado para muitas pessoas.

Se o leitor observar o quadro "Por que os ricos ficam mais ricos", da Introdução, o lado esquerdo é aquele em que a maioria das pessoas se encontra — com o vendedor. Elas seguem a orientação das instituições financeiras e dos corretores e decidem poupar, ou estacionar, o dinheiro delas nas alternativas apresentadas a seguir, esperando que o mercado suba e que suas aplicações estejam disponíveis no momento da aposentadoria:

- Poupanças
- Casa própria
- Fundos de investimento
- Ações
- Fundos de pensão (Fapi, PGBL e outros)

Além disso, a resposta mais comum à pergunta *Quem mexeu no meu dinheiro?* é o *governo*, já que a maioria das pessoas é assalariada e vê sua maior despesa — os impostos — desaparecer de seus salários (retenção na fonte) *antes* de recebê-los.

O pai rico ensina uma alternativa à mentalidade tradicional dos poupadores e empregados. Ele recomenda que se adquiram *hoje* ativos que gerem fluxo de caixa *hoje* — o método dos investidores profissionais. Você se sente preso à armadilha do trabalho árduo em troca de salário? É difícil imaginar que seu dinheiro trabalhe duro para você? *Quem mexeu no meu dinheiro?* o ajudará na transição de poupador para investidor.

Os investidores profissionais querem saber com que rapidez podem retirar o dinheiro de um ativo para adquirir outro. Eles investem nas três classes de ativos e utilizam o maior número possível de aceleradores. O propósito deles é movimentar constantemente o dinheiro e aumentar o retorno sobre o investimento.

Empresas	DOP (Dinheiro de Outras Pessoas)
	Seleção de estrutura societária
	TOP (Tempo de Outras Pessoas)
	Legislação tributária
	Caridade

Imóveis	DOP (Dinheiro de Outras Pessoas) Seleção de estrutura societária Legislação fiscal • Depreciação • Passive loss
Papéis	Isenção tributária Fundos de hedge Opções Emissões Privadas de Ações (EPA) Ofertas Públicas Iniciais (OPI)

Estes métodos e veículos adotados pelos investidores profissionais estão ao alcance de qualquer pessoa. Com a educação financeira certa, bons assessores e disposição para agir, é possível fazer com que o dinheiro trabalhe para você.

CAPÍTULO 2

Pergunte a um criador de gado de corte e, depois, a um criador de gado leiteiro

"No caso das ações, meu horizonte temporal preferido é para sempre."

WARREN BUFFETT

Depois ter dado uma lição sobre minha falta de reflexão ao investir no fundo de investimento, o pai rico voltou a falar (o que tinha que fazer muitas vezes) de seu método de investimento. Ele retomou a questão da diferença entre um criador de gado de corte e um criador de gado leiteiro.

A BELA ILHA GRANDE

Na Ilha Grande do arquipélago do Havaí, onde cresci, está o Parker Ranch. Na época em que eu cursava o segundo grau, essa era a *maior* fazenda privada de criação de gado dos EUA. Quando eu tinha 16 anos, o pai rico nos levou, a mim e a seu filho, para visitá-la. Era, e ainda é, um lugar lindo. Longe das multidões da praia de Waikiki, a fazenda se estende por altas montanhas, colinas verdejantes e vastas pastagens que chegam às espetaculares águas azuis do oceano Pacífico, onde vivem alguns dos maiores marlins do mundo. Hoje, a pequena cidade de Kamuela, no coração da fazenda, é o lugar onde sonho morar quando minha vida ficar mais calma.

Naquela visita nos deparamos com vaqueiros tangendo o gado para o matadouro. Embora o pai rico não nos permitisse ver o abate dos animais, sabíamos o que estava para acontecer e os animais também. Foi algo que nunca esqueci.

Poucos meses mais tarde, o pai rico nos levou a visitar uma fazenda de gado leiteiro. De manhã cedo, vimos o fazendeiro levando suas vacas para serem ordenhadas. Os animais tinham um comportamento bem diferente.

A lição financeira que o pai rico queria que aprendêssemos é que, embora os dois tipos de criador de gado considerassem seus rebanhos como ativos, eles os tratavam de modo diferente e operavam de acordo com diferentes modelos de negócios.

As visitas puseram em destaque as importantes diferenças entre:

Ganhos de capital
e
Geração de caixa

Dito de forma simples, o criador de gado de corte pode ser comparado a alguém que investe para obter ganhos de capital. O criador de gado leiteiro é como um investidor que tem por objetivo gerar caixa.

Uma das razões pelas quais tantas pessoas perdem tanto dinheiro investindo ou encaram os investimentos como atividade arriscada é o fato de raciocinarem como criadores de gado de corte. Investem para abater o gado, não para produzir leite.

CONVERSA DE UM INVESTIDOR QUE VISA GANHOS DE CAPITAL

Você pode saber se a pessoa investe para obter ganhos de capital pelo que diz e pelas palavras que usa. Alguns exemplos:

1. "Meu patrimônio aumentou"
2. "Minha casa se valorizou"
3. "Comprei a ação a US$10 e quando chegou a US$15, vendi"
4. "Comprei um imóvel, reformei e vendi, deu para ganhar US$23 mil"
5. "Os lucros da empresa foram muito bons, estou esperando que as ações também se valorizem"

CONVERSA DE UM INVESTIDOR QUE VISA GERAÇÃO DE CAIXA

O investidor que procura gerar caixa a partir de suas aplicações também se reconhece pelas palavras. Alguns exemplos:

1. "Qual é o retorno em dinheiro desse imóvel?"
2. "O dividendo da ação foi de 56 cents"
3. "Você levou em conta a sua renda com a depreciação?"
4. "É um título municipal isento de impostos que rende juros de 7%"
5. "Esta aplicação rende juros de 16%"

CONVERSA DE UM ASSESSOR FINANCEIRO

Quando falamos com assessores financeiros, eles dizem, "Aconselho os jovens a aplicar em fundos agressivos. Depois da aposentadoria é hora de pensar em fundos que propiciem uma renda regular".

Tradução: "Enquanto for jovem, invista para obter ganhos de capital. Na velhice invista para gerar caixa".

O MAIOR DOS LOUCOS

Uma das principais razões, além da ganância e da corrupção, pelas quais tanta gente perdeu tanto dinheiro em fins da década de 1990 foi porque investiram visando ganhos de capital. Durante a bolha tecnológica, a coisa ficou tão feia que os investidores aplicavam em empresas que não registravam ganhos nem lucros, para não falar em dividendos. Eles estavam aplicando o método mais louco de investir, que é esperar que apareça alguém ainda mais louco. No pico da bolha não foi possível sustentar a corrida e surgiram os maiores loucos. Isso acontece ainda hoje? A resposta é "Com certeza".

EM REDE NACIONAL

Em setembro de 2003, estando em Nova York, fui entrevistado numa rede nacional de televisão. O bem conhecido comentarista econômico começou questionando minha estratégia de investimento. Com um sorriso irônico, perguntou: "O índice Dow Jones subiu cerca de 50%. O que o senhor diz?".

Surpreso com sua postura agressiva, respondi: "E daí?".

Evidentemente ele era um investidor em busca de ganhos de capital e eu invisto para gerar caixa. Ele investe como um criador de gado de corte e eu invisto como um produtor de leite. Obviamente o resto da entrevista não foi agradável.

Warren Buffett diz: “O motivo mais tolo para comprar uma ação é que seus preços estão subindo”.

UMA DISTINÇÃO MUITO IMPORTANTE

Sempre que ouço alguém falar “Invista a longo prazo”, costumo perguntar: “Para que o senhor está investindo? Quer ganhos de capital ou geração de caixa? Quem investe para gerar caixa não se preocupa com o preço. Pago o preço para gerar caixa... retorno em dinheiro sobre o meu investimento, agora, não amanhã, não no longo prazo. Em outras palavras: Mostre-me o dinheiro — agora”.

UM EXEMPLO RIDÍCULO

A questão é: se você me desse US$10 agora e eu lhe devolvesse US$1 por mês durante anos, você diria que foi um bom investimento? Espero que sim. Em outras palavras, você teria de volta os US$10 em dez meses e daí em diante o que entrasse seria dinheiro grátis.

Uma das razões pelas quais tantos investidores perdem tanto dinheiro é que eles aplicam US$10 por mês num fundo de investimento durante 40 anos e não sabem se terão esse dinheiro de volta em 40 anos. É o que eu chamo de “voltar a estacionar o dinheiro”. Obviamente, na maioria dos casos haverá algum dinheiro à sua espera... mas quanto? Será o suficiente?

Já ouço alguém dizendo: “Esse exemplo de investir US$10 e conseguir US$1 por mês é ridículo”. Posso garantir que o exemplo é válido. Como a maioria das pessoas foi treinada para investir em busca de ganhos de capital, raramente percebe o poder de investir para gerar caixa.

FATURAR NO MERCADO

Uma das razões que levou o pai rico a se preocupar comigo quando apliquei no fundo de investimento é que eu estava sendo atraído pelo investimento que visa ganhos de capital. Ele levou seu filho e a mim a visitar as duas fazendas porque queria nos ensinar a diferença entre abater e ordenhar. Ele gostava de dizer: “Quando alguém afirma que faturou no mercado, ele o fez. Só que faturou algum investidor fraco. O investidor desatento perdeu e o esperto levou vantagem. Acontece o tempo todo, em todos os mercados... não apenas nas bolsas”.

PENSANDO O MERCADO COMO UM CRIADOR DE GADO LEITEIRO

Na leitura deste livro encontraremos exemplos de como é possível investir US$10 agora e ficar recebendo US$1 por mês durante anos... mas é preciso pensar como o produtor de leite, não como o pecuarista de corte.

No correr da leitura entenderemos por que Warren Buffett disse, "No caso das ações, meu horizonte temporal preferido é para sempre". Ele pensa e investe como produtor de leite. O pai rico também. Não importa em que classe de ativos investimos. Muitas pessoas investem numa empresa apenas para engordá-la e abatê-la, passando-a adiante. O mesmo acontece com os imóveis e com os papéis. Para entender melhor a mensagem deste livro, é preciso substituir a mentalidade do matadouro pela do galpão de ordenha.

O ABATE CONTINUA

Uma das razões pelas quais não gosto muito dos fundos de investimento é que eles me lembram piquetes de engorda, o lugar onde o gado fica engordando antes de entrar no abatedouro. A diferença é que os piquetes dos fundos mútuos estão povoados de pequenos investidores... que engordam enquanto o valor de suas carteiras diversificadas aumenta... e então chegam os vaqueiros e os levam ao matadouro.

PARA SER JUSTO E EQUILIBRADO

Muitas pessoas pensam que sou contrário aos fundos de investimento e ao mercado de ações. Não é verdade. Sou contrário à ignorância, à ganância excessiva e à estupidez. A engorda do pequeno investidor ocorre em todo e qualquer mercado. Vejo isso todos os dias no mercado de imóveis. Hoje, em Phoenix, Arizona, o mercado que cresce mais rápido nos Estados Unidos, as execuções hipotecárias estão aumentando. Muitas pessoas estão perdendo a casa própria. Os investidores estão perdendo as propriedades pelas quais já pagaram tanto. Na Austrália, as taxas de juros estão subindo novamente, o que significa que os maiores tolos do mercado imobiliário serão levados ao matadouro.

O que me fez responder "e daí?" ao famoso âncora da rede nacional é não querer ir para o matadouro. Não quero ser tragado por um mercado só porque os preços das ações estão em alta... ou os preços dos imóveis estão em alta... ou as taxas de juros estão caindo.

NOTÍCIAS

Nos últimos meses de 2003, li comentários sobre o mercado de ações, com observações do tipo:

Um dia: "Hoje as bolsas estão subindo. As perspectivas são boas".
Dia seguinte: "As bolsas caíram hoje. Parece que os investidores estão realizando os lucros da alta de ontem".
Dia seguinte: "O mercado de ações está em alta. Parece que a recuperação que esperávamos está em marcha".
Dia seguinte: "O mercado caiu em decorrência de informações de que grandes investidores estão vendendo".
Dia seguinte: "O mercado voltou a subir em função do anúncio de grandes lucros".
Dia seguinte: "O mercado está em queda devido a boatos de que o Fed aumentará as taxas de juros".

A REALIDADE

O que essas notícias realmente diziam é que os investidores desatentos continuam aplicando (ou "estacionando") seu dinheiro no mercado, na esperança de que os preços subam. E cada vez que os preços sobem, os investidores espertos tiram seu dinheiro do mercado.

INVESTIR VISANDO GANHOS DE CAPITAL É JOGO

Sempre que se investe esperando que algo ocorra no futuro está se fazendo uma aposta — e é isso que faz quem investe para obter ganhos de capital. Não estamos dizendo que seja errado. O importante é estarmos cientes de nossos objetivos de investimento e não nos iludirmos.

APOSTA NO SUPER BOWL

Investir visando ganhos de capital é como apostar no início da temporada de futebol americano qual será a equipe vencedora do Super Bowl [jogo de encerramento do campeonato]. Na verdade, seria menos arriscado fazer essa aposta do que investir visando ganhos de capital. Por quê? Porque só alguns times participam do campeonato nacional e há milhares de ações ou de fundos mútuos dentre os quais escolher.

QUESTÃO DE PRIORIDADE

Dito tudo isto, eu também invisto visando ganhos de capital. Aplico dinheiro em fundos. Às vezes jogo e, vez por outra, invisto em função de uma dica quente. A diferença está nas prioridades. Neste livro você verá que o método de investimento do pai rico estabelecia a seguinte ordem de prioridades:

1. Geração de caixa
2. Alavancagem
3. Vantagens tributárias
4. Ganhos de capital

A maioria dos investidores só busca ganhos de capital. Em suas contas há pouca ou nenhuma alavancagem, poucas vantagens tributárias e seu dinheiro permanece no piquete, sendo engordado. Quando os humores do mercado mudam, chegam os vaqueiros, os investidores espertos caem fora e os que estavam poupando para a aposentadoria sofrem os grandes prejuízos.

ATÉ O PRÍNCIPE DE GALES ACORDOU CEDO

Na terça-feira, 27 de maio de 2003, o jornal *Sydney Morning Herald* publicava a seguinte manchete: "O príncipe faz prudente incursão no mercado de imóveis".

Note-se o prudente, que indica que ele não falou nada antes de ter concretizado o negócio. A matéria dizia:

Londres: o príncipe de Gales revelará lucros recordes em sua propriedade de 700 anos depois ter oportunamente saído do mercado de ações para entrar no de imóveis.

O novo status do príncipe, agora "rei dos imóveis", ficará claro quando for anunciado que o Ducado da Cornualha, a propriedade de onde o herdeiro do trono extrai sua renda, registrou lucros recordes de quase US$25 milhões no último exercício.

Isso representa um aumento de cerca de 25% em relação ao ano anterior e chega num momento em que muitas empresas estão às voltas com quedas em seus lucros anuais, em decorrência da retração da economia.

O artigo ilustra mais uma razão pela qual os ricos ficam mais ricos. Enquanto os ricos movimentam sem estardalhaço suas aplicações, o pessoal do piquete de engorda fica à espera da hora do abate.

Não há nada de errado com a engorda. Mas é preciso lembrar de sair antes que cheguem os vaqueiros.

ESTE LIVRO TRATA DO PODER DA GERAÇÃO DE CAIXA

Em vez de me ensinar a abater meus ativos, o pai rico me ensinou a cuidar deles, recorrendo à geração de caixa para aumentar meu rebanho. Em vez de levar os animais ao mercado, a cada ano, as vacas tinham mais bezerros e o fluxo de caixa crescia.

Em *Independência Financeira*, escrevi sobre a construção de encanamento em vez de ficar enchendo baldes o tempo todo. Nessa metáfora, a construção de encanamento é o investimento em busca de geração de caixa, enquanto os baldes são os investimentos que visam ganhos de capital.

Muitas vezes me deparo com pessoas que dizem: "Comprei uma casa ótima, reformei e a revendi. Ganhei US$25 mil". Embora veja que a pessoa está orgulhosa do que fez, tenho a impressão de que se trata de um trabalho árduo. Vejo isso como carregar baldes em lugar de construir encanamento. Por quê? Porque já fiz isso. Agora, se essa pessoa se propusesse a investir buscando ganhos de capital para formar um patrimônio que lhe permitisse investir em geração de caixa, então isso seria mais coerente com os ensinamentos do pai rico.

ESTE LIVRO TRATA DA CONSTRUÇÃO DE ENCANAMENTOS

Este livro trata da construção de encanamentos para que você e seu fluxo de caixa possam encontrar a liberdade. Também trata da expansão do diâmetro dos encanamentos. Quando começo um negócio, muitas vezes o único fluxo de caixa é o que sai de minha carteira. Mais tarde ele começa a pingar num cano do diâmetro de uma mangueira de jardim. No correr do tempo, minha tarefa de homem de negócios é expandir o diâmetro desse cano... não abater a empresa, o imóvel ou o ativo financeiro e então procurar outra empresa, outro imóvel ou outro ativo financeiro... situação que para mim equivale a carregar baldes em vez de construir encanamento.

À medida que o dinheiro começa a fluir, eu o direciono para outra classe de ativos e então para mais outra. Em lugar de comprar e vender, tentando adivinhar o que o mercado fará, minha tarefa é construir o encanamento e continuar expandindo o diâmetro dos canos.

O EXEMPLO MAIS CONHECIDO

Uma das razões que me levou a destacar o McDonald's em *Pai Rico, Pai Pobre* é que se trata de um dos exemplos mais conhecidos desta fórmula dos três ativos com encanamentos interconectados. Há alguns anos, Ray Kroc desenvolveu um plano de negócios pelo qual sua empresa de hambúrgueres compraria alguns dos melhores imóveis do mundo. Depois que o negócio estava operando e de fato adquirindo imóveis em alguns dos melhores pontos comerciais do mundo — esquinas e cruzamentos movimentados —, abriu o capital e entrou no mercado de ações. Cada vez que você olhar para um McDonald's em sua localização privilegiada, lembre-se do negócio de hambúrgueres, da compra de imóveis, da esquina movimentada, da venda de milhões de ações e de outros papéis em todo o mundo. É assim que os ricos investem.

Em 2003, a mulher de Ray Kroc faleceu. O negócio que tinham espalhado pelo mundo propiciara milhões de empregos e enriquecera muita gente. Mais que por sua riqueza, Joan Kroc era conhecida por sua generosidade. Estima-se que tenha doado bilhões de dólares a causas beneméritas. Quando ouço dizer que os ricos são maus e gananciosos, muitas vezes sugiro aos maledicentes que leiam a história do McDonald's.

NÃO É UM CAMINHO FÁCIL

Essa é a forma mais fácil de investir? A resposta é não. Essa é a maneira mais lucrativa de investir? Em minha opinião, sim. Comecei essa jornada, a sério, aos 25 anos. Como alguns dos leitores sabem, até os 35 fui um fracasso total. Mas, a partir daí, a tarefa de construir encanamentos entre ativos começou a se tornar fácil e até divertida. Hoje, quando estou entrando no quarto tempo do meu jogo do dinheiro, os encanamentos são fortes, ficam cada vez maiores e por eles flui cada vez mais dinheiro. Para mim, isso é investir a longo prazo. Como dizia o pai rico, "Há dois tipos de problemas de dinheiro. Um é a falta, o outro é o excesso de dinheiro". Que tipo de problema você prefere?

Warren Buffett diz: "As pessoas preferem a promessa de ganhar na loteria semana que vem a ter uma oportunidade de enriquecer lentamente".

POR QUE NÃO HÁ MAIS GENTE QUE INVESTE VISANDO GERAR CAIXA?

Quando faço palestras, ouço muito a pergunta: "Por que não há mais gente que investe visando gerar caixa?" Embora eu tenha certeza de que muitas são as respostas, acho que há uma razão principal... bons geradores de caixa a bons preços são difíceis de encontrar.

Se perguntarmos a especialistas em investimentos, eles dirão que é impossível. Talvez digam isso porque não sabem como fazê-lo. Sua tarefa não é investir. Sua tarefa é levar as pessoas a fazer as aplicações que recomendam para que eles possam levar dinheiro para casa. Quando sua remuneração se embasa na "compra e venda" de aplicações, eles estão no ramo dos ativos que proporcionam ganhos de capital, não dos que geram caixa. (Na verdade, eles ganham sua comissão de vendas mesmo quando o investidor sofre *perda* de capital na venda do ativo-objeto.)

Um dos meus amigos estava conversando recentemente sobre os escândalos dos fundos de investimento e disse: "O ramo dos fundos de investimento sempre iludiu os aplicadores sem que o investidor médio percebesse. Estou feliz que tudo esteja vindo à tona". Embora a palavra "iludir" pareça um pouco forte, as taxas de administração são cobradas mesmo que o valor das cotas esteja caindo. E embora as autoridades bancárias exijam que os fundos revelem sua estrutura de taxas de forma padronizada, quantas pessoas se preocupam em pesquisá-las? Muitas vezes, há custos ocultos como as despesas com intermediários ou assessores que escapam da divulgação.

POR QUE É TÃO FÁCIL VENDER GANHOS DE CAPITAL

Está é outra pergunta que ouço com freqüência: "Por que é tão fácil vender ganhos de capital se os investimentos que os propiciam são tão arriscados?". Respondo que é fácil vender um *sonho*.

Pai rico gostava de dizer: "O problema dos sonhos é a realidade".

Warren Buffett diz: "A propensão para jogar é sempre aumentada quando há um grande prêmio em troca de uma pequena aposta, por piores que sejam as chances de ganhar. É por isso que os Cassinos de Las Vegas anunciam grandes prêmios e as loterias dão destaque aos sorteios quando há prêmios acumulados".

POR QUE ESTE LIVRO É DIFERENTE?

Se o leitor já conhece outros de nossos livros, verá que este tema das três classes de ativos está presente. E também a metáfora dos encanamentos e dos baldes. Os que não leram talvez considerem interessante fazê-lo para entender melhor como adquirir ou criar ativos de todas as três classes.

Mas a diferença deste livro é que ele não se concentra apenas na sinergia das três classes de ativos, mas principalmente na *velocidade do fluxo de caixa*. Uma das lições mais importantes que aprendi com o pai rico foi a de não deixar meu dinheiro parado num banco ou num piquete de engorda por muito tempo. A tarefa do meu dinheiro é trabalhar com afinco para mim, adquirindo mais ativos.

A fim de acelerar a velocidade do dinheiro entre as diferentes classes de ativos, a pessoa precisa entender e usar o poder de:

1. DOP (Dinheiro de Outras Pessoas)
2. Seleção de estruturas societárias
3. Legislação tributária

Esses temas serão abordados no correr do livro. São esses poderes que proporcionam a seu dinheiro velocidade e proteção.

POR QUE A VELOCIDADE É IMPORTANTE?

Uma das razões pelas quais a velocidade do dinheiro é importante é que, se eu não for rápido, ele poderá ser atacado por impostos predatórios e isso me dá menos chances de alavancagem com dinheiro de outras pessoas e me torna alvo de ladrões. As pessoas que mantêm seu dinheiro parado em fundos de pensão durante anos têm muito pouca velocidade e, portanto, pagam impostos excessivos — e seu dinheiro fica vulnerável à ação de ladrões, investidores espertos e forças de mercado. Então, por que este livro é diferente? Porque trata da velocidade de seu dinheiro mais do que dos ativos em que o investe.

PARA ENTENDER MELHOR A MENSAGEM DESTE LIVRO

É preciso entender que investir visando gerar caixa é diferente de investir para auferir ganhos de capital.

A mentalidade do investidor que procura ganhos de capital é muito diferente da mentalidade do investidor que almeja geração de caixa. Como dissemos no início, o criador de gado de corte e o criador de gado leiteiro vêem seus rebanhos como ativos. A diferença é que os tratam de modo diverso.

A MAIORIA DAS PESSOAS INVESTE EM BUSCA DE GANHOS DE CAPITAL

Outra razão para dedicar tanto tempo à diferença entre os dois tipos de investidor é que a maioria das pessoas investe visando auferir ganhos de capital. É isso que o ramo da assessoria de investimentos leva as massas a fazer e é por isso que a maioria dos investidores pensa que a atividade é arriscada.

CAPACITAÇÃO VERSUS *SORTE*

Embora muitos dos que investem visando ganhos de capital sejam altamente capacitados, a maioria conta com a sorte, não com a formação. Contudo, quem investe para gerar caixa precisa de grande capacitação e conhecimento. No momento em que a pessoa começa a investir buscando geração de caixa, verificará que a maioria dos investimentos não se presta a essa finalidade — pelo menos ao preço certo. No momento em que a pessoa começa a procurar fluxos de caixa, descobre que a maioria dos investimentos é ruim.

É muito fácil recorrer à assessoria de um planejador financeiro e sair de lá com uma carteira diversificada que custa dinheiro. É realmente fácil comprar um imóvel e perder dinheiro. Não é preciso ser gênio para abrir uma empresa e quebrá-la. A verdadeira habilidade de um investidor é adquirir ativos que gerem caixa — bombeando dinheiro para o seu bolso, em vez de sugá-lo para o bolso alheio.

Para adquirir um ativo que gere fluxo de caixa, é preciso capacitação e um pouquinho de sorte. Embora goste de ter sorte, prefiro contar com a minha capacitação financeira para garantir meu futuro e não depender da sorte.

MELHORAR A SORTE

A maioria das pessoas acredita que tem sorte... até ter azar. A maioria das pessoas tende a acreditar: "Isso acontece com outras pessoas... não vai acontecer comigo".

Embora também me sinta feliz por ter esse dom chamado vida, não conto com a sorte quando se trata de minha segurança e liberdade financeiras. Nos demais capítulos da Parte 1, o leitor verá não apenas como aumentar e proteger seu fluxo de caixa, mas como melhorar sua sorte, tornando-se perspicaz. Começamos a ficar perspicazes quando buscamos o conselho certo dos assessores certos.

O CONSELHO CERTO DOS ASSESSORES CERTOS

Estava assistindo a um programa de televisão em que uma mulher abria seus sentimentos ao público: "Parece que atraio o tipo errado de homem". A apresentadora sorriu ironicamente e disse: "Atrair homens é bom. Seu problema é que você dá seu número de telefone ao tipo errado de homem".

Pai rico dizia: "Só porque a pessoa tem um cartão de visita de uma grande instituição financeira e um título pomposo, como vice-presidente, não quer dizer que ela entenda grande coisa de investimentos. Gente demais procura o tipo errado de pessoas e lhes dá seu número de telefone".

O propósito deste livro não é culpar ninguém por perder o dinheiro de outras pessoas. Em lugar de culpar uma pessoa ou um grupo pelas perdas pessoais, acho que é melhor assumir uma responsabilidade pessoal pelo que acontece, aprender com os erros e buscar o conselho certo dos conselheiros certos. E foi isso que pai rico fez depois que eu apliquei no fundo de investimento. Ele me levou aos assessores certos. Mas ele também me ensinou que cada assessor tem seu próprio ponto de vista. Eu precisava aprender qual era o conselho certo para mim.

UMA PALAVRA DE INCENTIVO

A maioria das pessoas prefere trabalhar duro e então pôr seu dinheiro nas mãos de um gestor, esperando e rezando para que ele seja um investidor perspicaz. Embora reconheça que isso pode ser a coisa certa para muitos investidores que não estão dispostos a melhorar sua educação financeira, para mim isso não só é arriscado, mas também não é nem divertido nem lucrativo.

Antes de prosseguir, gostaria de oferecer algumas palavras de incentivo. Quando comecei a perceber que provavelmente não iria enriquecer rápido e tinha que começar a comprar ou criar ativos, fiquei desanimado. Portanto, entendo como algumas pessoas poderão se sentir ante a idéia de ter que conseguir duas ou três classes de ativos, especialmente se ainda não tiverem nenhum.

Estas são as minhas palavras de incentivo: encare a aquisição de duas ou três classes de ativos como se fosse o tempo necessário para aprender dois ou três jogos diferentes. Por exemplo, pense: "Vou investir dez anos para aprender a jogar tênis, pingue-pongue e golfe". Mesmo que hoje você não saiba jogar esses jogos, em dez anos poderá jogá-los bem. E estará muito melhor que seus amigos, especialmente se eles nunca praticaram qualquer desses esportes.

E é isso que acontece com dinheiro e investimento. Durante anos, passei por dificuldades. Depois de dez anos jogava bastante bem, como prova meu histórico. Em outras palavras, hoje ganho muito mais dinheiro que alguns de meus amigos que ganhavam mais do que eu quando éramos jovens.

Para os que pensam que não são muito inteligentes, eu também não sou. Contudo, estudei muito, embora aos poucos, e me cerquei de pessoas inteligentes. Para os que têm medo de começar, eu também tive. Mas achei amigos que me ajudaram a começar. Os que leram meu livro *Aposentado Jovem e Rico* sabem que ele começa com meu melhor amigo, Larry Clark, Kim e eu, numa cabana de troncos coberta de neve, fazendo planos para os próximos dez anos de nossas vidas. Dez anos mais tarde, estávamos financeiramente independentes.

Como dizia pai rico: "Tudo é possível se você se der tempo ao tempo".

O QUE FAZ SENTIDO PARA VOCÊ

Muitas pessoas já disseram: "O que o senhor recomenda é arriscado".

Respondo: "Não recomendo. Apenas explico como os ricos ficam mais ricos".

Então elas dizem: "Bom, para a maioria das pessoas o que o senhor escreve é impossível".

E eu respondo: "Não é impossível, é improvável. Há gente que fez o que eu escrevo. Eu fiz, e muitas outras pessoas muito ricas o fizeram. Acredito que cada pessoa deve decidir se é impossível. Sei que eu pensava que era impossível quando comecei e durante anos tive dificuldades. Mas hoje ganho mais dinheiro num dia do que muitas pessoas em toda a vida. É uma questão de opção pessoal. Vivemos num país livre".

O que faz sentido para você, leitor? Percebo que o que faço e sobre o que escrevo não é um caminho fácil. Escolhi o *caminho difícil* porque o *caminho fácil* não fazia sentido para mim. Para mim não faz sentido:

1. Ter um emprego e ser empregado, trabalhando duro por alguma coisa que nunca possuirei e que nunca poderei vender. E se eu parasse de trabalhar, o dinheiro deixaria de entrar.

2. Começar, aos 25 anos, a pôr dinheiro num plano de pensão, deixando-o parado, para só voltar a vê-lo aos 65 anos. Quero meu dinheiro de volta em menos de cinco anos e quero ficar com o ativo. Não quero abater o ativo para recuperar meu dinheiro.

3. Deixar meu dinheiro na engorda durante 40 anos, exposto ao ataque de vaqueiros e escroques, assim como às convulsões do mercado. E, esquecendo vaqueiros, escroques e convulsões, a maioria dos fundos cobra em média uma taxa de administração de 1,5% ao ano, mesmo quando dizem que não o fazem. Em 40 anos, calculado a juros compostos, isso soma um bocado de dinheiro, independentemente de você ganhar dinheiro no fundo ou não.

O que faz sentido para você muitas vezes determina suas escolhas na vida. O que fazia sentido para mim era procurar o conselho certo dos assessores certos, em vez de ouvir meros vendedores e começar a criar meus ativos e meus encanamentos entre os ativos, expandir o montante do fluxo de caixa e aumentar a velocidade do meu dinheiro. O resto deste livro trata do que fazia sentido para mim aos 25 anos de idade. Escrevi o livro na esperança de que alguns de meus leitores escrevam sobre o que faz sentido para eles e seu futuro.

COMENTÁRIOS DE SHARON

A geração de caixa está para nossas vidas financeiras assim como o ar está para nossos corpos. A geração de caixa é a base dos ensinamentos do pai rico e o principal alicerce de nossos livros e produtos financeiros. Ensinar as pessoas a procurar e a gerar fluxos de caixa positivos é o que distingue o pai rico e Robert Kiyosaki de outros especialistas em finanças e educadores.

Geração de caixa	vs.	ganhos de capital
Criador de gado leiteiro	vs.	criador de gado de corte

Dinheiro no bolso todo mês	vs.	dinheiro no bolso na venda
Sistema	vs.	transação única
Encanamento	vs.	baldes

O conceito é simples, então por que nem todos investem visando gerar caixa? Estaremos aprisionados num mundo de "compre na baixa, venda na alta"? O salário é a única, ou a principal, fonte de caixa mensal? O que aconteceria com seu fluxo de caixa se você adoecesse ou ficasse incapaz de trabalhar?

Fomos programados para, como sociedade, "poupar", que é o oposto de "investir". Os conceitos que apresentamos em *Quem mexeu no meu dinheiro?*, sobre as três classes de ativos e os aceleradores, podem parecer complexos e opressores, mas vejaos um a um.

Um ativo do tipo empresa pode ser uma máquina de vendas isolada, uma loja de lavagem de roupas, uma empresa de Internet, um negócio de vendas diretas ou algum tipo de franquia. O imóvel pode ser um apartamento para aluguel ou um condomínio. É recomendável começar com algo simples e ir aprendendo com os erros.

Em *Pai Rico, Pai Pobre* há um capítulo intitulado "Cuide de seus negócios". Nele se diz que o que você faz PARA ganhar seu salário é seu emprego ou profissão, o que você faz COM o seu salário é o seu negócio. O caixa gerado pelo seu emprego ou profissão pode ajudá-lo a adquirir ativos que gerem mais caixa para você.

Além disso, analise como você gasta o tempo. Você está trabalhando para ganhar dinheiro — ou está trabalhando para adquirir ativos que gerem dinheiro para você? Talvez seja interessante mudar a maneira de gastar seu tempo.

O objetivo do pai rico ao abrir empresas ou comprar imóveis é gerar um fluxo de caixa mensal positivo, ou seja, gerar caixa.

CAPÍTULO 3

Pergunte a seu banco

"A maioria das pessoas só usa o banco para ficar mais pobre. Você precisa aprender a fazer com que seu banco o ajude a ficar mais rico."

PAI RICO

Quando estava buscando uma resposta para a pergunta "Qual é a diferença entre conversa de vendedor e educação financeira?", o pai rico me convidou a visitar o gerente de seu banco. Numa de minhas visitas à ilha, nas férias, ele me apresentou ao gerente. Sentado frente ao gerente segui o roteiro que o pai rico me tinha proposto. Perguntei se poderia fazer um empréstimo no banco para aplicar o dinheiro num fundo de investimento, porque estava querendo juntar dinheiro para a minha aposentadoria.

O gerente sorriu ao ouvir a pergunta. "O senhor está querendo ensinar alguma coisa a este jovem, não está?"

O pai rico assentiu, dizendo "Sim, acho que seria mais útil se ele ouvisse as respostas diretamente da fonte".

Jim, o gerente, se voltou sorrindo para mim e perguntou: "E o que você vai fazer com a sua aplicação?".

Ainda dentro do roteiro, falei: "Vou investir a longo prazo — comprar, guardar e diversificar minhas aplicações".

O gerente sorriu. "Parabéns por estar preocupado em começar cedo seus investimentos".

"Então, o senhor vai me emprestar o dinheiro?", perguntei.

"Sinceramente, não. As normas do banco não permitem emprestar dinheiro para isso. Se o senhor já fosse cliente e tivesse um ótimo cadastro, poderíamos conceder um empréstimo pessoal, que o senhor utilizaria para o que quisesse, até para investir em fundos de investimento".

"E se eu quisesse investir em imóveis, o senhor examinaria meu pedido?", perguntei.

"Sem dúvida, seria possível. Mas teríamos que analisar seu cadastro. O banco sempre precisa avaliar a situação de um tomador de empréstimos, qualquer que seja a finalidade do pedido".

"E por que é mais fácil obter empréstimos para imóveis do que para fundos mútuos?"

"Há várias razões", falou Jim.

"É porque o risco dos fundos é maior do que o dos imóveis?", continuei perguntando.

"Sem dúvida essa é uma das razões. Mas, como já disse, é preciso levar em consideração vários fatores."

"Se o banco não empresta dinheiro para aplicação em fundos de investimento, por que tanta gente investe nos fundos?"

"Boa pergunta", disse Jim, sorrindo. "Eu também me deveria perguntar isso, pois aplico em fundos mútuos".

"E o senhor investe em imóveis?", indaguei.

"Não, só tenho a minha casa, mas ainda não acabei de pagar o financiamento. E não invisto em outros imóveis".

"Mas por quê?", perguntei, intrigado. "Se o seu banco empresta dinheiro para a compra de imóveis, mas não para aplicar em fundos de investimento, não seria melhor usar o dinheiro do banco para investir em imóveis?"

Jim já estava ficando meio irritado. Via-se que não estava acostumado a ser alvo de perguntas pessoais. "Desculpe", disse cortesmente. "Há outros clientes esperando". E apontando para o pai rico, observou: "Seu amigo faz grandes investimentos em imóveis. Talvez ele seja a pessoa mais indicada para responder às suas perguntas".

"Sem dúvida. Vou perguntar para ele."

O pai rico e eu saímos em silêncio do banco. Sentia que tinham começado as lições que me tornariam um investidor melhor. "Ele não é um investidor de verdade", comentei com o pai rico quando já entrávamos no carro.

"Não, ele é um gerente de banco profissional. E provavelmente continuará sendo pelo resto da vida. Mas, mesmo não sendo um investidor ativo, um gerente de banco tem um papel importante na sua formação como investidor", disse o pai rico enquanto virava a chave na ignição e saía do estacionamento. "Se você deseja enriquecer e ser um investidor bem-sucedido, sua educação começa pelo entendimento do mundo dos investimentos sob a ótica dos bancos. Os bancos sempre têm cautela ao emprestar dinheiro. Viu como ele quis saber quem você era antes de considerar se lhe faria um empréstimo? Eles não emprestam dinheiro a desconhecidos e você também não deve fazê-lo".

NÃO HÁ ALMOÇO GRÁTIS

Fomos em silêncio até um pequeno café. Àquela hora, o lugar estava vazio. Depois de pedir sanduíches, o pai rico e eu sentamos numa mesa pequena e continuamos cuidando da minha educação. Pegando um bloco e uma caneta, o pai rico começou perguntando: "Como já lhe disse várias vezes, há três tipos de formação que são importantes para o nosso sucesso no mundo real. Quais são eles?".

O pai rico ia anotando minhas respostas. "Os três tipos são acadêmica, profissional e financeira".

"Muito bem", disse o pai rico, enquanto as listava no bloco.

1. Acadêmica
2. Profissional
3. Financeira

"No momento, qual é o tipo de educação que você está adquirindo?"

"Formação profissional", respondi de pronto. "Quando concluir os quatro anos da academia, obterei meu diploma de bacharel em ciências náuticas e, como imediato da Marinha Mercante, poderei trabalhar para as grandes empresas de navegação americanas, como a State Lines ou a U.S. Lines, que, além do salário, também oferecem um bom fundo de pensão".

"A velha mentalidade do homem da organização", disse baixinho o pai rico, com seu risinho irônico.

"O que o senhor falou?", perguntei, pois não tinha ouvido direito suas palavras.

"Não liga", sorriu o pai rico. "Um dia você vai entender. É uma reação a essa mentalidade do tipo 'cuide de mim' que tantas pessoas têm atualmente. As pessoas esperam que a empresa ou o governo cuide delas quando não puderem mais trabalhar. É uma mentalidade de estado assistencialista ou de bem-estar social. As pessoas dizem "Estou trabalhando para o senhor, então terá de cuidar de minha velhice". Mas, em vez de chamar isso de assistencialismo, chamam de direito adquirido ou de benefícios sociais. Acho que, quando você tiver minha idade, o problema do excesso de gente que espera ser amparada acabará por quebrar muitas empresas e governos. Empresas e governos estão prometendo coisas que não poderão ser cumpridas no futuro".

"E como esse problema começou?", perguntei.

"Quando eu era jovem, em meados da década de 1930", disse o pai rico, "foi implementado um programa federal chamado de Seguridade Social. Mesmo que na época estivéssemos na Grande Depressão, muita gente pensou que a idéia de aposentadoria garantida pelo governo era boa, e outros achavam o contrário. Infelizmente, como você sabe, a Seguridade Social é um dos programas de governo mais populares... mesmo que no futuro prejudique muito a economia. Mas, apesar dos protestos dos que achavam que a Seguridade Social era uma idéia ruim, ela foi implantada. Hoje a Seguridade Social e um novo programa, o Medicare, estão se transformando em monstros da *previdência*... conhecidos como *direitos* ou *benefícios*".

NOTA DO AUTOR

O Presidente Franklin D. Roosevelt sancionou a Lei da Previdência Social em 13 de agosto de 1935. Além de várias providências de ordem mais geral, a lei criou o programa de seguro social, destinado a pagar a aposentadoria das pessoas com mais de 65 anos. A lei que instituiu o Medicare foi sancionada pelo presidente Lyndon B. Johnson, como parte de uma emenda à legislação da seguridade social em 1965.

"Por que o senhor está destacando tanto a diferença nos nomes? Qual a grande diferença entre assistencialismo, direitos adquiridos e benefícios sociais?"

"Porque, quando os programas foram apresentados como *assistencialismo*, a maioria das pessoas imbuídas de auto-estima rejeitou o programa. Para elas, assistencialismo é algo para pobres ou excluídos. Mas, quando esses mesmos programas passaram a ser apresentados como *direitos adquiridos* ou *benefícios sociais*, as pessoas passaram a aceitá-los com mais facilidade. É o poder das palavras. Não deixa de ser uma forma de assistencialismo, mas com nome diferente."

"De modo que assistencialismo é para pessoas pobres, mas benefícios sociais e direitos adquiridos servem para o pessoal da classe média".

O pai rico concordou: "E também para os ricos. De fato, muitos dos ricos têm outra forma de assistencialismo, que é o proporcionado pelas empresas".

Balancei a cabeça, indicando que a conversa estava fora do meu alcance. Procurando colocá-la num nível que eu pudesse entender, perguntei: "Então o senhor acha que a Seguridade Social não é boa idéia?".

"Na década de 1930, muita gente achava que era má idéia. Essas pessoas diziam: "A seguridade social vai criar uma nação de *esbanjadores*".

"E criou?", indaguei.

NOTA DO AUTOR

Em 1966 ainda não estava tão difundido o uso dos cartões de crédito. Evoluímos de país de esbanjadores a país de devedores.

"Penso que sim", respondeu o pai rico. "Muitas pessoas da minha geração, ao voltar da Segunda Guerra Mundial, não se preocupavam muito com a aposentadoria. Afinal, agora tínhamos uma pensão do governo, a Seguridade Social e, muitos de nós, o plano de pensão da empresa. Então, em vez de aprendermos a investir, preparando-nos para ser auto-suficientes após a aposentadoria, começamos a gastar como se não houvesse amanhã. Sob certos aspectos, foi bom porque a economia se expandiu a taxas altíssimas... mas acabamos nos tornando uma nação de esbanjadores... e as pessoas cada vez gastam mais. Porém, esse não é o maior problema decorrente do assistencialismo, dos direitos adquiridos e dos benefícios sociais — ou seja, um país com cultura assistencialista".

"E o que é pior do que a cultura assistencialista?", perguntei.

"É a formação de um país com um grande contingente de pessoas esperando que os outros tomem conta delas".

"E isso é ruim?"

"Tudo tem um lado bom e outro ruim. Sempre haverá os que querem almoçar de graça e esperam que os outros paguem a conta. Infelizmente, o número dos que dependem do almoço grátis está aumentando. Algum dia, repito, ainda durante a sua vida, a sua geração terá que pagar a conta de todos os almoços grátis que a minha geração está oferecendo hoje. Não gostaria de me candidatar à presidência depois de 2012".

"E por que 2012?"

"Porque é quando a sua geração começará a se aposentar. Tudo o que haverá no Tesouro dos EUA serão títulos a pagar. Por estarmos virando um país de esbanjadores, passaremos de país mais rico do mundo para país mais endividado do mundo. Desconfio que a sua geração descobrirá que todo o dinheiro de suas contribuições sumiu. O dinheiro de vocês foi gasto. Vocês têm realmente direito a esses recursos, mas alguém já os terá gastado. Como o governo explicará isso a vocês, a primeira geração a contribuir integralmente para o sistema de seguridade social? Vai ser muito difícil".

"Então, como resolver o problema?"

"Como disse", falou ironicamente o pai rico, "esse é um desafio para a sua geração, não para a minha".

CHEGANDO AO LIMITE

O que o senhor Greenspan* diz é que o governo dos Estados Unidos está com grandes problemas financeiros. Em alguns poucos anos, a economia dos Estados Unidos estará chegando ao limite, se o problema de gastar demais e prometer demais não for resolvido. Por volta de 2012, precisaremos promover mudanças substanciais nas nossas estratégias financeiras. Do ponto de vista financeiro, as coisas serão muito diferentes. Em alguns anos, haverá um conflito entre os que pensam que as outras pessoas devem cuidar delas e os que pensam que cada um deve cuidar de si.

NOTA DO AUTOR

Lemos numa matéria da revista *Business Week*, de 24 de fevereiro de 2003, que Alan Greenspan, presidente do Banco Central americano, declarou: "A aposentadoria dos integrantes da geração baby boom será um grande peso para o orçamento. É uma bomba-relógio demográfica que Washington não pode se dar ao luxo de ignorar". De acordo com os cálculos da Casa Branca, "a Seguridade Social registra um déficit de quase US$5 trilhões e o Medicare está no vermelho em mais de US$13 trilhões". Greenspan termina dizendo: "No momento, parece haver um grande apoio popular ao controle do déficit. Mas me parece que não há grande vontade de fazer o que tem que ser feito".

---

* *Nota da Tradutora:* Alan Greenspan, presidente do Federal Reserve, mais conhecido como Fed, o Banco Central dos EUA.

O PONTO DE VISTA DO BANCO

Enquanto mastigávamos nossos sanduíches, o pai rico começou a explanar suas idéias sobre a formação de um investidor. "Vou lhe mostrar algumas das diferenças entre o pensamento de um banqueiro e o de um corretor de fundos de investimento".

"Ótimo", respondi.

"Primeiro vou explicar o que está envolvido na educação financeira". Inclinando seu bloco em minha direção, ele começou a escrever:

5. Saída
4. Proteção
3. Alavancagem
2. Gestão
1. Ganho/aquisição

Levantando os olhos para mim, o pai rico continuou: "A maioria das pessoas vai à escola para aprender a ganhar ou produzir dinheiro. O problema é que nesse ponto pára a educação da maioria".

Então, ele voltou ao bloco e escreveu o seguinte:

5. Saída	
4. Proteção	
3. Alavancagem	
2. Gestão	Educação financeira
1. Ganho/aquisição	Educação profissional Educação acadêmica

Apontando para a linha "Ganho/aquisição", o pai rico acrescentou: "Atualmente, você está cuidando da sua formação profissional. Está aprendendo a ser um oficial da Marinha Mercante... ocupação muito bem remunerada".

Respondi: "Uma das que paga os melhores salários atualmente. O problema é que há cada vez menos empregos disponíveis".

Continuando, o pai rico observou: "Se você quiser ser rico e se preparar para as tempestades com que a sua geração se deparará no oceano das finanças, terá que aprender alguns aspectos importantes da educação financeira". E, apontando para o item "Gestão", prosseguiu: "A maioria das pessoas ganha dinheiro trabalhando; porém, por mais que ganhem, enfrentam dificuldades financeiras, simplesmente porque nunca aprenderam a gerenciar de maneira adequada o dinheiro delas. Muitas pessoas são inteligentes ao ganhar dinheiro, mas são insensatas na hora de gastá-lo. Entendeu?".

"Sim", respondi, estendendo a mão para o bloco de pai rico. "É por isso que o senhor gasta tanto tempo ensinando a Mike e a mim como interpretar as demonstrações financeiras e as diferenças entre ativos, passivos, receita e despesa". E, enquanto falava, tracei o quadro a seguir.

"Lembro que, quando eu estava cursando o segundo grau, o senhor falou: 'O gerente do meu banco nunca pediu que lhe mostrasse meu boletim escolar. Ele quer ver a minha demonstração financeira. Um gerente de banco não se preocupa com minha média ou com a escola que freqüentei. Ele só quer saber até que ponto tenho competência para gerenciar o meu dinheiro".

O PODER DA ALAVANCAGEM

"Muito bem", disse o pai rico, retomando o bloco de papel. E, apontando o item seguinte, a palavra "alavancagem", disse: "O próximo passo da sua educação financeira, depois de *gerenciar seu dinheiro*, é aprender a *alavancar seu dinheiro*".

"Quer dizer que preciso aprender a ganhar dinheiro com o meu dinheiro... ou seja, a pôr o meu dinheiro para 'ralar' mais do que eu".

"Não só o seu dinheiro. Também é bom que o dinheiro do banco trabalhe duro para você".

"Quer dizer investir com o dinheiro do meu banco?"

Fazendo que sim com a cabeça, o pai rico explicou: "Há muita gente que gerencia bem o próprio dinheiro, mas não enriquece, simplesmente porque nunca aprendeu a dominar o poder da alavancagem financeira. A maioria das pessoas tenta alavancar o dinheiro delas *acumulando poupança* ou *liquidando dívidas*. Embora essas sejam formas simples de alavancagem, nenhuma das duas é realmente *alavancagem potencializada*".

"É por isso que o senhor me levou para falar com o gerente do banco, porque o banco é uma fonte de alavancagem potencializada?"

Sorridente, o pai rico continuou: "Quando você investiu no fundo de investimento, que dinheiro você usou?"

"Investi o meu dinheiro".

"Se você entender realmente o que é investir com alavancagem, terá que aprender como investir com o dinheiro dos outros — como o de seu banco".

"Mas o gerente me disse que não emprestaria dinheiro para eu aplicar em fundos de investimento".

"É por isso que eu queria que você falasse com ele. Se quer se tornar um bom investidor você precisa ver o mundo pelos olhos do banco. Você chegou a perguntar a essa pessoa que o convenceu a aplicar no fundo de investimento se ela lhe emprestaria dinheiro para investir no fundo?"

"Não, não perguntei".

"Os investidores profissionais estão sempre buscando alguma forma de alavancagem. Uma delas é o uso de DOP, o dinheiro de outras pessoas. É por isso que eu quero que você aprenda a ver o mundo pelos olhos do banco. Um banco pode ser uma rica fonte de informações em termos de avaliação dos riscos e retornos do investimento. A maioria das pessoas só vai ao banco para depositar na poupança ou fazer empréstimos para a casa própria ou para algum bem de consumo. Poucas pessoas perguntam ao gerente de que maneira usar o dinheiro do banco como alavanca, explorando a alavancagem para enriquecer".

"É por isso que o senhor diz que eu preciso conhecer a diferença entre dívidas *boas* e dívidas *ruins*. A maioria das pessoas só procura o banco para contrair dívidas ruins, aquelas que as tornam mais pobres".

"Você esta entendendo a lição?", perguntou pai rico. "Está compreendendo a importância da alavancagem e do investimento?"

Sacudi a cabeça afirmativamente, respirei fundo e voltei os olhos para a lista do bloco. No correr dos anos, já tinha ouvido muitas destas coisas e já havia observado o meu pai rico lidando com seus bancos, levantando às vezes altas somas. Agora, que eu já tinha mais idade, as lições exerciam mais impacto... adquiriam novo sentido para mim. "Então, a principal razão das dificuldades financeiras das pessoas é que gerenciam mal o dinheiro. A segunda é que não alavancam o dinheiro".

O pai rico retomou a palavra: "E apenas evitando esses dois erros, os ricos ficam cada vez mais ricos, enquanto o resto trabalha duro, sempre às voltas com dificuldades financeiras. É por isso que quero que você continue aprendendo mais sobre gerenciamento e alavancagem do dinheiro. Cada um desses aspectos é toda uma área de estudo".

"Como posso continuar aprendendo mais sobre esses dois aspectos?", perguntei.

"Procurando o seu gerente de banco... desde que ele esteja disposto a ajudá-lo", disse o pai rico. "Com quem você pensa que aprendi? Tenha como norma falar com o seu gerente. Convide-o para almoçar. Explore seus conhecimentos. Descubra como ele pensa, o que acha importante, por que diz sim para certas pessoas e não para outras. Tudo isso só lhe custará um almoço de vez em quando. Um almoço esporádico é muito mais barato que um curso universitário".

PROTEÇÃO

Concordar era tudo o que eu podia fazer no momento. Durante anos tinha visto pai rico convidar para o almoço o gerente do banco e outros assessores. Lembro dele fazendo perguntas e via como os convidados estavam dispostos a dividir seus conhecimentos com ele durante esses almoços. Embora o pai rico não tivesse muita instrução formal, ele nunca parou de buscar conhecimentos. Sempre estava cercado de pessoas inteligentes de várias áreas profissionais e *ouvia* mais do que *falava*. Muitas vezes discutia abertamente com elas seus problemas ou desafios financeiros e lhes pedia opiniões quanto ao que fazer para resolvê-los. Era assim que ele aprendia, ganhava conhecimentos e progredia financeiramente. Na hora do almoço, aprendia e enriquecia. Voltei à lição. "E a proteção?", perguntei, apontando para a palavra escrita no bloco.

"Esse é um tema bem complexo", disse o pai rico. "Mas vou tentar simplificar. Você dirigiria um automóvel que não estivesse no seguro?"

"Claro que não!"

"E deixaria a sua casa sem seguro?"

"Fora de cogitação, seria uma loucura."

"Então, por que tanta gente investe sem seguro?", perguntou o pai rico.

"Não sei. Nem sabia que se pode fazer seguro para investimentos".

"Sim, é possível. Os investidores profissionais investem com seguro, só os amadores não o fazem. É por isso que para eles investir é arriscado. O corretor de seu fundo de investimento lhe ofereceu um seguro para a sua aplicação?"

"Não".

"E além de lhe dizer para "comprar, guardar e diversificar", contou que o mercado de papéis sobe, mas também cai?"

"Não. Só disse que em média o mercado rende 9% ao ano".

"E ele estava disposto a garantir esse percentual?"

"Não sei. Não perguntei. Será que ele me garantiria um retorno de 9% ao ano?"

Com uma expressão de desaprovação, o pai rico continuou. "Agora está entendendo por que eu disse que você tomou sua decisão de aplicar no fundo de investimento com base em conversa de vendedor, em vez de em informação financeira sólida?"

"Estou começando a entender", respondi baixinho. Depois de pensar alguns instantes, perguntei: "O senhor está dizendo que os investidores profissionais aplicam com seguro?"

"Você deveria fazer essa pergunta ao Jim, meu gerente de banco. Pergunte se ele lhe emprestaria dinheiro sem uma garantia... como uma hipoteca, um seguro contra incêndio etc."

E prosseguiu: "É por isso que você deve ver o mundo dos investimentos com olhos de banqueiro. Os gerentes de banco tendem a ser excessivamente cautelosos, é o dever deles. Afinal, eles têm a obrigação de proteger o dinheiro do banco. É por isso que pedem demonstrações financeiras, cadastros, comprovantes de emprego, contracheques. Eles não põem o dinheiro em mãos de desconhecidos, como você fez. Querem saber quem você é e avaliar a sua competência financeira. Eles não estão preocupados com suas notas escolares ou com as escolas que você cursou. Eles querem as suas demonstrações financeiras, seu boletim financeiro. Eles querem saber se você é financeiramente confiável. Você deve fazer o mesmo. É por isso que você precisa manter registros financeiros exatos e organizados. A maioria das pessoas não se preocupa com isso, e essa é outra das razões de suas dificuldades financeiras. E por mais que tenham confiança em você, eles ainda exigem seguro ou proteção contra o risco. Você precisa fazer o mesmo — se quiser se tornar um investidor profissional. É por isso que comecei por levá-lo a falar com o gerente do banco. O gerente é um dos melhores professores no que diz respeito ao jogo do dinheiro e dos investimentos no mundo real. Não é um assessor financeiro que só indica fundos de investimento, fundos para os quais o banco não empresta dinheiro".

O pai rico tinha dito o que devia. Então, ficou em silêncio observando-me.

"OK", disse finalmente. "Estou começando a entender".

Sorrindo maliciosamente, o pai rico observou: "Uma das razões pelas quais tanta gente acredita que investir é arriscado é porque não conhece quase nada sobre proteção de ativos. Os investidores profissionais precisam aprender a proteger seus investimentos dos impostos predatórios, dos processos predatórios, dos altos e baixos do mercado, dos desastres e dos ciclos econômicos".

"Quer dizer que não basta comprar, guardar e *rezar*", acrescentei em tom sarcástico.

"Não. Para um investidor profissional, seguro e proteção são temas muito importantes. Se você não puder proteger o ativo, será melhor não adquiri-lo. Como eu já disse, não se dirige um carro sem seguro nem se compra uma casa sem seguro. Nunca se deve investir sem seguro".

Frustrado com o que ainda me faltava aprender sobre cada um dos tópicos, falei "Vamos passar ao próximo item".

SAÍDA

"Além de comprar, guardar e rezar, qual é a sua estratégia de saída?, perguntou pai rico. "Por que você aplicou mesmo nesse fundo mútuo? Você tinha em mente alguma estratégia de saída?"

"Não, na verdade não", respondi encabulado. "Só queria assinar a papelada e voltar a estudar".

"Entendo", disse pai rico. "Para os investidores profissionais, a *saída* é uma área de estudos muito importante. A maioria dos investidores amadores compra, mas não pensa na saída. E como eles não entendem muito disso, as palavras "investir a longo prazo" são reconfortantes.

Adiam a necessidade de pensar no futuro, o que é difícil para a maioria das pessoas. As pessoas tendem a viver somente para o momento, pensam no hoje, não no amanhã. De repente, acordam, percebem que já estão com mais de 50 anos e começam a sentir que não lhes resta muito tempo. É quando as ouvimos dizer: "Se tivesse pensado nisso antes...".

Percebendo que o tempo tinha passado e que o lanche tinha acabado, precisava perguntar algo urgente. "Qual seria um exemplo de saída?"

"Muito bem", disse o pai rico. "Se eu me desfizer de um investimento de determinada maneira, pago impostos. Se me desfizer dele de outra maneira, não pago impostos. Este é um dos muitos exemplos de saída. Quem o convenceu a aplicar no fundo de investimento lhe mostrou diferentes estratégias de saída?"

"Não. Só disse que eu devia continuar aplicando no fundo e acompanhando o aumento do valor das minhas aplicações".

"Quer dizer que pegou o seu cheque e nunca falou de saída, proteção, alavancagem ou gerenciamento".

"Se falou, esqueci".

A DIFERENÇA

Com isso, o pai rico procurou sua carteira e pagou a conta. Antes de levantar, pegou o bloco e escreveu o seguinte:

	Saída Proteção Alavancagem Gestão
Ganhar dinheiro Vendedor	Ganhar dinheiro Gerente de banco/investidor

"Quando você procura um vendedor para se aconselhar sobre investimentos, a maioria só estará interessada em saber quanto você tem para aplicar. Isso vale para fundos de investimento, imóveis ou carro novo. É por isso que não escrevi nada acima do tópico 'ganhar dinheiro' na coluna do vendedor. Mas um investidor profissional e alguém como um gerente de banco precisam saber mais. É por isso que escrevi 'gestão, alavancagem, proteção' e 'saída' acima de 'ganhar dinheiro', na coluna do gerente de banco/investidor. Um investidor profissional e um gerente de banco estarão preocupados com os seus conhecimentos sobre gestão do dinheiro, o grau de alavancagem que você está usando, qual a sua estratégia de proteção e a sua saída. Tudo o que o seu vendedor de fundos de investimento disse é 'compre, guarde, diversifique'. A longo prazo, mesmo fazendo isso durante anos, o que você terá aprendido?"

E prosseguiu: "Que tipo de investidor você se torna quando age dessa maneira, limitando-se a pôr dinheiro nas mãos de estranhos e a fazer o que eles mandam... durante anos?".

Eu não precisava responder nada. Fiquei quieto, refletindo.

DUAS PROFISSÕES

O pai rico levantou-se e foi para o estacionamento. Virando-se para mim, disse: "Se quiser ser bem-sucedido no mundo real, você e sua geração precisarão mais do que apenas educação acadêmica e profissional. Estão se avizinhando tempos difíceis para a sua geração... talvez até piores do que a depressão pela qual passou minha geração. Você verá que a prestigiada academia militar que está cursando não lhe proporcionará educação financeira. Você terá que adquiri-la por conta própria. E ela começa quando você passa a ver o mundo do dinheiro com olhos de gerente de banco. Eles não são necessariamente bons investidores, mas sem dúvida sabem distinguir quem gerencia bem o dinheiro de quem o gerencia mal, e sempre exigem garantias e seguro. Você deve fazer o mesmo".

"Então, preciso saber um pouco de várias profissões", observei, acompanhando as passadas de pai rico.

"Não, você não precisa aprender essas profissões. Mas precisa de amigos que sejam profissionais dessas áreas. É por isso que seus amigos e as pessoas com quem almoça são tão importantes. A maioria das pessoas só convive com outras da mesma profissão... farinha do mesmo saco. Você já deve ter notado como eu almoço com o meu gerente de banco, com o meu contador, com o meu advogado, com o meu planejador financeiro, com os meus corretores de seguros, de imóveis e de ações. Tudo o que fiz foi pagar o almoço e adquiri a melhor educação financeira do mundo. E foi uma formação para o mundo financeiro real, não para o mundo financeiro acadêmico".

Chegamos ao carro do pai rico. Dando a partida, ele continuou: "Sua geração e as seguintes terão que ter pelo menos duas profissões... uma para elas como pessoas e outra para o dinheiro delas. Quando ficar mais velho, você vai querer que o seu dinheiro "rale" mais do que você. Minha profissão é a de empresário. A do meu dinheiro é a de investidor em imóveis. É aí que guardo e alavanco o meu dinheiro — com segurança. Meu dinheiro e o do meu banco estão muito seguros, porque sou eu que cuido deles — não um desconhecido".

"Duas profissões?", perguntei intrigado. Para meu botões, eu dizia: "E para ter uma só já tenho tanto trabalho!"

O pai rico prosseguiu: "Minha geração adotou a idéia do assistencialismo... o que hoje chamam de direitos adquiridos e benefícios sociais. Muitas pessoas na verdade acreditam em almoço grátis e que alguém será responsável por seu bem-estar quando não tiverem mais idade para trabalhar. O problema é que há milhões de pessoas pensando assim neste país e o número delas cresce. Sua geração é a que está começando a pagar a conta de um almoço que não é realmente grátis. É por isso que o aconselho a *não* seguir os passos da minha geração. Não espere que alguém tome conta de você, com emprego garantido, aposentadoria, plano de saúde, Seguridade Social e Medicare. Esses direitos e benefícios são caros demais. Logo, as empresas e os governos não poderão sustentá-los. Portanto, aprenda a cuidar de você mesmo. Acho que a economia dos Estados Unidos chegará ao limite mais ou menos na época em que sua geração começar a se aposentar. Se e quando isso acontecer, as pessoas da sua geração se perguntarão: 'Quem mexeu no meu dinheiro?' É por isso que você precisa de duas profissões — uma para você e outra para seu dinheiro".

TORNAR-SE MELHOR INVESTIDOR

O pai rico apertou a minha mão e se afastou no carro. Dei um adeus e fui para o meu carro. A idéia de cuidar de mim em vez de ficar na dependência de uma empresa ou do governo era fácil de aceitar. Eu não queria depender de forma alguma de alguém ou de uma organização. O que eu estava começando a assimilar era que *investir* tinha pouco a ver com *investimentos.* O pai rico não era contra ou a favor de qualquer ativo... fossem fundos de investimento, ações, empresas, títulos ou imóveis. Mas era intransigente quanto à necessidade de aprender a ser melhor investidor. Para ele, isso era bem mais importante do que o ativo em que se aplicasse o dinheiro. Eu estava começando a perceber que o melhor investimento de todos seria aprender a me tornar melhor investidor e que a formação começava pelo banco. Por que o banco? Porque, se eu fosse recorrer ao dinheiro do banco para investir, eu precisaria estudar a gestão do dinheiro, a alavancagem, a proteção e as saídas... *os fundamentos de uma sólida educação financeira.*

COMENTÁRIOS DE SHARON

O mundo dos bancos mudou significativamente em anos recentes, mas o alicerce de suas atividades ainda é o empréstimo de dinheiro e a prestação de serviços financeiros. O pai pobre de Robert depositava o dinheiro no banco ou em seu plano de pensão, que é o que muita gente faz hoje. Seu pai rico, por outro lado, movimentava o dinheiro. Ele queria que seu dinheiro adquirisse investimentos, gerando taxa de retorno que lhe permitisse ter rapidamente seu dinheiro de volta para poder adquirir outros ativos. Ele não gostava da idéia de "estacionar" seu dinheiro num banco.

Quando depositamos o dinheiro no banco, a lei permite que o sistema bancário empreste esse dinheiro várias vezes (é a chamada alavancagem de nossos depósitos, o banco deve manter, por exigência legal, reservas, que são uma fração de seus depósitos totais). Por exemplo, quem deposita US$100 mil no banco, recebe juros de 1% sobre a quantia depositada, o que representa US$1.000. O sistema bancário movimenta esse dinheiro, transformando-o, digamos, em um total de empréstimos de US$1 milhão. Se o banco cobrar juros de 10% dos que tomam esses empréstimos, ele ganhará US$100 mil sobre esse depósito original de US$100 mil e pagará ao depositante US$1.000 pelo uso de seu dinheiro. Assim, o banco teve um ganho líquido de US$99 mil pela alavancagem de seu depósito. Esse exemplo é uma grande simplificação do complexo sistema bancário e monetário e visa apenas ilustrar a diferença entre aplicar dinheiro em caderneta de poupança e a alavancagem que os bancos obtêm na aplicação desse depósito. Contudo, o banco também pode fazer empréstimos que permitam a alguém aplicar o princípio da alavancagem em benefício próprio.

O pai rico recorria a bancos para alavancar e movimentar seu dinheiro. Na verdade, ele queria tornar-se um banco. Temos a opção de poupar o dinheiro ou de movimentá-lo aplicando o poder da alavancagem.

Como dissemos, o negócio dos bancos é emprestar dinheiro. Procure conhecer o gerente de seu banco, torná-lo parte de sua equipe de assessores e manter contato regular com ele.

Costumamos enviar periodicamente informações financeiras aos bancos para atualizar nosso cadastro. O relacionamento firme com o banco e a atualização de nosso cadastro nos permitem agir rapidamente quando surgem oportunidades de investimento. Além disso, o gerente também nos mantém informados sobre oportunidades de investimento oferecidas pelo banco.

Seu gerente de banco pode ser uma grande fonte de alavancagem de várias maneiras. Eis alguns exemplos:

1. *Viabilização do investimento.* Um empréstimo para uma empresa ou um imóvel pode permitir a alavancagem do dinheiro de que você dispõe. Na introdução, falamos da aquisição de um imóvel de US$1 milhão com uma entrada de apenas US$100 mil. O empréstimo bancário de US$900 mil proporcionou uma alavancagem de 9 para um. O aluguel do imóvel ou o lucro da empresa devem ser suficientes não só para pagar os juros e o principal, mas também para gerar caixa disponível.

2- *Depreciação de todo o ativo.* No caso de pessoas jurídicas, a legislação tributária considera despesa dedutível na apuração do lucro tributável a depreciação de investimentos em imóveis e em outros itens do ativo imobilizado. Assim, ainda que se aplique no investimento apenas 10% de recursos próprios, obtém-se o benefício fiscal da depreciação de todo o investimento. Esse aspecto será explicado com mais detalhes no Capítulo 5.

3. *Apropriação da valorização.* Nos Estados Unidos, a alavancagem por meio de empréstimo bancário permite que você detenha 100% da propriedade do ativo-objeto. Enquanto mantiver em dia o compromisso assumido com o banco, você terá direito a 100% da valorização do bem (incluindo os 90% adquiridos por meio de endividamento).

Assim, a alavancagem acelera os retornos sobre o dinheiro investido. Compensa conhecer o gerente do banco.

CAPÍTULO 4

Pergunte a seu corretor de seguros

"A maioria das pessoas pensa que investir é arriscado simplesmente porque investe sem fazer seguro. Não é o investimento que é arriscado. Arriscado é o investidor que não faz seguro."

PAI RICO

As férias do verão de 1996 estavam chegando ao fim. Havia quase duas semanas que eu não via o pai rico e, como eu queria continuar minha formação financeira, telefonei para ele.

"Tudo bem", disse. "Encontre-se comigo na cidade. Vou levar você para almoçar com meu corretor de seguros. Eu ia falar mesmo com ele, de modo que você pode me acompanhar".

Desta vez, o encontro foi num elegante restaurante do centro de Honolulu, o tipo de restaurante freqüentado por empresários... o lugar em que negócios são fechados ou perdidos. Pai rico já estava lá. Ele chegara antes para tratar de negócios com seu corretor de seguros e agora podíamos almoçar. Pai rico levantou-se, apertou minha mão e disse: "Quero que conheça o Dan. É ele que cuida de todos os seguros dos meus imóveis".

Dan era alto, se vestia com elegância e era um pouco mais velho que pai rico. "Prazer em conhecê-lo", disse, levantando-se e apertando minha mão.

"Robert estuda em Nova York e veio de férias. Eu o estou ajudando em sua educação financeira", explicou o pai rico.

"Ótimo", disse Dan. "Quanto mais cedo aprendemos sobre o dinheiro, tanto melhor. O que o senhor está lhe ensinando?"

"Bom, hoje não serei eu quem vai ensinar. É o senhor", disse o pai rico sorrindo. "É por isso que convidei os dois para almoçar".

"E o que posso ensinar-lhe?", perguntou Dan.

"Para começar, qual é a primeira regra em seguro?"

Dan sorriu. "OK, vamos começar". Depois de uma pequena pausa para organizar as idéias, disse: "A primeira regra em seguro é: "Não se pode fazer seguro no momento em que se precisa dele".

"Então, quando é que se faz seguro?", perguntei ingenuamente.

"Antes de precisar dele", responderam os dois com uma sonora gargalhada.

Dan tomou a palavra: "Na verdade, eu não devia rir, porque é uma tragédia. Você imagina quantas pessoas me procuram depois que precisam de mim? Por exemplo, gente que quer fazer seguro do carro depois de uma batida. Gente que quer fazer seguro da casa depois que o imóvel pegou fogo. O triste é que, mesmo que a pessoa precise do seguro, eu não posso fazer nada por ela".

"Portanto, devemos fazer o seguro antes de precisar dele?"

"Sim", disse Dan. "Antes que seja necessário".

Nesse momento, o pai rico entrou na conversa. "Se você quer ser um bom investidor, qualquer que seja o investimento, precisa entender de seguro... ou da proteção contra perdas. Investir é bem menos arriscado quando se tem seguro".

"Ou seja, muita gente que tanto fala em investimentos arriscados não tem seguro?", perguntei.

"Sim", continuou o pai rico. "Como já dissemos antes, muitas pessoas põem seu dinheiro em mãos de desconhecidos, acreditando, como você, em conversa de vendedor: 'invista a longo prazo, compre, guarde, reze e diversifique'. Quando ocorre uma catástrofe, e sempre haverá catástrofes, elas perdem o dinheiro e então pensam no seguro. Isso não apenas é arriscado, é ridículo".

Dan assentia. Agora, não estava sorrindo. Na verdade, estava bastante preocupado.

"O senhor faz seguro de fundos de investimento?", perguntei.

"Não", disse Dan.

"E de ações e títulos?"

"Também não".

"Que seguros o senhor faz?"

"No mundo dos negócios e dos investimentos, faço seguros de pessoas. Pessoas-chave como seu pai rico".

"E o que é uma pessoa-chave?", perguntei.

"Alguém de importância fundamental na equipe que gerencia a empresa. Se alguma coisa lhe acontecer, a empresa terá recursos para contratar alguém que o substitua. Mas há muitos outros tipos de seguro pessoal, além do conhecido como seguro de pessoas-chave. Basicamente, são tipos de seguro de vida ou de incapacidade. Seguros pessoais."

"E que mais pode ser segurado?"

"Fazemos seguro de imóveis e de outras propriedades, como automóveis, embarcações, aviões e equipamentos".

"Mas o senhor não faz seguro de aplicações em fundos de investimento ou em ações?"

"Não, talvez exista alguém que faça, mas eu não conheço. Muita gente pede esse tipo de seguro, mas sempre lhe dizemos o que estou dizendo a você agora."

"E por que o senhor não faz seguro de aplicações em fundos de investimento?", insisti.

"Porque são muito arriscados", disse Dan. Mas, como já disse, alguém talvez faça seguro para cobrir perdas no mercado de ações, títulos e fundos de investimento. Eu não conheço ninguém. Há seguro para tudo — desde que se esteja disposto a pagar o preço".

"De modo que o senhor não faz seguro para aposentadorias?"

"Não. Mas, se você quiser, posso me informar. Talvez alguma seguradora faça. Mas desconfio que seria muito caro".

Voltando-me para o pai rico, perguntei: "Então suas empresas e imóveis têm seguro contra perdas catastróficas?"

"Sim", respondeu.

"Mas meu fundo de investimento não".

Dan e pai rico confirmaram com a cabeça.

"Então, um investidor sagaz precisa pensar em seguro ou proteção contra perdas antes que elas ocorram. Essa é a lição?", perguntei.

Novamente, Dan e pai rico concordaram.

INVESTIDORES SEM COBERTURA

Como já mencionei, entre março de 2000 e março de 2003, milhões de pessoas perderam trilhões de dólares... isso sem contar as perdas de empregos, de outras formas de renda e os traumas emocionais. Por que milhões de investidores perderam trilhões de dólares? Em termos simples, a maioria dos investidores não tem qualquer seguro contra perdas catastróficas. É nisso que dá aconselhar-se com vendedores de aplicações e não com investidores de verdade.

Será que havia investidores com seguro? Sem dúvida. No mundo dos investidores usa-se a expressão "cobertura". Quando um investidor diz que sua posição está *coberta* ou que tem *hedge*,* ele está querendo dizer que conta com proteção contra as condições de mercado. Se não estiverem *cobertos* nem tiverem um seguro, eles estariam "descobertos". Um investidor profissional fica muito atento quando não tem cobertura. Assim como um banqueiro exige dos tomadores de empréstimo para aquisição de imóveis vários tipos de seguro, os investidores profissionais que atuam no mercado de ações insistem em fazer seguro, se bem que de uma espécie diferente. A lição a se tirar é que os investidores profissionais estão *cobertos* e os amadores, *descobertos*.

COMEÇA A CAÇA ÀS BRUXAS

Como disse Dan, o corretor de seguros do pai rico: "Você não pode fazer seguro quando está precisando dele". Depois do colapso das bolsas, quando muitos investidores perceberam que não tinham cobertura, em vez de dizer "Deveria ter feito seguro", eles começaram a procurar alguém em quem pôr a culpa.

Historicamente, depois de um colapso do mercado, alguns dos bandidos mais óbvios vêm à tona e os investidores, enfurecidos, partem para a caça às bruxas, em busca de culpados. Em fins da década de 1980, os investidores foram atrás de Ivan Boesky e de Michael Milken, o rei dos títulos podres do Drexel Burnham Lambert. Eles também perseguiram os incorporadores imobiliários como Charles Keating, quando as instituições de poupança e empréstimo começaram a quebrar.

Dez anos mais tarde, em lugar de caçar as bruxas que lidavam com títulos e imóveis, as pessoas estão caçando as bruxas que lidam com

---

* *Nota da Tradutora:* Denominam-se operações de hedge as que visam cobrir o risco de preço de uma operação com outra de sentido inverso. Por exemplo, um plantador de soja quer proteger-se contra o risco de que o preço da soja venha a cair no momento de vender sua colheita. Para se proteger, ele compra uma quantidade de soja equivalente à sua colheita no mercado futuro. Assim, se o preço da soja que ele vende cair, ele terá uma compensação do lado da compra no mercado futuro.

ações e fundos de investimento e CEOs como os executivos da Enron, WorldCom, Global Crossing, Tyco, Adelphia e outras empresas acusadas de manipular sua escrituração contábil, com a ajuda de grandes escritórios de contabilidade, como a Arthur Andersen. As maiores corretoras, como Merryl Lynch, Solomon Smith Barney, do Citigroup, Goldman Sachs, Credit Suisse First Boston, Deutsche Bank, Morgan Stanley, JP Morgan Chase, Lehman Brothers, UBS Warburg e Bear Stearns, concordaram em fazer acordos individuais com os órgãos que regulamentam o mercado de títulos num total de US$1,4 bilhões, US$900 milhões em multas, US$450 milhões em remuneração de pesquisas independentes e US$85 milhões pelo que os reguladores chamaram de "educação dos investidores". Várias pessoas foram presas, como Sam Waksal, CEO da ImClone Systems. Outros perderam seus cargos nas empresas, como Kenneth Lay, Bernie Ebbers e Dennis Kozlowski. Os fundos de investimento continuam sob rigorosa investigação por fraudes. As negociações privilegiadas em algumas das maiores empresas continuam sendo investigadas pelas autoridades. Os investidores enfurecidos ainda estão em busca de culpados.

Para entender a prática de negociações privilegiadas, aconselho a leitura do livro de Arthur Levitt, *Take on the Street*. Para os que não sabem quem é o autor, ele foi chefe da Securities and Exchange Commission (SEC)* durante os oito anos do governo Clinton. Em seu livro, Levitt explica como Wall Street funciona realmente e por que o pequeno investidor tem poucas chances de ganhar nas bolsas. Em seu livro ele explica pormenorizadamente:

1. Como funcionam os negócios legais e ilegais com informações privilegiadas.
2. Como ele lutou para impedir o uso de informações privilegiadas — e quem se opôs a isso.
3. Cita os nomes dos que estavam contra ele, como importantes políticos, muitos deles democratas; banqueiros, as corretoras de hedge; as grandes instituições financeiras, como fundos de investimento e fundos de pensão; os grandes escritórios de contabilidade. Penso que ele foi muito corajoso ao citar os nomes de pessoas que ainda operam nos bastidores, ganharam rios de dinheiro e nunca serão acusadas de qualquer crime.

* *Nota da Tradutora:* No Brasil, Comissão de Valores Mobiliários (CVM).

4. Expõe, detalhadamente, as mentiras ditas pelos fundos de investimento.
5. Também mostra como o pequeno investidor pode, apesar de tudo, ganhar dos grandes investidores, isto é, aqueles que controlam o jogo internamente.

O importante é que, para quem quer investir em ações e fundos, e eu invisto, o livro de Levitt é leitura obrigatória. Pôr ingenuamente nosso dinheiro em mãos de alguns desses desconhecidos muito ricos e não saber o que eles fazem com nosso dinheiro é loucura. No filme *Wall Street*, Michael Douglas representa o personagem Gordon Gekko. Uma de suas frases merece destaque: "Se você não está dentro, você está fora". O livro de Levitt nos permite ver o que se passa dentro, no lado escuro do mercado.

Para mim, acho que a parte mais importante do livro de Levitt é aquela em que o ex-presidente da SEC descreve sua luta para incorporar à legislação as normas de divulgação de informações, que procuram impedir os negócios embasados em informações privilegiadas por parte dos ricos e poderosos. Achei interessante saber quantas pessoas já ricas, bem-sucedidas e influentes não desejam que o público saiba como o mercado de ações funciona por dentro. Dito de outra forma, muitos ricos e famosos dos Estados Unidos e do mundo detinham informações privilegiadas antes que o pequeno investidor tivesse acesso a elas. Em outras palavras, não havia *fair disclosure* — ou seja, *divulgação justa*... o que quer dizer que as negociações privilegiadas eram legais no caso dos ricos e poderosos. O pequeno investidor realmente não tinha chance de ganhar dinheiro. Só o conseguia depois que os ricos e poderosos já o tivessem feito.

Quando o mercado despencou, os grandes investidores saíram do mercado, enquanto diziam aos pequenos investidores, por meio de sua rede de assessores e jornalistas financeiros, para investir a longo prazo e comprar mais. Em outras palavras, os pequenos investidores eram orientados a comprar as ações que os ricos e poderosos estavam vendendo. Mesmo que não seja necessariamente ilegal, considero essa prática enganadora, pouco ética e imoral.

Depois de grandes lutas, a lei que regulamenta a divulgação de informações foi sancionada em 23 de outubro de 2000. O leitor pode observar que a data coincide com o início da derrocada do mercado, março de 2000. A bolha estourou por muitas razões. Uma das menos conhecidas é que certas pessoas não podiam mais obter e ocultar informações do pequeno investidor. Portanto, os grandes investidores venderam em massa ao mesmo tempo em que diziam ao pequeno investidor para comprar, guardar e diversificar.

QUEM SÃO OS VERDADEIROS DETENTORES DE INFORMAÇÕES PRIVILEGIADAS?

No início de 2003, fui convidado a assistir a uma palestra do ex-presidente da SEC, Arthur Levitt, no Phoenix Country Club, em Phoenix, Arizona. Havia cerca de duzentos convidados que também receberam um exemplar autografado do livro. Talvez porque eu já tivesse lido o livro, ouvi-lo pessoalmente teve um grande impacto. Ao ouvi-lo, comecei a pensar que muitos dos que detêm as informações privilegiadas que favorecem os ricos não são os personagens ostentosos como o Gordon Gekko do filme *Wall Street*. Muitos são pessoas obscuras, com profissões nas quais tendemos a confiar, sem imaginar que possam estar trabalhando principalmente para atender os desejos dos ricos e poderosos.

Durante sua palestra, Levitt disse: "São os grandes escritórios de contabilidade que continuam combatendo a mudança das regras que tornam o mercado mais justo para o pequeno investidor". Em outras palavras, os grandes escritórios de contabilidade estão trabalhando para as grandes empresas, não para o pequeno investidor. Muitas pessoas pensam que são os advogados que são pouco éticos, não os contadores.

Como já disse, achei que Levitt foi muito corajoso por divulgar em seu livro muitos nomes, incluindo políticos dos dois principais partidos, bem como de antigos amigos e parceiros de negócios. Ele mostra claramente que considera que estava do lado dos ricos e quem estava do lado das pessoas comuns.

Em resumo, às vezes no mundo real dos investimentos faz-se necessária a proteção de um seguro contra as pessoas que pensamos que estão do nosso lado.

MAIS DO QUE UM TIPO DE SEGURO

Como muitos dos leitores já terão entendido, há mais de um tipo de seguro quando falamos de investimento. Há seguros para pessoas e imóveis. Também há seguros contra os ciclos de mercado. E também há seguros contra erros, omissões e processos. A lição que o pai rico queria que eu tirasse era que os investidores profissionais estão sempre preocupados com a proteção. Quando pomos nosso dinheiro em mãos de um especialista em finanças, a pergunta importante é: "Até que ponto meu dinheiro está em segurança?". Os investidores profissionais não se contentam com "investir a longo prazo, comprar, guardar, diversificar e rezar".

O pai rico também utilizava as estruturas societárias como forma de seguro. Meu pai pobre se orgulhava muito de que a casa em que morava, o automóvel e outros bens estivessem em seu nome pessoal. Já o meu pai rico tinha a maioria de seus ativos valiosos em nome de pessoas jurídicas, como empresas, fundos fiduciários e sociedades por quotas de responsabilidade limitada. Como a sociedade americana é muito litigiosa, ele preferia ter em seu próprio nome o mínimo possível de bens. Para o meu pai rico, as pessoas jurídicas eram uma forma de seguro. Hoje em dia, há ainda mais formas societárias disponíveis e pessoas jurídicas diferentes se ajustam a diferentes tipos de ativos.

DOIS TIPOS DE SEGURO

Na segunda parte deste livro, vou tratar de diferentes tipos de seguros a que o investidor pode recorrer. Por enquanto, basta dizer que o seguro pode ser divido em duas categorias:

1. SEGUROS QUE PODEM SER ADQUIRIDOS

Quando compro um imóvel comercial, é fácil fazer seguro. Basta pagar a apólice. O mesmo ocorre no caso de meu automóvel ou de minha vida. Não preciso fazer muito mais do que achar um bom corretor e fazer o tipo adequado de seguro.

2. SEGUROS QUE VOCÊ PRECISA CONHECER ANTES DE ADQUIRIR

Escolher o tipo adequado de pessoa jurídica é muito importante para os investidores profissionais. Eles procuram a orientação de especialistas como advogados e consultores tributários para ter certeza de que estão obtendo o máximo de proteção para seus investimentos.

Eu também recorro à propriedade intelectual como outra forma de seguro. Ela protege o que escrevo e desenvolvo, não permitindo que outros o usem sem minha autorização. Temos muitos copyrights, marcas registradas e patentes para proteger nossos ativos intelectuais.

Quando invisto nas bolsas de valores, também preciso saber como encontrar um seguro. Por exemplo, recorro a opções de compra ou de venda. As opções não são apenas uma forma de seguro, elas também são uma forma de alavancagem.

O problema com esse tipo de seguro é que é preciso realmente investir tempo para aprender a usá-los ou encontrar a pessoa certa para assessorá-lo.

A MAIORIA DAS PESSOAS NÃO APRENDE

Como a maioria das pessoas não está disposta a aprender como negociar com opções, contratos futuros ou outras formas de cobertura nas bolsas de valores, a maioria das pessoas está mais segura investindo em imóveis... pelo menos em termos da proteção propiciada pelos seguros.

Ainda menos pessoas pretendem investir tempo para criar uma empresa. Contudo, quem o fizer e abrir uma empresa com o tipo certo de personalidade jurídica poderá ter a maior alavancagem e proteção do mundo. Para quem está interessado nisso, aconselho a ficar no emprego e começar com um negócio em tempo parcial. Para quem acha que essa é uma boa idéia, sugiro pensar em um negócio de marketing de rede. Algumas dessas redes, embora nem todas, têm excelentes programas de treinamento que podem preparar a pessoa para se tornar um empresário.

E QUEM NÃO QUER APRENDER OU ABRIR UMA EMPRESA?

Quem não quer aprender as técnicas de hedge usadas por investidores profissionais, como as opções, nem abrir uma empresa, não precisa se preocupar. Continue lendo e verá o que pode fazer e quais os investimentos são os mais adequados para seu caso. Há muitas formas de aplicar e muitos investimentos. Eu comecei com o mais alavancado e protegido modo de investimento que conheço.

Investir o tempo necessário para abrir uma empresa foi o melhor investimento que fiz. Não o recomendo a todos; contudo, para quem tiver inclinação, pode ser o melhor.

BOAS NOTÍCIAS

Seja qual for a sua decisão, a lição deste capítulo é que os investidores profissionais são pró-ativos quando se trata da proteção de seus ativos. Lembre sempre, a primeira regra no ramo dos seguros é: “Você não pode fazer seguro quando está precisando dele". Os milhões de investidores que perderam trilhões de dólares entre 2000 e 2003 precisavam... mas não tinham nenhum seguro.

COMENTÁRIO DE SHARON

A definição da palavra "segurar" é acautelar(-se) contra as "conseqüências de perdas ou prejuízos". Parece claro que quando se adquirem ativos seria necessário protegêlos por meio de um seguro.

Outro dia, estava falando deste livro com um amigo, dono de uma seguradora, e ele ficou apavorado pensando que eu estaria acusando as companhias de seguros. Mas no correr da conversa ele fez uma observação que vale a pena dividir com os leitores. "Em meus mais de vinte anos de vida profissional, nunca vi uma pessoa indenizada que se queixasse de ter pago demais pelos prêmios do seguro".

Não seja dono de nada, mas controle tudo

O termo seguro inclui bem mais do que os instrumentos típicos que podem ser adquiridos nas companhias de seguros. Um dos tipos mais importantes de seguro é a maneira pela qual estruturamos a posse dos ativos em que investimos, por meio da constituição de pessoas jurídicas.

Mediante planejamento societário e tributário cuidadoso, economizam-se milhares de dólares em impostos e protegem-se os ativos da família de potenciais ataques de credores.

Além disso, depois que se constitui uma empresa ou se adquirem ativos, pode ser conveniente procurar informações sobre outras formas de proteção, como direitos autorais, marcas registradas ou patentes.

Para orientação detalhada sobre planejamento societário e tributário, assim como nas demais áreas de direitos autorais e propriedade intelectual, é fundamental recorrer a profissionais especializados e experientes.

CAPÍTULO 5

Pergunte ao Leão

"A legislação tributária foi feita para donos de empresa e para investidores."

PAI RICO

Uma vez ganha ou gerada a renda, um dos elementos mais importantes da gestão, alavancagem e proteção de seu dinheiro é a compreensão da legislação tributária para tirar partido das deduções e diferimentos de impostos disponíveis. Essas vantagens tributárias funcionam como aceleradores de sua renda e o ajudam a movimentar e aumentar a geração de caixa.

Aos olhos da legislação tributária não somos todos iguais. Os impostos são um dos maiores itens de nossas despesas... e os assalariados fazem jus a poucas deduções legais. Como os empresários criam empregos, o governo oferece muitos incentivos tributários para as empresas, mas não para os empregados. Quando analisamos o quadrante Cashflow, a verdade da diferença no tratamento tributário se torna ainda mais clara.

Se o leitor ainda não conhece esse conceito, ele foi apresentado em *Independência Financeira*, um livro importante para quem quer fazer mudanças financeiras em sua vida. O E representa o empregado; o A é o autônomo, o pequeno empresário ou o profissional liberal; o D é o dono de empresa e o I, o investidor. O livro destaca as diferenças mentais, emocionais e técnicas entre as pessoas que se enquadram em cada um dos quadrantes.

Um rápido exame das diferenças entre o lado esquerdo e o lado direito do Quadrante Cashflow mostra que os do lado esquerdo representam as pessoas que trabalham com afinco para ganhar dinheiro, enquanto, no lado direito, o D representa o trabalho em equipe e o I é onde o dinheiro trabalha para nós. O objetivo é gerar o máximo de renda possível do lado direito do quadrante, onde o dinheiro trabalha para nós. Eis algumas das diferenças entre esses dois lados do quadrante:

E-A	D-I
Indivíduo	Equipe
Nosso trabalho	Tempo e dinheiro de outras pessoas
Nosso trabalho	Os sistemas trabalham para nós
A escola nos prepara	A experiência nos ensina
Os benefícios são importantes	O retorno sobre o investimento é importante
A segurança é importante	A independência é importante
O sucesso o torna mais ocupado	O sucesso nos dá mais tempo
A renda é limitada	A renda é infinita
Poucas vantagens tributárias	Muitas vantagens tributárias

Uma pergunta ouvida com freqüência se refere à diferença entre as pessoas de negócios do quadrante A e as do quadrante D. As diferenças são significativas e muitas. Se o empresário do quadrante A pára de trabalhar, as entradas de receita param. Já os que se encaixam no quadrante D são os donos de empresas classificadas pela revista *Forbes* como empresas com mais de 500 empregados. Outra diferença é que elas podem operar simultaneamente em várias localidades. Um exemplo seria o do McDonald's em comparação com uma pequena lanchonete em que o dono tem que trabalhar em tempo integral.

Aconselhamos aos que estão empregados que comecem com um negócio em tempo parcial que lhes permita aproveitar as vantagens tributárias da empresa. Começando com uma empresa no quadrante A muitas vezes está se dando o primeiro passo para abrir uma empresa do quadrante D.

DIFERENTES NORMAS TRIBUTÁRIAS PARA QUADRANTES DIFERENTES

As normas tributárias são muito diferentes em cada quadrante. Elas têm substancial impacto sobre o lado esquerdo do quadrante. Até os empregados mais bem pagos e os autônomos são prejudicados em função de sua fonte de renda.

Nos Estados Unidos, como no Brasil, a legislação tributária impõe a chamada retenção na fonte, ou seja, a própria fonte pagadora é obrigada a reter o imposto de renda incidente sobre o rendimento. Muitas vezes o empregado se surpreende com a diferença entre seu salário bruto e o que é creditado em seu conta bancária. O empregado recebe o que sobra depois de descontados os impostos e contribuições. Quem mexeu no meu dinheiro? O governo, sem dúvida, garante que será o primeiro a tirar sua fatia.

O empregado só pode investir ou gastar o que lhe resta depois de pagos os impostos, o que limita bastante suas opções. Hoje há apenas umas poucas opções de planejamento tributário abertas aos empregados. Além de algumas deduções que incluem as contribuições previdenciárias e as despesas com saúde e educação, sujeitas a um teto, não há alternativa.

Já no caso de contribuintes enquadrados nas categorias D e I a situação é bastante diferente. Por isso é que aconselho às pessoas que mantenham seus empregos ou suas atividades de autônomo mas que comecem negócios, em tempo parcial, no outro lado do quadrante, para tirar partido das vantagens tributárias do dono de empresa e do investidor.

ALÍQUOTAS DIFERENTES PARA ATIVOS DIFERENTES

Outra observação importante é que a legislação trata de maneira diferente as três classes de ativos: empresas, imóveis e papéis.

Ativos	*Vantagem*
Empresas	Dedução de despesas Dedução de prejuízos
Imóveis	Depreciação Perdas passivas
Papéis	Aplicações isentas Alíquotas sobre ganhos de capital Alíquotas sobre dividendos

PENSE EM UM NEGÓCIO DE TEMPO PARCIAL QUE LHE PROPICIE TREINAMENTO EMPRESARIAL

Uma das razões pelas quais recomendo começar com um negócio de marketing de rede, embora eu não atue nessa área, é porque ele permite à pessoa comum iniciar um negócio no quadrante D. Muitas empresas de marketing de rede dão a oportunidade a qualquer pessoa de aplicar um sistema que tem potencial de expansão ilimitada. Pode-se começar com um negócio no quadrante A, mas com os sistemas dessas empresas e sua orientação pode-se fazê-lo no quadrante D. Como já mencionado, uma empresa do quadrante D tem mais de 500 empregados. Se a empresa de marketing de rede for boa, a pessoa não apenas recebe apoio moral, mas treinamento em competências empresariais que não são ensinadas em escolas, mas são indispensáveis para o sucesso no mundo real. Portanto, recomendo a quem deseja obter sucesso e independência financeira o marketing de rede.

É por isso que muitas vezes digo que o melhor investimento que podemos fazer é nosso negócio no quadrante D. Eles nos oferecem a maior proteção neste mundo incerto. É arriscado abrir uma empresa do quadrante D? A resposta é afirmativa. Mas quem deseja certeza verá que o certo é que as pessoas que se encontram nos quadrantes E e A têm muito pouca proteção. Suas perdas não são incertas — são garantidas.

PERDAS BOAS E PERDAS RUINS

Uma das razões pelas quais tanta gente tem receio de investir é o medo de perder dinheiro. Contudo, nem todas as perdas são iguais. Da mesma forma que há as dívidas boas e as ruins, a renda boa e a ruim, também há as perdas boas e as ruins.

A MAIOR DE TODAS AS PERDAS

Dentre todas as perdas para o investidor médio, as mais tristes são as que atingem seus planos de aposentadoria. Estas perdas não podem ser deduzidas para fins tributários. Meu amigo médico pode pelo menos dar baixa contábil em US$3.000. As pessoas que perdem dinheiro em seus planos de pensão não fazem jus à complacência do leão.

Os contadores me afirmam que não há vantagem tributária no caso dessas perdas porque, nos Estados Unidos, os depósitos em planos de pensão não são tributados, ou seja, as contribuições para o plano são dedutíveis na apuração do imposto de renda devido. Contudo, para quem vê sua aposentadoria reduzida por perdas do mercado, a perda foi real.

AS PERDAS EM IMÓVEIS E EM EMPRESAS SÃO PERDAS BOAS

É interessante observar que quem investe em negócios ou em imóveis por meio de pessoas jurídicas pode tirar partido de certas perdas. Por exemplo, se um empresário perder dinheiro no negócio, o prejuízo fiscal daí resultante, calculado com base na legislação tributária, poderá ser deduzido na apuração do lucro real (tributável) da pessoa jurídica.

Muitas vezes diz-se que abrir empresas é arriscado. Se olharmos para os ativos sob o ponto de vista do leão, investir em papéis é mais arriscado. Quando a empresa perde dinheiro em suas operações, o prejuízo fiscal é dedutível. Quando o investidor perde dinheiro em papéis, na maioria dos casos a perda não é dedutível no cálculo do imposto de renda devido pela pessoa física.

ESTRATÉGIA TRIBUTÁRIA PARA PAPÉIS

A legislação tributária trata favoravelmente os papéis ao aplicar alíquotas menores para os ganhos de capital e os dividendos. Uma das poucas deduções tributárias aplicáveis aos empregados é a que recai sobre as contribuições para a previdência social e, em certos casos, para fundos de aposentadoria. Mas recordemos que o pai rico considerava essas aplicações como poupança, não investimento; era dinheiro estacionado que não propiciava oportunidades de acelerar o dinheiro.

Há ainda outras estratégias que podem ser formuladas, combinando ativos e levando em consideração fatores como fluxos de caixa, impostos e proteção.

As pessoas que investem em ações muitas vezes falam em EBITDA, sigla em inglês que representa o lucro antes de descontados juros, impostos, depreciação e amortização, ou em índice P/L (índice preço lucro). Embora essas expressões tenham se popularizado, será que elas realmente podem lhe dizer o que você precisa fazer para tomar uma decisão de investimento bem informada?

COMENTÁRIOS DE SHARON

Os impostos podem ser um tema complicado e confuso. Uma situação pode receber tratamentos diferentes que dependem de inúmeros fatores dentre os quais situação tributária individual, tipo de pessoa jurídica e momento da ocorrência do fato gerador. É fundamental contar com assessoria tributária competente.

Recapitulando alguns aspectos importantes para entender a questão:

- É possível maximizar a proteção dos ativos e minimizar os impostos a serem pagos por meio de escolha adequada da pessoa jurídica em cujo nome estarão seus ativos.
- Podem-se reduzir os impostos a serem pagos por meio de um bom planejamento societário e tributário.
- Sempre que houver mudanças nas normas tributárias é preciso procurar um consultor tributário para analisar o impacto que terão sobre nossos investimentos.
- Pense em criar uma empresa se ainda não tiver uma. (Deve ter finalidades comerciais legítimas e não apenas evitar o pagamento de impostos.)
- Examine suas despesas pessoais para ver se alguma pode se enquadrar entre os gastos empresariais legítimos.
- Informe-se sobre a terminologia dos investimentos para poder entender-se melhor com seus assessores.
- Planejando adequadamente sua estratégia de investimentos e minimizando os impostos a pagar, você pode maximizar seu fluxo de caixa.
- Reinvista o que economizou em impostos.

CAPÍTULO 6

Pergunte a um jornalista

"Há uma diferença sutil entre mentir e não dizer a verdade", disse o pai rico.
"Qual é?", perguntei.
"A diferença sutil", respondeu pai rico. "Quando tiver descoberto essa diferença sutil, encontrará a verdade".

LIBERDADE PARA MENTIR

Nos quatro anos que passei na academia, algumas das matérias estudadas foram direito marítimo, direito comercial e direito internacional. Embora não estivéssemos nos preparando para ser advogados, como oficiais de navios que transportavam cargas entre diversos portos do mundo, precisávamos ter uma noção das diferentes legislações vigentes.

Meu professor de direito internacional era um fanático pela constituição dos EUA. Sempre que se apresentava a oportunidade, se referia a ela, principalmente quando comparava as leis americanas com as de outros países. Ele admirava sobretudo a Primeira Emenda, que protege a liberdade de expressão e a liberdade de imprensa. Segundo ele, eram esses direitos assegurados que tornavam os Estados Unidos um grande país. Muitas vezes ele dizia: "Em outros países do mundo a imprensa não é livre... a palavra não é livre. Na América o direito de falar o que se quer está garantido. Isso é o que torna grande a América".

Sendo jovem, ingênuo e idealista, eu me enchia de admiração quando o professor falava do brilho de nossos antepassados que tinham redigido a Constituição, a lei magna do país. O professor se esforçava para que percebêssemos como eram revolucionários os ideais que nortearam a Constituição. Somente depois de formado e já no mundo real é que entendi que os *ideais* que a Constituição garante no papel são muitas vezes menos do que *ideais* para o mundo real. Sendo jovem e ingênuo, imaginava que a liberdade de expressão significava que *tínhamos* que falar a verdade. Levei alguns anos para perceber finalmente que a liberdade de expressão protegia o direito de mentir e outras formas menos desejáveis de comunicação.

OS POLÍTICOS MENTEM?

Na história recente e no meu tempo de vida, pelo menos três presidentes dos Estados Unidos serão lembrados por afirmações singulares:

1. "Não sou um bandido." (Richard Nixon)
2. "Leia meus lábios. Nada de novos impostos." (George H. W. Bush)
3. "Não fiz sexo com essa mulher." (Bill Clinton)

UM PROJETO DE PESQUISA SOBRE AS MENTIRAS

Um cientista político da universidade britânica de Strathclyde conduziu um projeto de pesquisas que concluiu que os políticos mentem. Glen Newey, o cientista político cujos estudos foram publicados pelo Conselho de Pesquisas Econômicas e Sociais, instituição financiada pelo governo, afirma: "Os políticos precisam ser honestos quanto à mentira".

Como contribuinte americano, para mim é reconfortante saber que o governo inglês também gasta dinheiro de seus contribuintes para promover pesquisas tão valiosas e informativas. É bom conhecer finalmente a verdade dos políticos. Sempre me indaguei se os políticos mentiam ou diziam a verdade. Agora sei.

A LIBERDADE DE MENTIR, ENGANAR, PREJUDICAR

Agora que estou mais velho e um pouco mais sábio, comecei a entender o quanto são grandes e amplos os ideais de liberdade de expressão e de imprensa. Nos momentos de tranqüilidade, muitas vezes fico sentado, procurando expandir minha consciência para compreender a ousadia e grandeza de nossos antepassados ao assegurar esse ideal a toda a nação. Também entendo melhor os aspectos positivos e negativos dessa liberdade e por que precisamos estar cada vez mais atentos ao que lemos, vemos e ouvimos.

Hoje, com a Internet, nós, como povo e como comunidade global, enfrentamos desafios ainda maiores com um mundo sem fronteiras e sem regras, ou regras sem quem as faça valer. A Internet levou a liberdade de expressão e de imprensa a novas dimensões. Se existiu uma época de maior responsabilidade pessoal, respeito às diferentes leis, ética, moralidade e bondade, esse tempo é agora. Embora sempre haja quem prefira mentir, enganar e prejudicar, seja pessoal ou eletronicamente, é ainda mais importante procurar *não* ser como essas pessoas, mesmo que o desejemos.

GESTÃO DA INFORMAÇÃO

No mundo da criação de riquezas, a palavra gestão é a número dois da lista:

5. Saída
4. Proteção
3. Alavancagem
2. Gestão
1. Ganho/aquisição

Quando faço palestras, as pessoas pensam que quando falo de gestão só estou me referindo à gestão do dinheiro. Na verdade, "gestão" é uma palavra abrangente que inclui o gerenciamento do dinheiro, do tempo, das pessoas, dos recursos e, especialmente, da informação. Em minha opinião, um dos ativos mais importantes que o investidor precisa *gerenciar* é o fluxo de informações — em especial as financeiras. Uma das razões pelas quais milhões de investidores perderam trilhões de dólares é porque receberam informações financeiras de má qualidade, defasadas, muitas vezes distorcidas, e às vezes desonestas. Um exemplo é o conselho de "investir a longo prazo, comprar, guardar e diversificar". Em termos de orientação financeira, é análogo ao conselho de "almoce no Zé". Embora almoçar no Zé possa ser bom para o Zé, não é necessariamente bom para você. Comida de má qualidade afeta nossa saúde e informação financeira de má qualidade afeta nossa riqueza.

VERDADE E DINHEIRO

Quando se trata de dinheiro, a liberdade de expressão nos permite falar qualquer coisa que quisermos, mesmo que não seja verdade. Algumas outras coisas que a liberdade de expressão permite:

1. Podemos fazer promessas que não serão cumpridas.
2. Podemos espalhar boatos e arruinar a reputação de alguém.
3. Podemos fingir ser especialistas falando de assuntos que desconhecemos totalmente.
4. Podemos criticar.
5. Podemos enganar.
6. Podemos prejudicar.
7. Podemos ter segundas intenções e não as revelar.
8. Podemos exagerar.
9. Podemos dizer "eu te amo" ou "lamento" sem sentir amor ou lamentar.
10. Podemos ater-nos aos fatos e ainda assim mentir.

Essa liberdade não é concedida apenas aos indivíduos. Também vale para a imprensa.

NÃO É PRECISO DIZER "LAMENTO"

Entre 2000 e 2003 houve muitos jornalistas econômicos, de jornais, revistas, Internet, rádio e televisão que passaram orientações financeiras ruins... conselhos que levaram milhões de pessoas a perder trilhões de dólares. A maioria desses jornalistas profissionais continua hoje a oferecer seus conselhos financeiros. Nunca ouvi nenhum deles dizer "Lamento. Errei". Não precisar se desculpar ou admitir que não tinham idéia do que estavam falando é outro direito assegurado pela liberdade de expressão.

Um artigo de Michael Lewis, intitulado "Em defesa do boom", publicado em 27 de outubro de 2002 na *The New York Times Magazine*, falava também dos jornalistas, "Como qualquer outro jornal, o *The Wall Street Journal* estava principalmente interessado no sucesso extraordinário e contribuiu para alimentar o boom da Internet. Agora, como qualquer outro jornal, está mais interessado no fracasso. Fracasso, mesmo no Vale do Silício, de repente se tornou uma forma de corrupção. E isso é uma pena. Porque a atitude anterior gerou alguns resultados reais, mensuráveis".

O poder da imprensa não pode ser subestimado. É por isso que precisamos estar atentos ao gerenciamento das informações financeiras que aceitamos como vindas de uma fonte competente.

ESPECIALIZAÇÃO EM VINHO EM UMA HORA

Falando de fontes competentes, um amigo meu é dono de uma vinícola no Vale do Napa (Califórnia) que pertence à família há três gerações. Ele me contou várias histórias engraçadas de turistas que entram em sua sala de degustação, dizendo-se especialistas, na tentativa de impressioná-lo com seus conhecimentos sobre vinho. "Nos dias de hoje, muita gente pensa que também é importante ser especialista em vinho", explicou. "O lado bom é que, quanto mais relevante a pessoa considera a necessidade de conhecer vinhos, mais fácil fica vender-lhe vinhos caros, mesmo que não seja grande a diferença de sabor entre o vinho caro e os vinhos mais em conta".

Quando perguntei sobre o grau de diferença entre esses vinhos, ele respondeu: "Há diferenças verdadeiras, mas a maioria das pessoas não as percebe. Quando se trata de vinho, muitas pessoas fingem... dizem que entendem alguma coisa... se fazem passar por conhecedores. Nossa vinícola ganha muito dinheiro atendendo essas pessoas, entrando em seu jogo de pseudo-sofisticação. Isso as faz sentir-se inteligentes e sofisticadas, e assim elas tendem a comprar mais vinhos caros, mesmo se não há realmente muita diferença entre as safras. Quanto mais massageamos seus egos, mais vinhos caros vendemos. Sabemos que a principal motivação de muitos conhecedores amadores de vinhos não é se tornarem especialistas de verdade, mas sim impressionar seus amigos quando forem jantar com eles".

"E como você distingue um bom de um mau vinho?", perguntei.

"A melhor forma de comprar vinho é provar. Se você gostar e o preço for conveniente, compre", respondeu. "E não finjo ser especialista em vinhos, apesar de estar no ramo toda minha vida. Quando se trata de vinhos, há muito poucos grandes especialistas... mas há muita gente que finge ser conhecedor vendendo a pessoas que também fingem entender de vinho".

"Isso parece o mundo dos investimentos", retruquei.

PESSOAS POBRES QUE QUEREM ENSINAR-LHE A ENRIQUECER

Pai rico gostava de dizer: "Quando se trata de dinheiro há muitas pessoas pobres dizendo como enriquecer".

Em 2003, numa viagem à Austrália, fui entrevistado pelo responsável por uma coluna econômica de um jornal local. "Obviamente, livrar-se das dívidas é o melhor investimento", disse.

Retraindo-me um pouco, respondi da maneira mais cordial possível: "Bem, às vezes saldar as dívidas faz sentido, em outras ocasiões, as dívidas podem ser boas, até vantajosas".

"O senhor é louco", berrou. "O senhor não sabe do que está falando. Toda dívida é ruim. É por isso que digo a meus leitores para livrar-se das dívidas. Depois de saldar todas as suas dívidas, eles devem investir numa carteira diversificada de fundos administrados".

"Tudo bem", respondeu. "O senhor escreve o que acha certo".

"É o que faço".

"Mas o senhor não acha que seus leitores deveriam conhecer a diferença entre dívidas boas e más?", perguntei.

"Isso não existe. O que o senhor fala é uma besteira. Para ficar rico, a primeira coisa a fazer é pagar todas as contas, livrar-se das dívidas e então começar a poupar".

Então, perguntei ao jornalista: "O senhor ganha dinheiro escrevendo para o jornal ou investindo?".

"Isso não é problema seu", disse o jornalista. A entrevista estava encerrada e a minha opinião sobre a contribuição do endividamento para o enriquecimento nunca foi publicada.

A DEFINIÇÃO DE INTELIGÊNCIA

Pai rico disse muitas vezes: "A definição de inteligência é: 'Se você concorda comigo, então você é inteligente. Se discorda, obviamente você é um idiota'".

PERGUNTE A SEU CONSULTOR FINANCEIRO

Uma forma de gerenciar suas fontes de informação financeira é fazer a um consultor financeiro uma pergunta parecida com a que fiz ao jornalista australiano. A pergunta que faço é: "Você Ganha seu dinheiro como consultor financeiro ou como investidor?". Sempre fico surpreso com a quantidade de consultores financeiros que respondem exatamente como o jornalista.

O problema com os jornalistas econômicos é que os leitores não podem fazer-lhe essa pergunta. E se fosse possível, será que eles responderiam a verdade?

QUANTO TEMPO É PRECISO PARA SE TORNAR UM CONSULTOR?

Uma das razões pelas quais há tanta informação financeira ruim é porque não se precisa de muita formação ou treinamento para se tornar uma autoridade financeira. De fato, em muitos lugares, é mais demorado se tornar um massoterapeuta formado do que um consultor financeiro.

O SENHOR GARANTE?

Em fins de 2002, quando fazia uma turnê de lançamento de um de meus livros, me vi no meio de um acalorado debate com um consultor financeiro que tinha um programa de rádio próprio. Para aqueles que entendem de marketing, essa é uma forma ótima de conseguir novos clientes. O planejador financeiro disse: "Seu livro está errado. O mercado de ações não entrará em colapso".

"Por que o senhor acha isso?", perguntei.

"Bom, o pessoal do baby boom não vai tirar o dinheiro das bolsas quando se aposentar, como o senhor afirma, porque logo estarão herdando milhões deixados por seus pais. E os chineses em breve começarão a investir nas bolsas americanas e isso irá expandir o mercado e não retraí-lo, como acha".

"Sim, seria muito bom que isso acontecesse, mas o senhor garante?"

"Garantir?" O especialista financeiro começou a gaguejar e agitar-se... passando uma impressão pouco inteligente para muitos de seus ouvintes. "Claro que não. Como alguém pode garantir uma coisa dessas? Não, não garanto".

EU GARANTIRIA?

Finalmente, o especialista recuperou a compostura. Minha pergunta, "O senhor garante?", o pegara de surpresa e deixara clara sua falta de base. Então, ele se virou para mim e perguntou: "O senhor seria capaz de garantir suas afirmações? O senhor garantiria que haverá um colapso das bolsas?".

"Sem dúvida!", retruquei.

"O senhor garante mesmo?", insistiu.

"Claro".

"E como o senhor pode fazer isso?"

"Fácil", respondi. "Qualquer investidor sabe que os mercados sobem e descem. Garantir um colapso do mercado é o mesmo que garantir que nevará no Alasca no próximo inverno. Um investidor profissional sabe que sempre há alterações no ciclo do mercado, assim como o tempo sempre muda. É bobagem acreditar que os investidores chineses ou os pais do pessoal do baby boom poderá impedir um colapso do mercado... os ciclos do mercado. Há certas coisas que sempre ocorrem no mundo dos investimentos... e colapsos do mercado são uma delas. Isso eu garanto. É por isso que sei que as premissas de meu livro estão certas. A data exata desse colapso pode ser inexata, mas, acredite em mim, vem outro colapso por aí. Os colapsos do mercado sempre se seguem às grandes altas. Nenhum mercado pode subir indefinidamente. Essa é uma idéia que vai de encontro à natureza. Como investidor, eu prefiro apostar nas leis da natureza a apostar em investidores chineses ou em pessoal do baby boom aplicando heranças nas bolsas".

"Então, você aconselha investir em imóveis?", perguntou o especialista em finanças, tentando mudar o assunto.

"Não", respondi. "Há também ciclos no mercado de imóveis. Meu conselho a seus ouvintes é que aumentem sua inteligência financeira e os investidores astutos sabem que sempre haverá ciclos de mercado. É por isso que aposto nos ciclos do mercado e não em investidores chineses ou em herdeiros que evitarão um colapso das bolsas".

"Nosso tempo acabou. Muito obrigado por sua participação", disse o especialista em finanças.

Uma das coisas de que gosto nas entrevistas ao vivo no rádio ou na televisão é que é difícil alterar o que digo. O público ouve minhas palavras e pode julgar por si mesmo se gosta ou não do que digo. Contudo, os jornalistas da imprensa escrita — os que trabalham em jornais, revistas ou Internet — podem pegar o que eu digo, e mudá-lo, distorcê-lo ou até mentir. Embora a imprensa tenha sido favorável a mim em 95% dos casos, sempre há 5% desfavoráveis. Embora eu já seja crescido e entenda que temos que aceitar as coisas boas e as ruins, sempre tenho mais receio dos jornalistas que escrevem. Dos 5% da imprensa desfavorável, a maioria é de jornalistas que são escritores... escritores que têm o poder de dizer que falamos alguma coisa... mesmo que não o tenhamos dito.

AS TRÊS PALAVRAS MÁGICAS

Uma das coisas que pai rico me ensinou foi usar as três palavras mágicas "O senhor garante?" sempre que ouço alguém falar com autoridade absoluta. Os leitores ficariam surpresos ao saber quantas vezes usei essas palavras mágicas e peguei os exageros de algum especialista ou até suas mentiras.

Pai rico disse: "A diferença sutil entre mentir e não dizer a verdade é a responsabilidade pessoal". Quando perguntamos a alguém se garante suas afirmações, começamos a descobrir de que lado eles estão — no seu ou no deles.

ISTO PARECE CONTRADITÓRIO

Eu já disse que é necessário estar atento quando alguém parece ter certezas demais... dá a impressão de ter todas as respostas. Estou consciente de que, quando garanti o colapso do mercado, eu parecia ter certezas demais e ser alguém de quem o leitor precisaria se acautelar — o que deve fazer. Contudo, há uma lição a tirar dessa óbvia contradição. A lição é que um investidor deve saber quando alguém tem *certeza* sobre:

1. Fatos
2. Opiniões
3. Princípios

Quando o consultor financeiro que tinha seu programa de rádio assegurou a seus ouvintes que o mercado não entraria em colapso porque os chineses e o pessoal do baby boom o salvaria, ele tinha certeza de uma *opinião*.

Quando eu disse "O mercado entrará em colapso", eu tinha certeza de um princípio.

Pai rico dizia: "Ao gerenciar informações, é necessário conhecer a diferença entre fatos, opiniões e princípios". Quando examinamos as razões pelas quais milhões de investidores perderam trilhões de dólares, um dos motivos que se destaca é o grande número dos que tomaram suas decisões de investimento apoiados em opiniões — não em fatos e princípios.

Pergunte-se: O refrão "invista a longo prazo, compre, guarde e diversifique" é fato, opinião ou princípio? Minha resposta é que se trata de *opinião*, sem base em fatos, e definitivamente não é princípio. Qualquer investidor que investe embasado apenas em opiniões, confundindo-as com fatos ou princípios, está se iludindo e muitas vezes perde seu dinheiro.

PARA AUMENTAR SEU SUCESSO FINANCEIRO

Em livros anteriores, destaquei uma passagem do Antigo Testamento: "E o verbo se fez carne". Em outras palavras: "Você é o seu verbo". Depois que investi no fundo de investimento, o pai rico insistiu em que eu conhecesse a diferença entre opiniões, fatos e princípios. Minhas definições para esses termos são:

1. Fato — somente aquilo cuja existência pode ser comprovada mediante algum tipo de evidência.

2. Opinião — algo que pode, ou não, ser alicerçado em fatos. As palavras-chave são *podem* ou *não (podem)*. Isto significa que algo pode ser fato, mas que até ser verificado continua sendo opinião. Por exemplo, se alguém diz "tenho dez filhotes de cachorro", essa declaração para mim é uma opinião até que eu possa verificá-la. Pode-se observar que os banqueiros adotam esta pepita de sabedoria. Se, ao solicitar um empréstimo, colocarmos em nossa ficha de cadastro que temos US$25 mil aplicados na poupança, o banco verificará se essa declaração é verdadeira, mesmo que nos considere honestos.

3. Princípio — é algo que é verdadeiro em *todos* os casos, sem exceção. Um exemplo seria o da precessão. Um exemplo de precessão é quando jogamos uma pedra na água, sempre se formarão ondulações na água. A razão pela qual posso prever com certeza um colapso se deve à minha certeza sobre o princípio da precessão.

O que quero destacar é que, quando alguém está certo de uma opinião, devemos prestar muita atenção. É preciso lembrar sempre que milhões de pessoas perderam trilhões de dólares porque ouviram opiniões pensando que fossem fatos ou princípios. Devemos sempre recordar as três palavras mágicas de pai rico. Ao desconfiar de que alguém está emitindo uma opinião em lugar de apresentar um fato ou um princípio, devemos perguntar "Você garante?"

Outro dia eu estava olhando um apartamento caro no Havaí. Quando eu disse "Acho que o preço está um pouco alto", o vendedor respondeu: "Sim, mas quando o novo campo de golfe estiver pronto, este apartamento valerá o dobro"

Tudo o que eu disse em resposta foi "Você garante por escrito?"

"Claro que não! Não posso fazer isso."

Embora esse pequeno diálogo pareça inocente, ele acontece milhões de vezes por dia. Todo dia, milhões de pessoas compram com base em opiniões, mais do que em fatos e princípios. O uso dessas três palavras mágicas pode ajudar-nos a descobrir com que e com quem estamos lidando.

PERGUNTE A UM JORNALISTA

Este capítulo recebeu o título acima porque quem decide tornar-se um investidor profissional precisa estar atento às publicações e escolher cuidadosamente as publicações de onde tirará as informações.

Estava almoçando com meu gerente de financiamentos imobiliários, Scott, que trabalha num dos maiores bancos hipotecários dos Estados Unidos, emprestando vários bilhões por ano. De repente ele pergunta: "Por que será que essas revistas de negócios incrementadas não falam de investimentos em imóveis?" A maioria dessas revistas só trata de ações, títulos e fundos de investimento. Quando se referem a imóveis é só para falar de reformas, ou da compra de uma casa de fim de semana ou da aplicação em títulos de fundos imobiliários. Isso não é investimento em imóveis".

Concordando, respondi: "Porque precisam fazer a felicidade de seus anunciantes".

PARA QUEM O JORNALISTA ESCREVE?

Uma forma de verificar a validade das informações sobre investimento é observar quem são os anunciantes das publicações que lemos. Muitas das publicações que insistem na idéia do investimento a longo prazo em fundos de investimento têm esses fundos entre seus principais anunciantes. É por isso que, antes do colapso, durante o colapso e depois dele, essas publicações continuavam falando das vantagens dos fundos de investimento.

Embora as revistas afirmem que seus departamentos editoriais são separados e independentes de seus departamentos de publicidade para manter a integridade de suas informações, seria suicídio financeiro para essas publicações financeiras estampar manchetes como: "Os fundos de investimento são péssimos investimentos" ou "Tire o dinheiro dos fundos de investimento, agora". Então, elas continuam publicando ano após ano, número após número, as mesmas matérias: "Quais os melhores fundos de investimento?" ou "Os fundos que tiveram o melhor desempenho em 2002" ou "Chegou o momento dos fundos de aplicação em títulos?" ou "Quais os fundos setoriais que renderão mais?". A questão é: essas publicações podem de fato ser isentas e equilibradas? Podem fornecer-lhe informações financeiras sofisticadas? Estarão escrevendo para o leitor ou para seus anunciantes? Qual é a sofisticação financeira de seus leitores? Deixo a você a resposta para essas perguntas.

Em seu livro *The Future of Money*, Bernard Lietaer examina o declínio da confiança dos americanos na mídia. Ele se refere à afirmação de Noam Chomsky, para quem "o propósito da mídia hegemônica... não é tanto informar ou relatar o que acontece, mas antes moldar a opinião pública de acordo com as pautas das grandes organizações empresariais dominantes". Lietaer prossegue, dizendo: "Já se tornou uma prática que muitas publicações submetam matérias a um exame prévio dos anunciantes. O *Los Angeles Times* até reorganizou sua estrutura gerencial para maximizar a cooperação entre anunciantes e editores".

GESTÃO DA INFORMAÇÃO FINANCEIRA

Escrevi este capítulo porque a qualidade das informações financeiras que recebemos é de importância vital, sobretudo quando se trata de seu dinheiro.

Uma tarefa que dou às pessoas é ligar para um jornalista, especialmente da imprensa escrita, para lhe fazer duas perguntas. A primeira é: "Tudo o que aparece na mídia é verdadeiro, factual, não-tendencioso, objetivo e livre de considerações comerciais?".

As pessoas que cumpriram essa tarefa me dizem que quase todos os jornalistas zombam da idéia de que a mídia é honesta. A maioria dos jornalistas admite que a mídia não está muito preocupada com a verdade. O que interessa é o entretenimento e a venda de espaço publicitário.

A segunda pergunta é: "Você é verdadeiro, factual, não-tendencioso, objetivo e livre de considerações comerciais?"

Na maioria dos casos, a resposta é muito diferente. A maioria dos jornalistas responde afirmativamente à pergunta... mesmo que acredite que muitos de seus colegas não tenham essas qualidades.

Um amigo meu que é terapeuta chama isso de "ilusão seletiva". Ele também chama de "descortesia profissional". E explica: "Todos os profissionais tendem a pensar que os que trabalham na sua profissão são charlatães, mas eles não. A maioria acredita sinceramente que carrega a bandeira da verdade e da honra de sua profissão — mesmo que muitos de seus pares pensem que eles carreguem uma bandeira com a imagem de um pato. Esse é um exemplo de *ilusão seletiva*. Todos os profissionais são culpados disso".

UM MERCADO CHEIO DE PATOS

Visitando a China, me deparei com um camponês levando seus patos ao mercado. Enquanto esperava, sentado no carro, que ele e seus patos atravessassem a estrada, fiquei pensando no terapeuta e suas idéias sobre ilusão seletiva. Voltando-me para um amigo que viajava comigo, disse: "Parece uma convenção de especialistas em finanças atravessando a estrada".

Com uma gargalhada, ele observou: "Veja que os patos estão grasnando e seguindo os outros patos em lugar de grasnar para o camponês, perguntando lhe para onde estão indo".

PATO ILUSÓRIO

No mundo dos assessores financeiros, eu também sou culpado de ilusão seletiva. Também sou um pato. Honestamente, no fundo da consciência, também acredito sinceramente que carrego a bandeira financeira da verdade e da honra. E também estou consciente de que muitos dos meus pares pensam que na minha bandeira está a imagem de um pato. Quando se trata de meus conselhos financeiros, sei que também sou um pato ilusório.

A despeito do que grasne ou do que meus colegas patos grasnem, eu estou mais preocupado é com o camponês, essa figura silenciosa que parece estar levando boa parte do mundo ao mercado. Também me preocupa que muitos patos financeiros estejam na verdade trabalhando para o camponês, não para os demais patos. Muitos dos patos que trabalham para o camponês estão disfarçados, como os jornalistas, os consultores financeiros, os banqueiros, os corretores de seguros e os funcionários do governo. Se um dos patos independentes de repente parar de grasnar para os outros patos e disser "Espere aí, para onde o camponês está nos levando?", os patos que trabalham para o camponês começam a grasnar mais alto, chamando o pato independente de "charlatão", que é o que são muitos patos, incluindo muitos dos que trabalham para o camponês. Apesar disso, quando os patos começam a grasnar entre si, todos param de fazer perguntas sobre o camponês.

PARA QUEM O PATO ESTÁ TRABALHANDO?

Tentar rotular os patos que trabalham para o camponês não é realista nem prático. Eles são demais e muitos deles atendem a um propósito útil. Contudo, não é irrealista perguntar-se a cada vez que aparece um pato financeiro "Para quem este pato está trabalhando, para mim ou para o camponês?". Este pato está tentando conduzir-me à independência financeira ou ao abatedouro?".

INFORMAÇÕES DE MELHOR QUALIDADE

Depois de minha experiência com o corretor de fundos de investimento, em 1965, o pai rico me disse: "Investidores melhores procuram informações melhores". E acrescentou: "Não é fácil conseguir informações financeiras melhores. É preciso buscá-las".

Hoje, estou constantemente atento à qualidade das publicações financeiras que leio. Dou uma espiada nas manchetes das publicações de negócios penduradas nas bancas de jornal. Às vezes, pego uma e folheio. De vez em quando, compro uma e leio alguma matéria que chamou minha atenção. Mesmo que a matéria seja interessante, não esqueço que a maioria dos jornalistas pode ter boa formação, mas não são necessariamente bem-sucedidos financeiramente. Também observo qual é o público visado pela publicação e quem a financia. Muitas publicações de negócios com boa vendagem estão voltadas a profissionais instruídos e de alta renda, que têm muito pouca formação financeira formal e que, portanto, investem em fundos de investimento. Para muitos de seus leitores, esse nível de publicação financeira é o mais alto a que chegam. Os camponeses adoram esse tipo de investidores e é por isso que muitas vezes têm publicações próprias. Muitas publicações financeiras são as ferramentas que o camponês usa para descobrir patos novos.

O importante é que quem deseja obter maior sucesso financeiro precisa sair em busca de suas informações financeiras... porque muitas das melhores publicações financeiras não são vendidas nas bancas e nem mesmo nas livrarias.

CUIDADO COM QUEM VOCÊ ESCOLHE PARA CONSULTAR

Pai rico disse: "Temos trancas na porta por algum motivo. Você deveria ter uma tranca no cérebro pela mesma razão".

Hoje, embora leia jornais, revistas de negócios e assista aos canais de informação econômica da televisão, a informação que deixo chegar à parte mais profunda do meu cérebro é a vida de investidores ricos e bem-sucedidos, mais do que a de jornalistas que são empregados, cujos ganhos provêm sobretudo do salário. Mesmo que minha tendência seja investir pesadamente em imóveis e empresas, gosto de ler sobre investidores que não atuam nessa área e de aprender com eles. Os que convido para a minha cabeça são pessoas como Warren Buffett, Alan Greenspan, o presidente do Fed, Jim Rogers, George Soros, Lord Rees-Moog e outros. Na televisão respeito muito Mark Haines e Ron Insana, da CNBC. Eles parecem ter uma experiência e um conhecimento profundos que a maioria dos jornalistas econômicos da televisão não tem. Gosto de Kudlow & Cramer. Eles são bem-humorados, têm opiniões firmes e honestas e são muito agressivos ao falar das bolsas. Eles se tornaram faróis de esperança para milhões que esperam. Na imprensa escrita, gosto de ler Thomas Friedman, autor de *O Lexus e a Oliveira*. Embora haja muitos bons jornalistas, sempre que vejo ou ouço algo dito pelas pessoas que acabo de mencionar, as deixo entrar em minha cabeça... sem, contudo, ficar desatento a seus vieses.

No que se refere aos negócios, considero as revistas *Business Week, Fortune* e *Forbes* boas para me manter a par das tendências das grandes empresas. *Fortune Small Business* e *Fast Company* são excelentes para acompanhar a evolução das pequenas empresas.

Quanto às notícias sobre o mercado imobiliário, recorro aos relatórios de mercado publicados por muitas das empresas do setor. Muitos desses relatórios são gratuitos e contêm grande número de informações sobre as tendências e os desafios com que se depara o investidor profissional em imóveis.

Para informações mais radicais e específicas, assino vários boletins. Se o leitor ainda não assina esse tipo de publicação, basta assinar uma delas. Como muitos vendem suas listas de assinantes, em breve você será inundado por ofertas de outras publicações. Embora algumas delas sejam escritas por charlatães, há o que aprender com seus pontos de vista pouco ortodoxos e suas obscuras informações.

De forma alguma estou recomendando que o leitor leia o mesmo que eu. O que quero é incentivá-lo a buscar ativamente informações financeiras de melhor qualidade. Nosso principal ativo é nosso cérebro e precisamos mantê-lo trancado.

SUMÁRIO DA INFORMAÇÃO FINANCEIRA

Ao examinar o tipo de informações financeiras que aceitamos em nossa cabeça, é conveniente lembrar do Quadrante Cashflow:

1. Há publicações e programas escritos por pessoas dos quadrantes E e A para outras pessoas de E e A. As revistas de negócios mais populares caem nesta categoria, bem como a maioria dos especialistas que tem seus programas no rádio ou na televisão. Também se incluem nela os artigos sobre negócios e investimentos dos jornais. Às vezes, um jornal não-especializado pode também se classificar na próxima categoria.

2. Há publicações e programas feitos por pessoas de E e A sobre pessoas de B e I. São os casos do *The Wall Street Journal*, *Forbes*, *Barron's*, os canais de televisão CNBC e Bloomberg.

3. Há publicações feitas por pessoas dos quadrantes D e I para pessoas desses mesmos quadrantes ou que querem entrar neles. Você pode encontrar excelentes informações sobre imóveis de empresas de corretagem de imóveis comerciais — informações que os agentes imobiliários

residenciais não têm. Há também boletins setoriais altamente especializados escritos por pessoas dos quadrantes D e I.

Não conheço muitos programas de rádio ou televisão criados por pessoas dos quadrantes D e I para pessoas desses quadrantes... mas deveria haver.

PROCURE BONS CONSELHOS

Uma de minhas respostas para quem quer saber onde investir seus US$10 mil é aplicar parte desse dinheiro em publicações financeiras de ótima qualidade e lê-las regularmente. Quem não deseja aprimorar e aumentar sua informação financeira, faz melhor em manter o dinheiro no banco.

ORIENTAÇÃO DOS PERDEDORES

Uma das piores fontes de informações financeiras é aquela cuja fonte são os perdedores e estes podem ser encontrados em qualquer lugar. Por exemplo, uma vez estava dando uma aula num curso sobre investimentos quando uma pessoa levantou a mão desejando ser reconhecida. A pessoa se pôs em pé e disse: "Os imóveis são um mau investimento".

"Por que o senhor diz isso?", perguntei.

"Um colega de trabalho investiu num condomínio e só perdeu dinheiro. Não ganhou nada".

"E como perdeu dinheiro?", perguntei.

"Bom, primeiro o imóvel era muito caro. Então, ele não tinha muito dinheiro para dar uma entrada. Como as prestações da hipoteca eram altas, o aluguel do imóvel não cobria a hipoteca e as outras despesas".

"Realmente, isso não foi bom", disse eu.

"E ficou pior. Ele aumentou o aluguel e o inquilino saiu. Aí o novo inquilino estragou o apartamento, não pagou aluguel e ele teve que despejá-lo. Agora meu amigo está querendo vender o imóvel mas ninguém quer pagar o que ele pede porque o apartamento está em más condições. E meu amigo não quer gastar com uma obra nem reduzir o preço. Como ninguém está pagando aluguel, ele está perdendo ainda mais dinheiro. Ele falou que nunca mais vai investir em imóveis. É por isso que eu digo que os imóveis são um mau investimento".

UM PODER MAIOR DO QUE O DA IMPRENSA

Este é um exemplo de conselho de um perdedor. Não interessa qual é o tipo de investimento, pode ser ações, imóveis, fundos mútuos, ou empresas... cada um desses investimentos tem perdedores dispostos a dar conselhos. Uma das principais razões pelas quais as pessoas não são bem-sucedidas é que elas seguem os conselhos dos perdedores.

PONHA UMA PORTA EM SUA MENTE

No início deste capítulo, mencionei a importância das liberdades de expressão e de imprensa. Essas liberdades se estendem aos perdedores e aos que têm medo de perder... portanto, esses últimos são os que muitas vezes espalham notícias sobre as perdas dos perdedores.

Antes de prosseguir, quero deixar claro que não tenho nada contra os perdedores. Já perdi muitas vezes. Na verdade, muitas vezes incentivo as pessoas a perder mais para que possam aprender mais. Afinal, todos podemos aprender com nossos erros. O que critico são os perdedores que culpam outras pessoas ou circunstâncias por seus fracassos, em lugar de aprender com eles. Além disso, esses perdedores muitas vezes contaminam os outros com sua falta de sucesso.

Uma razão importante para vigiar a porta de sua mente é que esses perdedores estão em todo lugar. Quando vejo alguém com dificuldades financeiras, muitas vezes lhe pergunto quem está próximo deles e qual é a atitude dessas pessoas em relação ao dinheiro, ao investimento e ao sucesso. Muitas vezes, a pessoa que tem dificuldades está se aconselhando com alguém que perdeu ou tem grande medo de perder. Em vez de ser honestas e admitir que têm medo e que são responsáveis por suas perdas, essas pessoas costumam ser céticas, críticas, infelizes e espalham as más notícias entre os que lhes dão atenção. Qualquer pessoa pode espalhar más notícias, mentir sobre os sentimentos, culpar os outros por sua falta de sucesso, ou criticar os que têm sucesso.

UM ASSUNTO DE FAMÍLIA

As famílias são fonte de desinformação financeira, de enganos, de dificuldades e de mentiras. Algumas das declarações mais negativas sobre famílias que já ouvi são:

1. "Quero começar a investir, mas meu (marido/mulher) não quer. Diz que é arriscado demais".
2. "Quero sair do emprego e abrir minha empresa, mas meu pai insiste em que eu fique no emprego. Ele diz que um salário baixo é melhor do que nenhum salário".
3. "O pessoal pensa que fiquei maluco. Para manter a paz familiar não vou fazer nada".

O MAIOR DOS MENTIROSOS

Aprendi no Vietnã uma das mais importantes lições de minha vida. Já escrevi sobre isto, mas vale a pena repetir, pois é algo que se aplica a muitos aspectos de nossa vida.

Uma manhã, eu e minha tripulação estávamos sobrevoando o território inimigo. Estávamos num helicóptero armado que escoltava helicópteros que transportavam pessoal para as áreas de combate. De repente, vislumbramos projéteis luminosos das metralhadoras inimigas vindo em nossa direção. Sendo um de meus primeiros vôos de combate, comecei a entrar em pânico. Estava mais preocupado com a idéia de morrer do que com o vôo. Quando estava perdendo a batalha em minha mente, o chefe de minha tripulação deu uma pancadinha no meu capacete e então o tirou, para que pudéssemos nos olhar de frente, e disse: "Tenente, sabe qual o problema deste nosso trabalho?"

"Não", disse sacudindo a cabeça.

"O problema é que não há segunda alternativa. Ou ganhamos ou o atirador que está no solo ganha. Só um dos dois volta para casa hoje".

No calor da batalha e totalmente aterrorizado, ouvi claramente o chefe de minha equipe. Ele já estivera na mesma situação com pilotos verdes como eu. Ele sabia que eu estava apavorado. Em minha mente desfilavam pensamentos de dúvida, medo e insegurança. Pensava em mim e não nos outros quatro jovens que viajavam comigo. "O que faço?", perguntei.

"Como disse, neste trabalho não há alternativa. É matar ou morrer. Se você está com medo de morrer, todos nós vamos morrer. Concentre-se em sua tarefa — não no que lhe causa medo. Ouça o vencedor que há em você — não o perdedor. Tudo bem se está com medo, mas não pode permitir que o perdedor dentro de você ganhe. Concentre-se em vencer, tenente. Faça seu trabalho. Leve-nos para casa".

Fazendo sim com a cabeça, me virei para encarar as balas que vinham em nossa direção, me concentrei na vitória e fiz minha tarefa.

NÃO DEIXE QUE O PERDEDOR GANHE

A lição que aprendi naquele dia é que dentro de cada um de nós há um vencedor e um perdedor. Uma das principais razões pelas quais as pessoas não atingem seu potencial financeiro é que, quando se trata de dinheiro, a maioria das pessoas permite que o perdedor ganhe.

Ainda hoje, depois de anos de altos e baixos, de fracassos e sucessos financeiros, ainda tenho que lutar com o vencedor e o perdedor que estão dentro de mim. Outro dia, estava vendo um terreno de frente para o mar e podia ouvir o perdedor falando. Ele dizia: "Você não está querendo esse terreno. É caro. Além disso, pode haver uma reviravolta na economia. E se as taxas de juros subirem? Se subirem, o preço dos imóveis cai. E se tiver dificuldade com os imóveis, então também terá problemas com seus outros investimentos e empresas".

Não há nada errado com o perdedor que existe dentro de você. Ele desempenha um papel importante. O problema é que muita gente só ouve a voz do perdedor. Quando se trata de dinheiro, para muita gente o perdedor já ganhou. O perdedor começa a vencer no momento em que a pessoa começa a ouvir alguém que diz: "Seja precavido. Arrume um emprego seguro e não se arrisque. Poupe. Não se endivide. Essa é a coisa mais inteligente que pode fazer". Em minha opinião, essa é a voz do perdedor. Conheço muito bem essa voz, porque a ouço todo dia.

A lição que aprendi no Vietnã foi aquilo por que estava lutando. Estava lutando pela liberdade e uma das liberdades mais importantes é a de expressão. Nesse dia, no Vietnã, eu garanti a liberdade de expressão para o vencedor que está em mim.

DEIXE QUE O GANHADOR E O PERDEDOR FALEM

Então, por que a liberdade de expressão é tão importante? Porque muitas vezes as maiores mentiras são as que dizemos para nós mesmos. Mentiras como...

1. Não posso me dar ao luxo de
2. Não posso fazer isso
3. Nunca serei rico
4. Não sou bastante inteligente

5. É difícil demais
6. Vou investir quando tiver dinheiro
7. Vou investir quando tiver mais tempo

Uma das mentiras preferidas de quem faz dieta é: "Vou começar o regime amanhã".

Precisamos assegurar ao vencedor que há em nós a liberdade de falar. Tanto o vencedor quanto o perdedor são importantes. Os dois têm o direito e a necessidade de falar. É para isso que há liberdade de expressão.

UM EXERCÍCIO

Em meus seminários sobre investimento, muitas vezes trato da questão do vencedor e do perdedor que há em nós. Na verdade, em vários desses seminários dedicamos muito tempo ao assunto porque a batalha entre o vencedor e o perdedor é muitas vezes a principal causa do sucesso ou do fracasso na vida.

Muitas vezes peço às pessoas que escrevam sobre um incidente em que o perdedor que há nelas levou a melhor. Muitas dessas narrativas são histéricas. Acredito que todos temos casos em que perdemos um grande negócio ou oportunidade porque foi o perdedor que falou.

Um exercício interessante é uma descrição pormenorizada de uma ocasião em que você mesmo se convenceu a não ganhar. Então, invista algum tempo analisando os pensamentos e os medos que o levaram a convencer-se de não ganhar.

UMA DE MINHAS HISTÓRIAS

Tenho muitas histórias de quando o perdedor que há em mim levou a melhor. Uma das que gosto de contar é a da compra de um apartamento na coluna barata de um prédio, em 1973. Em vez de comprar um imóvel de US$48 mil com vista para o mar, comprei um apartamento exatamente igual, no mesmo prédio, mas voltado para a montanha, por US$34 mil. Três anos mais tarde, o mercado de imóveis estava em alta, como eu esperava. Embora todos os apartamentos tivessem se valorizado, aqueles com vista para o mar estavam sendo vendidos a cerca de US$150 mil, enquanto os voltados para a montanha valiam US$70 mil. Fazendo as contas, verificamos que a longo prazo os apartamentos voltados para a montanha saíam mais caros. Além disso, a diferença de US$14 mil no preço de compra teria me custado apenas mais US$1.400 na entrada, já que o banco exigia 10% de recursos próprios. Por mais US$1.400 eu poderia ter ganhado US$100 mil. Mas eu poupei US$14 mil e perdi US$65 mil, ganhando apenas US$35 mil.

A primeira lição a tirar dessa minha experiência é que precisamos primeiro olhar para o *valor* e não para o *preço*. Hoje, quando tomo decisões financeiras sempre me lembro desse episódio. Sempre me lembro que o perdedor ganhou porque a pessoa mesquinha que há em mim falou.

A outra lição que tirei é que o perdedor em mim fala mais alto quando tenho medo ou duvido de mim. Hoje, sempre que o perdedor começa a falar, preciso me lembrar de deixar que o vencedor também fale. Embora não tivesse ganhado tanto dinheiro quanto poderia nesse investimento, as lições que tirei foram inestimáveis.

Essa é uma de minhas muitas experiências pessoais em que o perdedor ganhou do vencedor. O importante é aprender com nossos erros. Quando aprendemos com o perdedor, em vez de culpar outros pelas nossas perdas, nos tornamos mais responsáveis pelo gerenciamento da informação que entra em nossos cérebros. E, fazendo isso, o vencedor acaba ganhando.

COMENTÁRIOS DE SHARON

O pai rico disse: "Cuidado com quem você convida a entrar em sua cabeça".

Entender as diferenças entre fatos, opiniões e princípios é de suma importância ao analisar as informações que recebemos a cada dia. Quanto melhor entendermos a fonte da informação, mais rapidamente poderemos entender se elas se aplicam a nós e à nossa situação pessoal.

O pai rico também afirmou: "Inteligência financeira é exercer controle sobre nosso fluxo de caixa". Quando comparamos o investimento que visa geração de caixa com o que visa ganhos de capital, temos que distinguir as informações que usamos para tomar essas decisões.

Ao analisar um investimento que vise gerar caixa, examinamos as informações existentes e decidimos com base no potencial de geração de caixa líquida. *FATO.*

Quando analisamos um investimento que vise a obtenção de ganhos de capital, estamos em geral investindo em algo que acreditamos que registrará aumento de valor no correr do tempo. *OPINIÃO.*

É importante investir visando geração de caixa e ganhos de capital. Um afeta nossa situação financeira hoje, enquanto o outro implica a esperança de um impacto positivo em nossa situação financeira futura.

CAPÍTULO 7

Pergunte a um jogador

"Não conte seu dinheiro enquanto estiver sentado à mesa."

JOGADOR PROFISSIONAL

O PIOR DE TODOS OS CONSELHOS

Milhões de pessoas perderam trilhões de dólares porque investiram a longo prazo. Investir a longo prazo pode ser o pior conselho.

QUANDO O SEU DINHEIRO É SEU?

Pai rico disse: "Um investidor profissional precisa saber três coisas. *Quando entrar* no mercado, *quando sair* do mercado e *como tirar seu dinheiro da mesa*. Como investidor, você precisa estar atento a um sinal do mercado para entrar, ter um plano para sair e quando fazê-lo. Um investidor amador deixa o dinheiro parado na mesa e acaba por perder tudo".

"Por que eles perdem tudo?", perguntei.

"Porque o mercado acaba por levar a melhor. O mercado dá e o mercado tira, se você deixar o dinheiro parado".

QUEBRAR AS REGRAS

Anos atrás, quando eu estava na casa dos vinte anos, fui a Las Vegas. Como não tinha muito dinheiro, comecei com uma pequena aposta na mesa de dados. Arriscando apenas um dólar e rolando os dados, ganhei algumas vezes e perdi outras. De repente, tive uma sucessão de boas jogadas e ganhei mais de US$300. As pessoas em volta de mim começaram a gritar, animando-me, porque elas também estavam ganhando. Enquanto minha sorte durava, observei que pessoas perto de mim apostavam centenas de dólares enquanto eu seguia as regras e não me arriscava. De repente, percebi que elas estavam ficando mais ricas que eu... e a maré de sorte era *minha*.

A GANÂNCIA SE INSTALA

A ganância se instalou. Comecei a fazer apostas mais altas, sabendo que estava quebrando todas as regras que o pai rico me ensinara, mas estava empolgado e o pessoal me incentivava. Assim agindo, de repente eu tinha ganhado US$1.500, de modo que novamente quebrei as regras, apostei tudo e voltei a ganhar. Mas, mesmo que meu senso comum me dissesse, "Tire parte do dinheiro da mesa, volte a apostar apenas US$100", não dei atenção. Continuei quebrando as regras. Em lugar de seguir as regras e pôr US$2.900 no bolso, apostei os US$3.000. Disse para mim mesmo: "Quando tiver US$6.000 no bolso, volto a pensar na segurança". Essa idéia me deu confiança e rolei o dado com US$3.000 na mesa. Perdi tudo.

Foi triste perder os US$3.000, mas foi uma lição inestimável para meus investimentos. Mesmo que o pai rico tivesse dito inúmeras vezes "Seja disciplinado e siga as regras", foi preciso que eu quebrasse as regras para aprender a lição.

PERDAS MAIORES

Entre 2000 e 2003, muitas pessoas quebraram as regras, deixando o dinheiro de seus planos de aposentadoria sobre a mesa. Milhões de pessoas apostaram todo o seu futuro financeiro na rolagem dos dados. Mesmo depois de perder, muitos desses mesmos milhões de pessoas ainda têm o dinheiro na mesa, esperando que o mercado se recupere e elas possam compensar seus prejuízos. Continuam prontas para repetir os mesmos erros no futuro.

CAÇANDO PERDEDORES

Todo jogador profissional sabe que, quando se aposta dinheiro para recuperar as perdas, está na hora de parar. É hora de sair da mesa, fazer um intervalo e buscar novas opções. Infelizmente, em decorrência das atuais regras de muitos planos de aposentadoria, milhões de pessoas não podem abandonar a mesa. Muitos investidores estão em planos de aposentadoria que os punem se saem da mesa e aplicam o dinheiro em outros investimentos.

SÁBIAS PALAVRAS DE UM JOGADOR

"Não conte o dinheiro enquanto está sentado à mesa". Essas são palavras de sabedoria de valor inestimável, seguidas pelos jogadores profissionais. De acordo com esse raciocínio, aplicar o dinheiro nos planos de aposentadoria convencionais viola três importantes regras adotadas pelos jogadores e investidores profissionais. São elas:

1. Enquanto o dinheiro estiver sobre a mesa, ele *não* é seu. Enquanto o dinheiro estiver no jogo, ele pertence ao jogo, não a você.

2. Jogar é mais importante do que contar dinheiro. Quando eu jogava em Las Vegas, ganhei no jogo de dados enquanto me concentrei no jogo. No momento em que comecei a ganhar, deixei de prestar atenção ao jogo e comecei a contar o dinheiro. Quando cheguei aos US$3.000, o dinheiro se tornou mais importante do que o jogo. Essa é uma das razões que me fizeram perder. Contar dinheiro se tornou mais importante do que jogar.

Entre 1995 e 2000, enquanto o mercado de ações subia e o valor dos fundos de pensão aumentava, muitos investidores amadores pensaram que estavam ricos e começaram a concentrar-se no dinheiro e não no jogo. Muitos abriam os envelopes com o extrato de seus planos de aposentadoria, viam que seu patrimônio tinha aumentado e se consideravam ricos. Muitos investidores amadores compraram casas maiores e automóveis melhores ou tiraram dinheiro da poupança para aplicar cegamente nas bolsas. Com o aumento de seu patrimônio, muita gente teve uma falsa sensação de riqueza e se concentrou no dinheiro em vez de pensar no jogo.

UMA FALSA SENSAÇÃO DE RIQUEZA NO MERCADO IMOBILIÁRIO

Uma falsa sensação de riqueza também ocorre quando o valor da residência da pessoa aumenta. Muitas vezes ouço pessoas dizerem "O valor de minha casa aumentou US$40 mil". Nesse ponto as pessoas se sentem mais seguras e confiantes e elas podem perder o rumo e deixar de estar atentas ao jogo. Elas contam seu patrimônio e pensam que ganharam o jogo. É nesse ponto que as pessoas começam a ficar para trás do ponto de vista financeiro.

O VERDADEIRO OBJETIVO DO JOGO

3. O objetivo do jogo é tirar o dinheiro da mesa e ainda assim continuar o jogo. Um jogador profissional ou um investidor profissional desejam em última análise jogar com DOP, o dinheiro de outras pessoas. Esse é o objetivo do jogo. No momento em que deixo meu dinheiro na mesa, perco de vista esse propósito.

QUATRO TIPOS DE DINHEIRO

Como alguns leitores já sabem, há três tipos de renda, que são a auferida, a renda de portfólio e a renda passiva. Um investidor profissional precisa conhecer os três tipos de renda e os quatro tipos de dinheiro. Os quatro tipos de dinheiro são:

1. O seu dinheiro
2. O dinheiro do banco
3. O dinheiro dos impostos
4. O dinheiro da casa

A VELOCIDADE DO DINHEIRO

Um jogador profissional quer jogar com o dinheiro *da casa* o quanto antes possível. Quando fui a Las Vegas, se eu tivesse posto meu dinheiro de volta no bolso e jogado somente com meus ganhos, isso seria um exemplo de jogo com o dinheiro *da casa*. No momento em que comecei a apostar tudo, perdi porque deixei de estar atento ao meu objetivo, que é manter-me no jogo, mas jogar com o dinheiro dos outros... *não* com meu dinheiro.

Como investidor profissional, quero:

1. Investir meu dinheiro em ativos.
2. Receber o meu dinheiro de volta.
3. Manter o controle sobre os ativos.
4. Transferir dinheiro para outros ativos.
5. Receber meu dinheiro de volta.
6. Repetir o processo.

Esse processo é denominado *velocidade do dinheiro*. É uma das razões pelas quais os ricos ficam mais ricos e os investidores médios se arriscam a perder tudo.

Vejamos um exemplo que nos ajudará a esclarecer o processo. Imagine que eu compre um imóvel para alugar — um apartamento de dois quartos e dois banheiros por US$100 mil. Dou uma entrada de US$20 mil com recursos próprios (o meu dinheiro) e o restante pago com o dinheiro do banco. Digamos que eu obtenha retorno de 10% sobre o dinheiro que apliquei. Esses US$2.000 são a renda líquida passiva anual. Além desse dinheiro, posso deduzir no cálculo do imposto de renda algumas despesas; caso eu constitua uma pessoa jurídica, também a depreciação do imóvel é dedutível. Esse ganho tributário pode ser considerado uma renda "fantasma" adicional. Nesse exemplo, em dez anos terei recuperado o dinheiro que dei de entrada, os aluguéis recebidos, US$2.000 x 10 anos = US$20.000... e ainda tenho o ativo, o que significa que ainda estou na mesa.

Mas meu dinheiro não está mais na mesa, continuo jogando com o dinheiro do banco, com o dinheiro do leão e com o dinheiro da casa. Com os US$20 mil originais que recuperei, posso investir em outro imóvel, numa empresa ou em papéis e o processo continuará.

De muitas formas, cumpri o objetivo do jogo; porém, devido à valorização do ativo-objeto, o jogo prossegue. O melhor de tudo é que continuarei recebendo os US$20 mil anuais do aluguel, mesmo tendo tirado o dinheiro da mesa (recuperei todo o meu investimento inicial). Pela definição financeira, meu ROI — retorno sobre o investimento — é infinito.

RETORNOS AINDA MAIS ALTOS

Para continuar com o exemplo, digamos que o imóvel se valorize e seu preço passe para US$180 mil. Eu poderia tomar emprestada parte dessa valorização de US$80 mil na forma de refinanciamento da hipoteca. Assim, eu auferiria um extra de US$70 mil em dinheiro, livre de impostos (a tributação só ocorreria na efetiva realização do ganho de capital), mantendo a propriedade e o controle do ativo. Assim, em dez anos eu recuperaria o investimento original de US$20 mil, sob forma de renda passiva, que é dinheiro isento de impostos, devido às deduções da depreciação, talvez mais US$70 mil de valorização patrimonial e ainda manteria a propriedade do imóvel (que continua gerando renda passiva para mim), tudo enquanto levo meu dinheiro para um outro investimento.

Digamos que eu pegue os US$20 mil e os US$70 mil, ou seja, que eu retire meu dinheiro da mesa de jogo do primeiro ativo, e use os US$90 mil para adquirir outro ativo de US$450 mil.

Resumindo, dez anos depois, controlo o ativo original de US$100 mil, que passou a valer US$180 mil. Continuo recebendo uma renda passiva de pelo menos US$2.000, gerada pelo primeiro imóvel. Transferi US$90 mil para um segundo ativo, que pode gerar uma renda passiva de aproximadamente US$10 mil ao ano. Meu próximo objetivo será repetir o processo com os dois ativos — conseguindo recursos adicionais por meio de refinanciamento e reinvestindo tudo num terceiro ativo ainda maior. Neste exemplo, usei uma alavancagem ou financiamento de 80% do banco.

Este é um exemplo muito simplificado de como o investidor pode perseguir seu objetivo de manter o dinheiro em movimento. Obviamente, esses números pressupõem um mercado imobiliário em ascensão. Se o mercado estiver estagnado ou em queda, a estratégia não funcionará.

FREIOS

Sempre que ouço alguém falando "não tenho dívidas" ou "aplico num investimento de longo prazo", isso significa que o investidor colocou seu dinheiro num ativo ou num plano de pensão, puxou o freio e começou a contar o dinheiro. Muitas pessoas ficam felizes por não terem dívidas em seus investimentos ou porque seu patrimônio aumenta. Embora isso possa ser para essas pessoas uma forma segura de investir, para um investidor profissional é uma maneira arriscada e lenta de investir, com retornos muito mais baixos.

COMO OBTER RETORNOS MAIS ALTOS COM MAIOR SEGURANÇA

Quando alguém não tem dívidas ou tem muito dinheiro imobilizado num investimento, eu sugiro que calcule o retorno sobre o patrimônio. Na maioria dos casos, o retorno é muito baixo. Sem dívidas e com muito capital imobilizado, esses indivíduos não estão tirando partido da alavancagem propiciada pelo uso do dinheiro do banco ou de terceiros.

Em outras palavras, *quanto maior for a proporção do seu dinheiro no investimento, mais baixo será o retorno sobre o investimento. Quanto menor for a parcela do seu dinheiro e maior for a parcela do dinheiro de terceiros no investimento, mais alto será o retorno sobre o investimento.*

Não estou dizendo que uma coisa seja melhor do que outra. O maior grau de alavancagem ou financiamento permite acelerar o retorno sobre o investimento e o aumento do seu dinheiro. Contudo, quanto maior for a alavancagem, maior será a necessidade de que o investidor melhore sua educação financeira.

ENRIQUECER MAIS RÁPIDO

Entendendo o objetivo do investidor profissional, que é tirar o dinheiro da mesa o mais rapidamente possível para aplicar em outros ativos, a pessoa pode progredir com mais rapidez quando explora a velocidade do dinheiro. Uma das razões que fazem com que os ricos fiquem mais ricos é que o seu dinheiro está sempre em movimento, enquanto a maioria deixa o dinheiro estacionado na casa própria e nos planos de pensão, investindo a longo prazo.

POR QUE É MAIS SEGURO?

Por que investir a longo prazo, deixando o dinheiro na mesa, é tão arriscado? Podemos encontrar a resposta nas Leis de Newton. A primeira delas é que "para cada ação, há uma reação igual e de sentido oposto". Deixar o dinheiro na mesa o expõe às mudanças nas forças da natureza. Quando eu estava na maré de ganhos e cheguei aos US$3.000, esqueci das leis da natureza e de que toda maré de ganhos chega ao fim. Como não podemos saber quando a maré de ganhos virará maré de perdas, quanto mais cedo tirarmos nosso dinheiro da mesa, mais seguros estaremos.

Ocasionalmente convido amigos para conhecer alguns dos imóveis que Kim e eu controlamos por meio de nossas pessoas jurídicas. Enquanto meus amigos observam a estrutura física, minha mente percorre a estrutura financeira dessas propriedades. Em geral, esboço um amplo sorriso se controlamos a propriedade e auferimos renda com ela, sem que nosso próprio dinheiro permaneça amarrado no investimento. Para nós, esse é o melhor tipo de propriedade. Sob a nossa perspectiva, a renda daí resultante é basicamente dinheiro de graça, nossos riscos são extremamente baixos, já que temos pouco a perder, e nosso dinheiro está trabalhando em algum outro lugar.

A idéia de velocidade do dinheiro pode ser aplicada a todos os tipos de ativos. Sharon, Kim e eu investimos US$1.000 para constituir a empresa Rich Dad, que em apenas alguns anos gerou milhões de dólares em produtos vendidos em todo o mundo. Nosso crescimento foi alimentado pelo uso do dinheiro de outras pessoas. Temos vários parceiros estratégicos que financiam a fabricação e a distribuição de nossos produtos e tudo o que fazemos é arrecadar os royalties. Entre nossos parceiros editoriais está a Time Warner Books, para a versão em inglês de nossos livros, e cerca de 40 editoras estrangeiras que traduzem e distribuem os livros e os jogos de pai rico em seus mercados. Usando seus contatos e seus sistemas de distribuição, alcançamos muito mais sucesso em divulgar a mensagem do pai rico do que se tivéssemos tentado fazê-lo por conta própria.

Nos investimentos no mercado de ações, logo que nossas ações ou fundos de hedge se valorizam, começamos a tirar o dinheiro da mesa, deixando o jogo prosseguir com o dinheiro da casa ou do mercado. Os investidores profissionais podem ficar no jogo durante muito tempo, mas o dinheiro deles fica pouco tempo no mesmo lugar.

QUAL É A DURAÇÃO DO LONGO PRAZO?

Sempre que ouço alguém advertir "invista a longo prazo", gosto de perguntar, "Qual é a duração do longo prazo?". Nos negócios de contratos futuros, o longo prazo pode representar 30 segundos. Em alguns investimentos imobiliários e empresariais, o longo prazo se estende por séculos.

Por que é importante saber a duração do investimento? É que todos os mercados se movem de acordo com as leis da natureza, ou seja, sobem e descem. Investir sem levar em conta as altas e baixas do mercado não é uma estratégia sábia.

Na segunda parte deste livro, aprofundarei o exame do ciclo 20-10-5 dos investimentos. Por enquanto, mencionarei brevemente o que é e como afeta o jogo. Embora muitos investidores não acreditem na existência desse ciclo, outros lhe dão atenção. De forma simples, essa teoria afirma que o mercado de ações se mantém favorável durante 20 anos. Ao fim desse período, o mercado de ações entra em queda e durante os 10 anos seguintes as commodities, como petróleo, ouro, prata, imóveis, soja, milho, aumentam de valor. O cinco do ciclo 20-10-5 indica que, a cada cinco anos, ocorre alguma tragédia, como o colapso das bolsas em 1987 ou o massacre de 11 de setembro de 2001.

UM LEMBRETE DE QUE AS COISAS MUDAM

Embora eu não aposte no rigor desse ciclo, ele serve a um propósito útil... lembrar-nos de que as tendências dos mercados mudam. Também nos adverte da necessidade de procurar oportunidades em diferentes mercados, em vez de continuar voltando a um poço que já secou.

Entre 2000 e 2003, milhões de investidores perderam dinheiro no mercado de ações porque o ciclo de 20 anos chegou ao fim. Entretanto, muitos investidores continuam esperando sentados, em vez de partirem para o mercado de commodities, que se mostra forte, enquanto escrevo este livro. Em 1996, Warren Buffett parou de investir ativamente no mercado de ações, deslocando-se com discrição para o mercado de commodities, como a prata. Em 1996, eu também saí do mercado de ações e me concentrei nos mercados de ouro e de petróleo. Por quê?... Porque os ciclos do mercado estavam mudando. Tal como as fases da lua, qualquer mercado muda.

ESPERAR PELO LONGO PRAZO

Hoje, enquanto escrevo, milhões de investidores, mesmo perdendo muito dinheiro nas bolsas, ainda esperam que o mercado e o preço de suas ações se recuperem. É uma perda de tempo. Embora algum dia o mercado se recupere, o mercado em que perderam seu dinheiro desapareceu. Quem perdeu o dinheiro da aposentadoria no quarto tempo da vida e se dispõe a esperar dez anos pela recuperação do mercado está perdendo mais do que dinheiro. Em vez de investir a longo prazo, está de fato esperando pelo longo prazo.

Na segunda parte deste livro, também vou examinar com mais profundidade as formas de utilizar esse ciclo 20-10-5 para ganhar dinheiro, em vez de ficar atolado na má fase e no mercado errado, com o dinheiro ainda em jogo.

GARANTIA DE PREJUÍZO

Para mim não faz sentido investir a longo prazo, sabendo que um dia a Mãe Natureza pode puxar o tapete. Se observarmos o jogo do dinheiro de alguém, digamos que comece a investir aos 25 anos e que espere sair do jogo aos 65 anos, ou seja, 40 anos mais tarde, isso significa que o dinheiro ficará na mesa durante 40 anos. Se o ciclo 20-10-5 tiver alguma exatidão, esse plano de investimento é, portanto, uma garantia de prejuízo. Se o mercado de ações sobe e desce em 20 anos, investir às cegas todo esse tempo, durante quarenta anos, é uma missão suicida. É certo que se perderá uma vez, talvez duas, ou ainda mais ao longo desses 40 anos.

POR QUE OS PILOTOS USAM PÁRA-QUEDAS

Quando me preparava para ser piloto na Escola de Aviação Naval de Pensacola, Flórida, uma das primeiras aulas não era sobre aviação, mas sobre pára-quedismo. Tínhamos que aprender a saltar de um avião e cair na água ou em terra. Por que cargas d'água os pilotos aprendiam a pular antes de aprender a voar? A resposta é óbvia.

A maioria dos planos de aposentadoria estipula que quem sacar o dinheiro antes sofrerá punições financeiras. Em vez de fornecer pára-quedas, algemam as pessoas ao avião. Durante o crash de 2000 a 2003, muitos pequenos investidores não sabiam que seus pilotos, os gestores dos fundos de investimento, os CEOs das empresas em que trabalhavam e outros insiders privilegiados estavam saltando de pára-quedas para a segurança do solo, enquanto os pequenos investidores continuavam algemados a seus assentos. Uma das razões por que não tenho um fundo de aposentadoria é ter sido piloto. Prefiro pára-quedas a algemas.

UM ERRO COMUM

Em vez de sempre movimentar o dinheiro, a maioria das pessoas o *estaciona* em algum lugar. Deixam o dinheiro no banco, no plano de aposentadoria ou nas mãos do corretor. Pai rico ensinou seu filho e a mim a manter o dinheiro em movimento. Se não estivéssemos investindo em nossas empresas, então o aplicávamos em imóveis. Se a fase do mercado de imóveis não fosse favorável, o indicado seria aplicá-lo num fundo de hedge ou de ações com bom desempenho para obter ganhos de curto prazo e garantir a liquidez. Pai rico não gostava de ver o dinheiro ocioso. Ele queria que seu dinheiro trabalhasse com afinco e com a maior segurança possível. Ele sabia que os mercados são instáveis e queria manter seu dinheiro em movimento. É por isso que dedicava tanto tempo a examinar novos investimentos nos quais aplicar seu dinheiro... e depois tirá-lo.

Quando ouço alguém dizer "Meu patrimônio aumentou" ou "O valor de meu imóvel subiu", sei que a pessoa está contando com o dinheiro ainda sobre a mesa. O dinheiro delas continua no jogo. O pai rico dizia: "O dinheiro tem que trabalhar, em vez de ficar parado. Se o dinheiro fica parado, não recebemos retorno".

Hoje, Kim e eu não sabemos qual é o nosso patrimônio. Quando os repórteres nos perguntam "Qual é o seu patrimônio?", respondemos que não sabemos. Falamos: "Não sabemos qual é o nosso patrimônio, mas conhecemos a velocidade de nossos fluxos de caixa". Quando os repórteres perguntam "Por que o senhor não está interessado em saber seu patrimônio?", dou duas respostas. A primeira: "É fácil mentir para o senhor e para mim quanto ao patrimônio". A segunda: "Não estou interessado no dinheiro que está parado... O que me interessa é como o dinheiro está trabalhando para mim, com que rapidez gira e para onde vou levá-lo a seguir". É por isso que quero saber o máximo possível sobre todas as três classes de ativos e não apenas sobre uma delas. Por exemplo, se no momento os imóveis estão muito caros ou não consigo um bom negócio, ponho o dinheiro num fundo de hedge, recebendo retorno de 25% até que vire o mercado de imóveis ou surja boa oportunidade de negócios. No meu mundo, a velocidade e a segurança do dinheiro são muito mais importantes do quc sua quantidade.

A lição final deste capítulo é: nunca esqueça de que o objetivo do jogo é tirar o dinheiro da mesa *e* continuar no jogo. É isso que todo jogador sabe e que todo investidor profissional procura. Só os amadores põem seu dinheiro num plano de aposentadoria e puxam o freio.

(Agradeço a Tom Wheelwright, CPA, fonte deste exemplo pela sua contribuição técnica a este capítulo e a este livro.)

COMENTÁRIOS DE SHARON

O aumento da velocidade do dinheiro é a melhor opção; naturalmente, o investidor precisa investir em sua educação financeira antes de esperar retornos tão acelerados.

O jogador profissional é como o investidor profissional porque os dois querem usar Dinheiro de Outras Pessoas. O jogador quer usar o dinheiro da casa enquanto o investidor quer usar o dinheiro do banco ou de outros investidores, e ambos querem acelerar a velocidade do dinheiro. Não deixam o dinheiro parado na mesa.

O investidor profissional adota a seguinte fórmula:

1. Investe o dinheiro em um ativo
2. Recupera o dinheiro aplicado
3. Mas mantém o controle do ativo original
4. Transfere o dinheiro para novo ativo
5. Recupera o dinheiro investido
6. Repete o processo

VOCÊ TAMBÉM PODE FAZER ISSO!

O parágrafo a seguir é a mensagem central deste livro

O processo é denominado velocidade do dinheiro. As instituições financeiras entendem a importância de expandir seu estoque de dinheiro a fim de aumentar seu poder de gerar lucro. A maioria dos investidores não percebe que também pode ampliar seu estoque de dinheiro e, portanto, expandir seus ganhos. As instituições financeiras alcançam esse resultado movimentando o dinheiro. Quanto mais rápido for o giro de um dólar, maior será o estoque de dinheiro e maior será o potencial de ganho desse dólar.

Dito de forma simples, o giro do dinheiro aumenta a oferta de dinheiro! Os bancos centrais entendem isso muito bem, pois esse é o fundamento do controle que exercem sobre oferta e sobre custo do dinheiro (ou meios de pagamento). A Constituição atribui ao governo a emissão de moeda, mas seria impraticável controlar a oferta de moeda simplesmente pela aceleração ou diminuição do ritmo das emissões. Quando se emite moeda em excesso, o dinheiro logo perde o valor.

Os bancos centrais administram a oferta de moeda de três modos:

- Determinando que os bancos mantenham certa proporção dos depósitos (em geral 10%) como reserva. Isto ajuda a controlar a quantidade de moeda em circulação.
- Ajustando a taxa de redesconto paga pelos bancos quando precisam recorrer a empréstimos do banco central. Isto influencia a capacidade de tomar empréstimos dos bancos.
- Recorrendo a operações de mercado aberto, onde se compram e vendem títulos do governo. Quando compra títulos, o banco central está essencialmente criando moeda nova ao usar reservas para pagar por mais títulos. Isso aumenta a oferta de moeda na economia. O FOMC da SEC americana (órgão equivalente ao Comitê de Política Monetária — COPOM do Banco Central do Brasil) também define a taxa de juros básica que os bancos pagam quando fazem empréstimos entre si para cobrir suas exigências de reservas.

Então, como é que o movimento do dinheiro aumenta a oferta de moeda da economia? Digamos que os depósitos de um banco aumentem em US$100 milhões: o banco pode emprestar até US$90 milhões para empresas ou pessoas físicas, que, por sua vez, depositam esse dinheiro no mesmo banco, ou em outros bancos, os quais, então, voltarão a emprestar os mesmos fundos.

Nosso assessor tributário, Tom, apresentou o exemplo anterior de comparação de investimentos para mostrar como o leitor pode aplicar os mesmos princípios a seu dinheiro e expandir seu estoque de dinheiro. O exemplo deixa claras as diferenças no aumento do estoque de dinheiro, quando se investe em fundos de investimento, em imóveis para aluguel e, novamente, em imóveis para aluguel, aproveitando-se nesse terceiro caso a valorização do imóvel para contrair novos empréstimos a cada dois anos.

Em vez de estacionar o dinheiro e poupar, você se transforma em seu próprio banqueiro, com capacidade para aumentar a velocidade do dinheiro. Isso cria condições para que você ganhe com o mesmo sistema usado pelo governo e assuma o controle de sua situação financeira. Veja as várias situações de controle e suas variações para as diferentes classes de ativos:

Sendo dono de sua empresa	Você está no controle.
Sendo dono de imóveis	Você está no controle.
Plano de aposentadoria	Quem está no controle?
Fundo de investimento	Quem está no controle?
Ações	Quem está no controle?

Além de poder mudar a distribuição de seus investimentos ou de comprar e vender, você exerce pouco ou nenhum controle se optar por investir em planos de aposentadoria, em fundos de investimento e em ações. As empresas têm presidentes e conselhos de administração que controlam sua operação.

Os investidores profissionais querem CONTROLAR seus ativos e sua capacidade de geração de caixa.

CAPÍTULO 8

Pergunte a Newton

"Para cada ação, há uma reação igual e oposta."

SIR ISAAC NEWTON

"Quando se joga uma pedra na água, gera-se uma onda a 90° da linha em que caiu a pedra."

DR. BUCKMINSTER FULLER

"Não é bom enganar a Mãe Natureza."

MÃE NATUREZA

MAÇÃS SEMPRE CAEM DE ÁRVORES

Quando estava na escola, minha professora dizia: "Isaac Newton descobriu a lei da gravitação sentando sob uma macieira. Quando uma maçã caiu na sua cabeça, ele percebeu que as maçãs sempre caem no sentido da terra. As maçãs nunca voam para o céu".

Em 1996, quando os preços de mercado disparavam para o alto, muitas pessoas pareciam acreditar que Mãe Natureza repelira a lei da gravitação. Sempre que ouço alguém dizer "esta é a nova economia", sempre acho que também poderiam estar dizendo: "As maçãs já não caem das árvores".

O pai rico gostava de dizer: "Não sei se a história se repete, mas sei que sucessivas gerações de investidores repetem os mesmos erros. Dois desses erros são: 1. Deixar o dinheiro na mesa por muito tempo; 2. Ficar ganancioso e esquecer as leis da natureza, quando o mercado se aquece. Os dois erros são onerosos".

QUEM PERDE DINHEIRO

Entre 2000 e 2003, milhões de pessoas perderam trilhões de dólares por terem violado as leis da natureza. Um dos princípios básicos transgredidos foi a Lei de Newton: *Para cada ação, há uma reação igual e oposta.* Outro foi a Lei da Gravitação, que, em termos simples, afirma: *Tudo que sobe acaba caindo.* O investidor médio, ao deixar seu dinheiro na mesa durante muito tempo, em instrumentos como certos fundos de previdência privada, que não lhe permitem sair sem incorrer em graves penalidades, estava se preparando para perder, ao desrespeitar as leis da natureza.

O investidor profissional, por outro lado, sabe respeitar e explorar as leis da natureza. Quando as infringe, o que muitos fazem, a natureza vence. É por isso que o investidor profissional está atento às leis da natureza, em vez de dar ouvidos aos conselhos dos vendedores de produtos financeiros. Seguir as leis da natureza exige que o investidor profissional preste muita atenção às tendências.

TENDÊNCIAS A SEREM OBSERVADAS

Uma das razões pelas quais a velocidade do meu dinheiro é importante é que as tendências estão em constante mutação. Em vez de diversificar dentro de uma classe de ativos, como os papéis, o pai rico incentivou seu filho e a mim a movimentar nosso dinheiro entre diferentes classes de ativos. Se eu puder obter um retorno mais alto em minha empresa, é para lá que vai o meu dinheiro. Se aparecerem oportunidades no mercado imobiliário, é para lá que vou. Se tiver excesso de dinheiro em caixa que precise de um abrigo temporário, procurarei papéis, como um fundo de hedge ou um título que renda pelo menos 7% ao ano. Raramente estaciono meu dinheiro num banco porque seu valor seria corroído pelos impostos e pela inflação e não trabalharia duro para mim, o que significa que eu teria que trabalhar para o meu dinheiro.

Como disse no capítulo anterior, tendo a agir como investidor, ou seja, aplico meu dinheiro na compra de um ativo e depois recupero o dinheiro, mas conservo o ativo. Os operadores, por definição, compram e vendem ativos, por dinheiro. Na maioria dos casos, eu apenas movimento o dinheiro.

Sei que muitos especialistas em finanças dizem que esta é uma estratégia arriscada. Contudo, vou explicar por que de fato não é, se a pessoa tiver experiência e conhecimento para investir em três classes diferentes de ativos. Um dos motivos para agir assim é envolver menos riscos, repito, do que a média dos planos de aposentadoria, porque posso retirar o dinheiro com grande rapidez, em vez de deixá-lo na mesa de jogo. Isso significa que, se o mercado despencar ou se eu cometer um grave equívoco, o ativo pode ser prejudicado, mas meu dinheiro já não está mais lá. O objetivo é adquirir ativos e manter o dinheiro em movimento.

COM QUE VELOCIDADE SEU AUTOMÓVEL ESTÁ ANDANDO?

Por exemplo, em 1996, quando o preço do ouro girava em torno de US$280 por onça e o dólar estava forte, comecei a trocar dólares por moedas de ouro. Quando o ouro atingiu os US$380 em 2003, vendi algumas dessas moedas, recuperei tudo o que tinha aplicado e fiquei com um número considerável de moedas de ouro de uma onça. Se o preço do ouro não tivesse subido, meu dinheiro ainda estaria a salvo num ativo tangível, porque comprei as moedas quando o preço do ouro estava baixo e o valor do dólar estava alto. Quando a tendência mudou e o preço do dólar subiu e o valor do ouro caiu, os dólares e as moedas de ouro trocaram de lugar.

DIVERSIFICAÇÃO VERSUS *TENDÊNCIAS*

Há alguns dias vi um anúncio na televisão que dizia: "A estratégia número um dos investidores é a diversificação". Isso pode ser verdade para os investidores amadores, mas nem sempre se aplica aos investidores profissionais. Para mim, a diversificação é apenas parte da conversa de vendedor que visa levar o investidor médio a comprar mais ações e a aplicar em fundos de investimento. Seria o mesmo que ir a uma revendedora de carros usados e perguntar: "E se o carro tiver problemas?". Naturalmente, o vendedor de carros usados responderia: "Eu o aconselho a diversificar. Compre seis carros em vez de um. Assim, se um deles tiver problemas, você ainda poderá chegar em tempo a seus compromissos".

AS TENDÊNCIAS PODEM SER AMIGAS OU INIMIGAS

Se a *diversificação* não é a estratégia número um, então qual será? A resposta está nas *tendências*, porque elas são a manifestação das leis da natureza no mercado. Os investidores profissionais costumam dizer: "A tendência é sua amiga". O pai rico ensinava: "As tendências podem ser amigas *ou* inimigas". Entre 1980 e 2000, a tendência do mercado de ações foi de alta. Era fácil ganhar dinheiro. Bastava aplicar e, como num passe de mágica, o valor dos ativos aumentava. Mas, de repente, em março de 2000, a direção da tendência se inverteu e os investidores que não estavam atentos à mudança perderam trilhões de dólares, embora tivessem diversificado.

QUEM MEXEU NO DINHEIRO DELES?

Há muitas razões que explicam por que tanta gente perdeu tanto dinheiro. Dentre elas, podemos citar:

1. Falta de atenção à tendência.
2. Deixar dinheiro na mesa.
3. Investimento em planos que acorrentavam o investidor à mesa.
4. Maus conselheiros que não orientaram os investidores a sair do mercado.
5. Desconhecimento de alternativas.
6. Continuar aplicando na mesma classe de ativos, esperando a inversão da tendência.

TENDÊNCIAS A OBSERVAR

Este capítulo se intitula "Pergunte a Newton" porque todas as tendências seguem as leis da natureza. Muito antes de 11 de setembro, o pai rico ensinou seu filho e a mim a acompanhar atentamente as tendências. Dizia: "Assim como podemos ver uma onda se espalhando num lago calmo, um investidor profissional pode ver uma onda se espalhando pelo mercado e age em função dela. Quando se age com suficiente antecedência, ela pode ser útil. Ignorada, pode ser danosa".

Depois de 11 de setembro de 2001, é mais importante do que nunca observar as tendências e respeitar as leis da natureza. A seguir, mencionarei algumas das tendências que acompanho atualmente e que utilizo para tomar algumas de minhas decisões financeiras. Observando-se essas tendências, maiores são as chances de ganhar dinheiro.

PRIMEIRA TENDÊNCIA: DEMOGRAFIA

"Demografia é destino", disse Augusto Comte, filósofo francês do século XIX. Uma das razões pelas quais sou um entusiasta do investimento em imóveis nos Estados Unidos, ainda que esse mercado registre altos e baixos, é o crescimento populacional. Em 2000, ano do censo mais recente, havia 281 milhões de americanos. Os demógrafos estimam que em 2025 a população dos Estados Unidos possa atingir algo entre 350 e 400 milhões.

Para dar ao leitor uma idéia da velocidade do crescimento da população americana, os seguintes números mostram a tendência:

1867	37 milhões
1900	76 milhões
2000	281 milhões
2025	350 — 400 milhões?

Se as projeções forem corretas, o que acontecerá com o preço dos imóveis em 2025? Se já são considerados caros hoje, aposto que em 2025 o preço estará ainda mais alto.

No Japão, por outro lado, a população está em queda. Um artigo intitulado "Japão: envelhecimento populacional e desafio fiscal", publicado em março de 2001 na revista *Finance & Development*, publicação trimestral do Fundo Monetário Internacional, revela que em 2025 haverá um idoso para cada duas pessoas em idade de trabalhar. O artigo também diz:

> No Japão, as mudanças demográficas serão um elemento definidor durante o futuro previsível. A queda constante das taxas de fertilidade é a causa básica do rápido envelhecimento e encolhimento da população, tendência que deverá perdurar durante boa parte do século XXI. Essa mudança demográfica drástica deverá ter profundas implicações sociais e econômicas, inclusive um crescimento mais lento da produção nacional durante algum tempo. A elevada dívida pública e a dinâmica populacional adversa restringirão cada vez mais o espaço de manobra do governo, sugerindo a necessidade de forte ajuste da política econômica para recolocar as finanças públicas em rumo sustentável. As reformas que estão sendo implementadas nos sistemas de previdência e de saúde são um passo na direção certa, mas

serão necessárias novas medidas para evitar grande aumento nos tributos que incidem sobre a folha de pagamento e nas transferências governamentais que distorcem os incentivos e dificultam o crescimento.

Se estas tendências se mostrarem verdadeiras, em qual dos dois países os imóveis serão um melhor investimento?

SEGUNDA TENDÊNCIA: DÍVIDA

Uma das razões pelas quais se registra uma explosão no endividamento público e pessoal é porque hoje o dinheiro não é dinheiro — o dinheiro é dívida. Um fato pouco lembrado é que, muitos anos atrás, o dólar americano era dinheiro de verdade. Quando eu era criança, olhava para as notas de um dólar e lia "Certificado de prata" na sua parte superior. Isso significava que a moeda dos Estados Unidos era dinheiro de verdade, lastreado por prata ou ouro, ativos tangíveis. Em 15 de agosto de 1971, o presidente Nixon anunciou que a moeda dos Estados Unidos não mais seria trocada por ouro. Hoje lemos no topo das notas "Federal Reserve Note". Isso significa que nosso dólar não é mais dinheiro de verdade, lastreado por ativos.

UMA DAS RAZÕES PELAS QUAIS OS RICOS FICAM MAIS RICOS

Essa mudança no lastro do dólar americano, de prata e ouro para dívida, teve muitas conseqüências. Uma é que o abismo entre os ricos e o restante da população se tornou mais amplo e mais profundo. Nos últimos 30 anos, algumas dessas mudanças são:

1. O *The New York Times* noticiou que atualmente as 13 mil famílias mais ricas dos Estados Unidos têm renda quase igual à das 20 milhões mais pobres.
2. O salário anual dos Estados Unidos, em dólar de 1988 (isto é, descontada a inflação), passou de...

Salário anual	
1970	US$32.522
1999	US$35.864

Um aumento de cerca de 10% em 30 anos. No mesmo período, de acordo com a revista *Fortune*, a remuneração anual média dos 100 mais importantes CEOs passou de...

Remuneração dos CEOs

1970	US$1,3 milhões, ou 39 vezes a remuneração do trabalhador médio
1999	US$37,5 milhões, ou mais de mil vezes a remuneração do trabalhador médio

A mudança do lastro do dólar é tão importante porque, depois da conversão da moeda americana em instrumento de dívida, o governo e as grandes empresas passaram a estimular o endividamento geral. Se o homem comum não se endividasse, a economia não poderia se expandir. Se ele não se endividasse mais, então a economia se contrairia. É por isso que é tão importante acompanhar as tendências.

A América das décadas de 1950 e 1960 era realmente uma sociedade de classe média. Aproximava-se muito do mundo retratado na popular série de televisão Leave it to Beaver.* Havia um senso de eqüidade na sociedade, mesmo que os profissionais liberais com alta escolaridade, os gerentes de nível médio e os professores universitários muitas vezes reclamassem por estar ganhando menos que operários sindicalizados. Depois de 1971, o mundo da classe média americana começou a desaparecer. Os que puderam aumentar sua renda acima da desvalorização do dólar se saíram bem. Os que trabalhavam em troca de salário perderam poder de compra e recorreram ao endividamento para complementar a renda.

Hoje, enquanto estou escrevendo, milhões de pessoas estão ainda mais endividadas. A reação ao crédito fácil e barato será um aumento substancial das falências, a retomada de imóveis de moradia, e vidas financeiramente arruinadas porque têm fichas sujas na praça. Ainda que a economia cresça, o custo será terrível para os que continuam a trabalhar duro para ganhar dinheiro e têm pouca educação financeira.

DUAS CARREIRAS: UMA PARA VOCÊ E OUTRA PARA SEU DINHEIRO

Essa é outra das razões pelas quais pergunto: "Não estaria na hora de começar a ensinar princípios de finanças e responsabilidade financeira em

---

* *Nota da Tradutora:* Seriado exibido entre 1957 e 1963 e cujo argumento girava em torno de uma típica família americana. O seriado é reexibido ainda hoje em alguns canais a cabo dos EUA.

nossas escolas?". Atualmente, muitos jovens estão deixando a escola e tomando o caminho financeiro errado no início da vida. Se eles soubessem um pouco sobre o dinheiro, gestão financeira, impostos, crédito e investimento, talvez tivessem maiores chances de ter uma vida melhor.

Atualmente, todos nós precisamos ter duas carreiras... uma para nós e outra para nosso dinheiro. Por exemplo, enquanto ganho dinheiro como autor, que é a minha carreira, meu dinheiro trabalha com imóveis. Se as crianças soubessem que a tributação sobre o *trabalho físico* das pessoas é mais gravosa do que a incidente sobre o *trabalho financeiro* do dinheiro, muitas teriam mais inspiração para fazer o dinheiro trabalhar com mais afinco para elas.

Em minha opinião, essa pouca observada mudança no valor da moeda, em 1971, provocou um dos maiores efeitos de onda financeira no mundo. Uma vez que nosso dólar não teve mais lastro em ativos reais, o hiato entre os ricos e o resto da população se aprofundou. Essa mudança no valor da moeda é uma das principais razões pelas quais os ricos estão se tornando demasiadamente ricos e os pobres e a classe média trabalham cada vez mais por menos dinheiro, se afundam em dívidas e pagam impostos mais altos.

IMPRIMIR DINHEIRO EM VEZ DE TRABALHAR POR DINHEIRO

O efeito da mudança no lastro da moeda americana teve efeito semelhante ao sentimento de alguém que se esfalfa no trabalho todos os dias, enquanto o vizinho fica em casa imprimindo dinheiro, em vez de trabalhar para ganhar dinheiro. Trabalha-se cada vez mais porque o dinheiro que o vizinho imprime provoca a desvalorização da moeda, comprometendo seu poder de compra. Enquanto milhões de pessoas labutam em jornadas cada vez mais longas e pagam impostos cada vez mais escorchantes, muitos dos que estão no poder têm a capacidade de jogar com o dinheiro, o que piora as coisas para aqueles que seguem as regras.

Para compensar a falta de aumentos salariais e a inflação e não consumir menos dos que os vizinhos, milhões de pessoas se endividaram. O gráfico da página seguinte reflete o aumento do endividamento como percentual do PIB (produto interno bruto).

POR QUE A DÍVIDA AUMENTA

Depois que os EUA deixaram de lastrear o dólar em ativos reais, a dívida interna começou a crescer. Isto ocorreu porque é assim que agora a economia cresce. Como o dólar não é mais um ativo, mas um instrumento de dívida, a fim de que o sistema monetário atual funcione, as pessoas e as empresas devem se endividar cada vez mais. Se as pessoas e as empresas pararem de tomar empréstimos, todo o sistema monetário pára de crescer e começa a implodir.

É por isso que, embora o gráfico mostre que os americanos estão cada vez mais endividados, as instituições financeiras continuam encontrando novas formas de induzir as pessoas a se endividarem cada vez mais. A maioria de nós, aqui nos Estados Unidos, já ouviu a revendedora de automóveis anunciar: "Mesmo com o nome sujo na praça, venha. Nós o ajudaremos a resolver seus problemas de crédito para que possa sair hoje com um carro novo".

Lembre-se sempre de que, como agora o dinheiro é dívida, a dívida deve aumentar. A pergunta é, se o crescimento da dívida está em ação, qual é a reação igual e oposta? Também o que acontece se as pessoas pararem de se endividar?

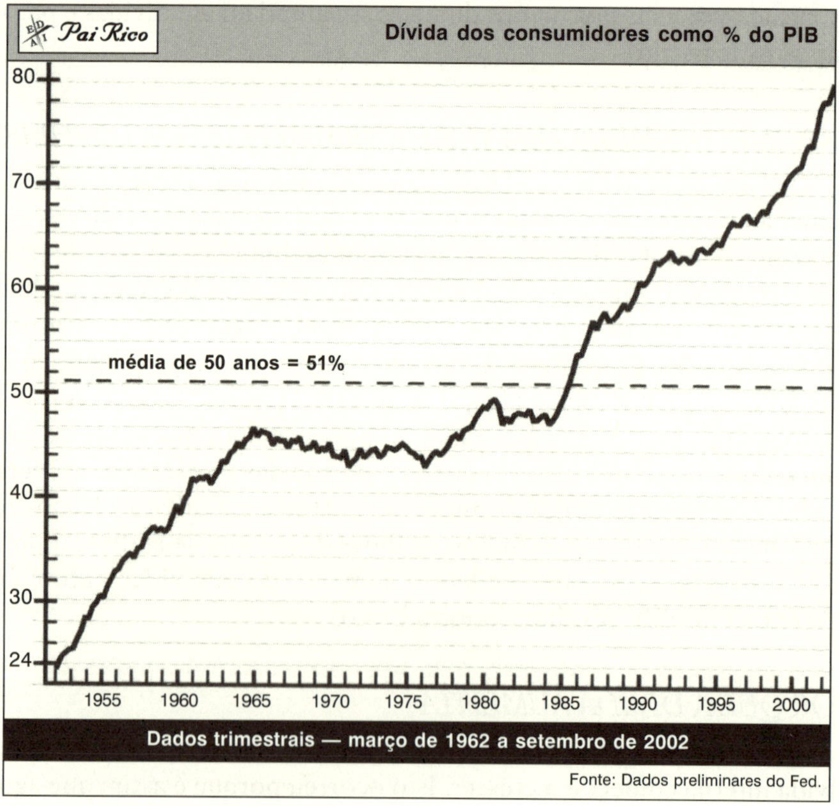

QUANTO É UM TRILHÃO DE DÓLARES?

Uma das perguntas que se ouvem freqüentemente é: "Como vamos pagar a dívida interna?". Como o americano médio ganha menos de US$50 mil ao ano, a maioria das pessoas tem dificuldade em imaginar quanto é um trilhão de dólares. A seguir, apresentaremos uma comparação entre um milhão, um bilhão e um trilhão de dólares.

QUANTO TEMPO É NECESSÁRIO PARA CONTÁ-LOS?

Se começássemos a contar dólares num ritmo de um por segundo seriam necessários:

12 dias	US$1 milhão
32 anos	US$1 bilhão
31.688 anos	US$1 trilhão

Como eu já disse, Alan Greenspan reconheceu que os Estados Unidos estão excessivamente endividados, sendo que apenas a dívida da Seguridade Social e do Medicare é de US$18 trilhões. Como será possível pagar toda essa dívida? Quem vai pagá-la? O que acontecerá com os Estados Unidos se essa tendência se mantiver?

Embora eu não seja economista por formação, como Alan Greenspan, minha bola de cristal diz que a resposta para o endividamento excessivo é a emissão de mais moeda. Uma das razões para fazê-lo é permitir que a dívida do governo seja quitada com dólares mais baratos, desvalorizados. Se isso acontecer, significará que o preço do seu imóvel residencial aumentará, suas poupanças valerão cada vez menos e muita gente terá que trabalhar ainda mais apenas para acompanhar o custo de vida. Quando os preços aumentam porque a moeda vale cada vez menos temos *inflação*. Quando há inflação, os devedores ganham e os poupadores perdem. Se a inflação tornar-se excessiva, você conseguirá aposentar-se? Poderá deixar o dinheiro parado durante muito tempo, esperando que o desempenho de seu fundo de investimento seja melhor que o do mercado e consiga cobrir a inflação?

E SE A DEFLAÇÃO VENCER?

Mas também é possível que o grande risco não seja a inflação e que se avance no sentido oposto, rumo à deflação. Tenho um amigo que saiu de

Buenos Aires, em 2002, apenas com a roupa do corpo. Disse ele: "Um dia eu era rico e no dia seguinte estava pobre. Um dia minha casa valia US$450 mil e hoje, se eu achar um comprador, não vale mais do que US$45 mil". Suas palavras de despedida foram: "O que me surpreendeu foi a rapidez com que a situação mudou. Não houve qualquer aviso. A mudança ocorreu do dia para a noite". Embora as condições da Argentina sejam diferentes dos Estados Unidos, as semelhanças são preocupantes.

DEVER É PIOR DO QUE SER POBRE

Em 1929, depois do colapso do mercado de ações, o governo estancou a oferta de moeda. Em outras palavras, não havia mais dinheiro e a Grande Depressão se instalou. Em minha opinião, uma das razões pelas quais a oferta de moeda secou foi que estava lastreada em metais preciosos. Ainda vigorava o padrão-ouro. Como era dinheiro de verdade, sempre que há medo, ou dúvidas ou desconfiança, o dinheiro de verdade se esconde.

Em 2000, quando o mercado de ações despencou, em vez de estancar a oferta de moeda, o banco central inundou o mundo com moeda. Uma das razões pelas quais não ocorreu outra Grande Depressão semelhante à da década de 1930 foi que hoje em dia muitas pessoas têm dinheiro, não são pobres. Porém, ainda mais importante é a maior facilidade de contrair dívidas. Os cartões de crédito não existiam durante a Grande Depressão. O problema é que, como há tanto dinheiro fictício e tanta dívida, muitas pessoas estão numa situação financeira ainda pior do que a pobreza. Hoje, milhões de pessoas estão afundadas em dívidas, o que significa que temos uma espécie de depressão diferente. É a depressão emocional de ter grande riqueza material, mas com toneladas de dívidas.

Como diz a lei de Newton, "para cada ação há uma reação igual e oposta". Uma das razões para nos tornarmos melhores investidores com pouco dinheiro próprio sobre a mesa é que assim estaremos preparados para as conseqüências de toda essa dívida. Quando a reação chegar, o dinheiro estará pronto para começar a movimentar-se em busca de ativos reais, o que aumentará a velocidade do dinheiro, se soubermos o que estamos fazendo.

TERCEIRA TENDÊNCIA: TAXAS DE JUROS

Quando as bolsas começaram a cair em março de 2000, o banco central reduziu as taxas de juros. Uma reação aos preços declinantes das ações e às taxas de juro em queda foi o aumento nos preços dos imóveis.

As menores taxas de juro não apenas incentivaram as pessoas a comprar imóveis, como puniram os poupadores. Ao reduzir as taxas de juros, o governo estava sinalizando aos poupadores para tirarem o dinheiro do banco e irem para o mercado.

OS BANCOS NÃO GOSTAM DE POUPADORES

Embora muita gente pense que os poupadores são espertos e bons, na realidade os bancos não gostam de poupadores... preferem quem toma empréstimos. Os bancos preferem um cliente que toma um empréstimo de US$10 milhões àquele que investe o mesmo valor. Por quê? Porque as poupanças dos clientes são um ativo para eles, mas um passivo para os bancos. Isso significa que o banco ganha mais emprestando dinheiro do que remunerando dinheiro. Assim, a taxa de juros mais baixa incentivou um número cada vez maior de pessoas a tomar empréstimos em vez de poupar. A pergunta é: "O que acontecerá quando as taxas de juros voltarem a subir... se elas voltarem a subir?".

Na década de 1970 e durante boa parte dos anos de 1980, quando os preços do ouro, da prata e do petróleo subiram, as taxas de juros também subiram 20% antes de voltarem a cair. Isso acontecerá de novo? Só o tempo dirá. Se após anos de juros baixos o pêndulo se voltar para a outra direção, e as taxas de juros novamente aumentarem, devemos esperar grandes mudanças na economia.

Por que acho que as taxas de juro voltarão a subir, embora hoje estejam em níveis extremamente baixos? Uma das razões é, outra vez, a lei de Newton. Minha bola de cristal indica que o governo dos Estados Unidos terá que emitir mais e mais moeda para manter na tona a economia. Se o governo passar a emitir moeda demais, então aqueles que trabalham por dinheiro ficarão em pior situação financeira. Mas do que apenas perdas nas bolsas de valores, um dos maiores prejuízos dos americanos tem sido a desvalorização do dinheiro. Não apenas o preço das ações caiu entre 2000 e 2003, o mesmo aconteceu com o valor do dólar. Em relação ao valor de outras moedas, os americanos perderam mais de 20% de sua riqueza. É por isso que é importante dar atenção à inflação, às taxas de juros, ao preço do ouro e à dívida pública.

QUARTA TENDÊNCIA: PRECESSÃO E RETARDO

Quando uma pedra cai na água, a única reação não é a de igual intensidade em sentido oposto. Também ocorre outra reação a 90°, que é a ondulação que vemos espraiar-se no entorno. Este é um exemplo de *precessão*. O intervalo entre o momento em que a pedra atinge a água e aquele em que a ondulação chega à margem oposta é conhecido como retardo. Ambos são princípios universais ou leis da natureza.

Precessão e retardo são importantes porque muitos investidores só observam a ação da pedra e não toda a reação que evolui no tempo. Um exemplo simplificado seria o do motorista que presta atenção ao automóvel que está na frente, mas deixa de ver um trem que vem de encontro a ele na lateral.

Em 1990, muito poucos investidores tinham uma linha direta com os mercados financeiros. Os únicos que dispunham de acesso ao mercado eram os bancos e outros grandes operadores institucionais. Hoje, devido à Internet, milhões de investidores atuam no mercado em tempo real. Se um preço varia um centavo, muitos investidores reagem quase instantaneamente. Isso quer dizer que é necessário observar o mercado com essa minúcia? A resposta é não.

Uma das razões da importância das leis da precessão e do retardo é que permitem ver o mercado num espaço mais longo, em vez de segundo a segundo. Por exemplo, quando observamos uma tendência demográfica, podemos planejar os investimentos imobiliários de acordo com ela. Em vez de entrar em pânico quando os preços aumentam, podemos esperar com paciência, sabendo que no longo prazo os preços voltarão a cair. Ou podemos comprar um terreno vazio a baixo preço e esperar que a cidade se estenda até chegar lá. Quando Kim e eu mudamos para Phoenix, Arizona, o fizemos porque essa era a cidade que mais crescia na América. Isso foi há 12 anos. De lá para cá, ela não foi sempre a cidade que mais cresceu, mas sempre esteve em primeiro ou segundo lugar.

Quando se trata de minhas empresas, adoto a mesma visão da tendência. E enquanto o pessoal do baby boom chega mais perto da aposentadoria, e a realidade da falta de dinheiro para parar de trabalhar fica clara, a demanda por educação financeira só irá aumentar. Em lugar de investir meu tempo em um ramo de atividade que está lotado e maduro, como o dos automóveis ou da aviação, prefiro investir meu tempo em uma empresa de um setor cuja demanda só tenda a crescer no longo prazo.

AUMENTO DAS PEQUENAS EMPRESAS PESSOAIS

A combinação de envelhecimento populacional com demissões maciças está levando as pessoas a perceber que a segurança no emprego é um mito e que seus planos de pensão não lhes oferecem segurança financeira a longo prazo. Muitos gerentes médios estão se tornando consultores autônomos quando seus esforços para encontrar um novo emprego não são bem-sucedidos.

Essa tendência levará as pessoas a entrar em novos negócios, como franquias ou participação em atividades de marketing de rede. Falo muitas vezes dessa última atividade porque ela permite que muitas pessoas se estabeleçam a um custo baixo, além de oferecer valioso treinamento e orientação. Criar uma empresa bem-sucedida permite às pessoas assumir o controle de sua segurança financeira a longo prazo. Contudo, é preciso ter sempre presente que é essencial informar-se bem antes de entrar num grupo de marketing de rede ou de adquirir uma franquia.

QUINTA TENDÊNCIA: INTELIGÊNCIA FINANCEIRA

Uma das tendências mais importantes que aprendi a observar é a relação entre meu dinheiro e minha inteligência financeira. Quando na casa dos vinte anos ganhei muito dinheiro com minha empresa e meus investimentos em imóveis, pensei sinceramente que era um gênio financeiro. Achei que, como a renda aumentava, minha inteligência financeira também crescia. Novamente, eu estava desrespeitando a lei de Newton. Em lugar de crescer com minha renda, minha inteligência financeira regredia na direção oposta.

Embora seja uma lição dolorosa, percebi que, quanto maior é meu sucesso financeiro, mais preciso manter em xeque meu ego e minha arrogância. Em vez de ficar mais arrogante, o que não é inteligente do ponto de vista financeiro, procuro tornar-me mais agradecido e humilde, para poder continuar aprendendo e ganhando mais, para não devolver tudo ao mercado, como já ocorreu. Aprendi, do modo mais difícil, que não apenas meu dinheiro segue as leis de Newton, minha inteligência também.

UMA PALAVRA FINAL

Pai rico dizia: "Obedeça às leis da natureza. Lembre-se sempre de que a Mãe Natureza não quer saber se você é milionário ou pobretão. Se os dois pularem de um prédio alto sem pára-quedas, a lei da gravitação os tratará do mesmo modo".

COMENTÁRIOS DE SHARON

Pesquisar e analisar tendências nunca foi tão fácil. Os mecanismos de busca disponíveis na Internet permitem que se encontrem quaisquer informações, sem muita dificuldade. Muitas vezes o problema está no *excesso* de informações e em não saber como encontramos o que estamos buscando. Também é importante conferir a atualidade das informações e determinar se elas são oferecidas como *informação* ou como *ferramenta de vendas*. Lembre-se de analisar as tendências com especialistas da área. Seus conselheiros o ajudarão a determinar a estrutura de sua estratégia de investimentos para tirar o melhor partido das tendências.

Finalmente, ao trabalhar com qualquer informação, determine se alguém não a está utilizando para *vender seu peixe*. Essas informações podem ser, apesar disso, valiosas, mas é preciso tomar a decisão de investimento com conhecimento completo da transação. Robert muitas vezes fala da necessidade de pagar bem aos corretores — mas é importante que você saiba para que os está remunerando e que o retorno líquido sobre seu investimento ainda se enquadra em seus padrões.

CAPÍTULO 9

Pergunte ao tempo

"Todo investidor deve saber quando uma flor está a ponto de desabrochar... e quanto ela durará."

PAI RICO

Uma das vantagens singulares de cursar a Academia de Marinha Mercante dos Estados Unidos era o ano que passávamos no mar. Todo estudante navegava durante um ano como oficial, em vários navios que transportavam carga por todo o mundo. Passei muito tempo em navios de carga, petroleiros e navios de passageiros. Teria gostado de trabalhar algum tempo num rebocador, mas não tive oportunidade.

Durante esse ano no mar, dos 19 aos 20 anos, viajei para o Japão, Hong-Kong, Tailândia, Vietnã, Tahiti, Samoa e outras ilhas do Pacífico. Outros colegas foram para a Europa, Canadá, África, América do Sul e Austrália. Embora eu desejasse conhecer a Europa, África e América do Sul, meu interesse principal era navegar pelas ilhas do Pacífico, o que fiz e gostaria de ter feito mais.

No mar, eu tinha muito tempo para ler. Li não apenas os livros-texto que eram exigidos pelo curso, mas também li obras sobre dinheiro, ouro, grandes exploradores, investimento e comércio internacional. O problema é que logo percebi que estava mais interessado em dinheiro, ouro, investimento, exploradores e comércio internacional do que em navios, navegação e operações de carga.

MEUS COLEGAS NÃO SE INTERESSAVAM EM INVESTIR

Depois das muitas lições do pai rico sobre investimento e de ter passado tanto tempo no mar, lendo sobre dinheiro e finanças, senti cada vez mais dificuldade de conviver com meus colegas. Um dia, já de volta a Nova York, comecei a contar a meus colegas o que estava aprendendo sobre o mundo dos investimentos.

"Por que você está perdendo tempo com isso?", perguntou sarcasticamente Jeff. "Investir é arriscado. É um jogo".

"Os investimentos são o meu futuro", respondi na defensiva. "Não pretendo passar a vida trabalhando".

"Bom, eu também não pretendo trabalhar a vida inteira", disse Jeff. "Quero arrumar um emprego numa grande empresa de navegação, tornar-me capitão e me aposentar com o fundo da empresa. Não vou me preocupar com a aposentadoria. Alguém vai fazer isso por mim".

Um ou dois de meus colegas estavam interessados no que eu aprendera sobre investimentos, mas quase todos demonstravam mais interesse por sua formação profissional do que por sua educação financeira.

OS TEMPOS MUDAM

Fiquei quatro anos na Academia, de 1965 a 1969. Nessa época, as pessoas não pareciam muito preocupadas em investir ou em preparar-se para a aposentadoria. Minha geração ainda vivia ao abrigo da geração de meus pais, a geração da Segunda Guerra Mundial. Grande parte dessa geração não estava preocupada com aposentadoria ou com investimentos, já que a maioria esperava trabalhar em alguma grande empresa ou no governo. Também contavam com a Seguridade Social e o Medicare. Como geração, a maioria não dava muita importância à sua formação financeira, aos investimentos e a suas carteiras de investimentos. O sistema de ensino da época refletia essa atitude em relação à aposentadoria. Considerava que a aposentadoria era responsabilidade de terceiros. Ainda hoje muitas escolas refletem essa atitude antiquada em relação ao dinheiro.

Nas décadas de 1960 e 1970, os Beatles, Bob Dylan, a guerra do Vietnã, os protestos estudantis e a renúncia do presidente Nixon ocuparam a mente dos jovens... não os investimentos ou a aposentadoria. Não percebíamos que, como geração, caminhávamos para o período mais volátil da história em termos de economia. Em 1971, o presidente Nixon determinou o fim do padrão-ouro, o que significava que os dólares poderiam ser emitidos à vontade. Isto foi de extrema importância porque, antes da mudança, cada dólar estava lastreado por metais preciosos, como ouro ou prata. Atualmente, o dólar dos Estados Unidos é lastreado pela dívida e pela promessa do país a seus contribuintes de que pagará essa dívida, que é substancial e crescente.

A MAIOR DE TODAS AS MUDANÇAS

Nas décadas de 1960 e 1970, o presidente Nixon trabalhou para abrir as portas à China. O impacto dessa mudança na política externa só atualmente começa a ser sentido. Hoje, embora muitas coisas boas tenham acontecido devido aos esforços de Nixon em relação à China, também há milhões de pessoas que estão perdendo seus empregos para os chineses. Embora eu apóie o comércio com a China, fico preocupado com a perda de empregos altamente remunerados na indústria e com as pessoas afetadas por isso. Na década de 1960, quando alguns de meus colegas diziam que não estavam interessados em investir, essas mudanças financeiras ainda não tinham acontecido e seu impacto só foi sentido muitos anos depois.

Então, em 11 de novembro de 2001, os ministros do comércio de todo o mundo aprovaram oficialmente o ingresso da China na Organização Mundial do Comércio (OMC), após quinze anos de negociação. Essa iniciativa incluiu um mercado de 1,3 bilhão de pessoas no sistema de comércio global. Esse evento singular terá um impacto substancial sobre a economia dos EUA por muitos anos, até décadas.

UMA MUDANÇA MUITO GRANDE

Em 1974, quando o presidente Gerald Ford sancionou a lei que rege as aposentadorias, conhecida nos Estados Unidos pela sigla ERISA, as mudanças financeiras começaram a se acelerar. A ERISA e a reforma das aposentadorias que se seguiu são simbólicas porque deixaram claro para os empregados dos Estados Unidos e do mundo que os empregadores não mais seriam responsáveis pelo bem-estar financeiro de seus empregados. Ou seja, em termos do Quadrante Cashflow:

O quadrante D dizia ao quadrante E: “Vocês, empregados, têm que se tornar investidores do quadrante I”. Gostemos ou não, essa mudança nas aposentadorias terá efeitos de longo prazo sobre todos nós.

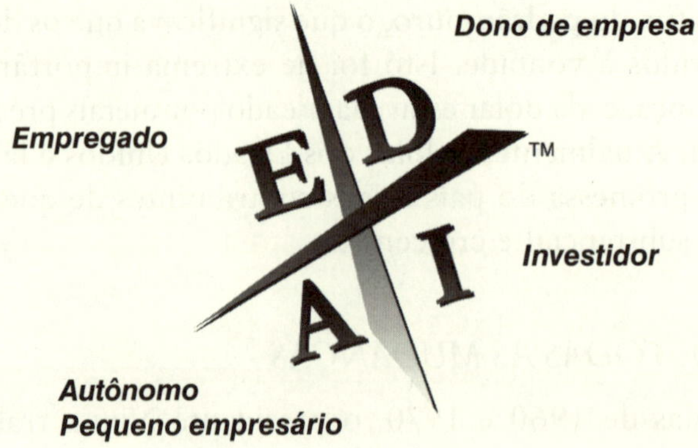

O PROBLEMA É MAIOR DO QUE EU IMAGINAVA

Na primavera de 2002, lancei *Profecias do Pai Rico*, livro que recebeu muitos comentários negativos de jornalistas econômicos que trabalhavam para a máquina de Wall Street. Embora eu esperasse críticas, fiquei desapontado ao verificar em primeira mão até que ponto esses jornalistas estavam dispostos a distorcer a verdade e até mentir em seus esforços para desacreditar a mim e a minha mensagem.

O interessante é que o livro, escrito entre 2000 e 2001, embora exato, deixava a desejar, pois subestimava a gravidade do problema. Em 2003, à medida que mais verdades vinham à luz do dia, comecei a perceber que o problema era bem maior do que eu imaginara.

Profecias do Pai Rico trata da mudança dos planos de pensão, da modalidade "benefícios definidos — BD" para o tipo "contribuições definidas — CD". Os primeiros são os planos da geração da Segunda Guerra Mundial. Em síntese, garantiam que, depois da aposentadoria, o empregado receberia uma quantia fixa, em dólar, durante toda a vida. Sob muitos aspectos, a Seguridade Social e o Medicare são ainda planos BD governamentais. O problema é que, com o aumento das despesas e da concorrência global, esses planos se tornaram excessivamente onerosos. Assim, em 1974, as grandes empresas do quadrante D lutaram junto ao governo pela aprovação da ERISA, que propiciou a implementação dos planos com contribuições definidas, em que o empregado se torna responsável pela sua aposentadoria.

Os planos de pensão do tipo CD são exatamente o que diz o nome. Os benefícios recebidos pelo empregado após a aposentadoria se *limitam* às *contribuições* do empregado e do empregador. Se o empregado e o empregador não contribuírem ou se o mercado de ações desmoronar e engolir o valor das contribuições já feitas, o empregado recebe o que sobrou — se sobrar alguma coisa. Se o empregado ficar sem dinheiro aos 92 anos, isso não é problema do empregador, como teria sido no caso dos planos do tipo BD. Há ainda outra diferença entre os dois tipos de plano. Os empregadores que ofereciam aos empregados fundos de pensão do tipo BD muitas vezes estendiam os planos de saúde da empresa aos aposentados. Isso não ocorre no caso dos planos do tipo CD. Quem acompanha os custos crescentes da saúde e da assistência médica pode avaliar o impacto da mudança implementada em 1974. Portanto, hoje, em todo o mundo, os empregados estão sujeitos aos novos planos de pensão do tipo CD, passíveis de descapitalização. Além disso, a responsabilidade pela assistência médica aos aposentados foi transferida para nós sabemos quem... os contribuintes.

POR QUE AS BOLSAS DESMORONARÃO

Profecias do Pai Rico mostra como essa mudança na legislação conduzirá ao maior colapso do mercado de ações já visto na história. Esse crash ocorrerá porque em todo o mundo milhões de pessoas se aposentarão mais ou menos ao mesmo tempo. Portanto, não é necessário ser gênio para entender que as bolsas de valores desmoronarão se todos começarem a tirar seu dinheiro do mercado. Apenas nos Estados Unidos, estima-se que 83 milhões de pessoas da geração baby boom começarão a se aposentar por volta de 2012. Nem todas têm dinheiro no mercado de ações, mas muitas têm. Além disso, a legislação americana que posteriormente criou os planos de pensão do tipo PGBL tem uma falha. Segundo essa lei, os contribuintes desses planos são obrigados a iniciar suas retiradas aos 71 anos e meio. Por quê? Por que a receita federal dos Estados Unidos quer começar a receber os impostos que foram diferidos enquanto os empregados estavam trabalhando. Em 2016, quando o primeiro representante da geração baby boom chegar a essa idade-limite, o castelo de cartas começará a desmoronar, provocando o maior colapso do mercado de ações da história. O livro não se propunha a anunciar o fim do mundo. Ele pretendia mostrar saídas. Na segunda parte tratava de investimentos alternativos que podem ser feitos fora do mercado de ações.

Agora, os leitores podem entender por que as instituições financeiras incentivaram seus jornalistas a fazer todo o possível para desmoralizar a mim e meu livro.

POR QUE É PIOR

Como eu disse, *Profecias do Pai Rico* foi escrito entre 2000 e 2001. No livro, parti do pressuposto de que os planos de pensão do tipo BD fossem melhores e mais seguros para os empregados. Em 2003, começaram a aparecer informações de que esses planos, os planos de minha mãe e meu pai, estavam também com dificuldades. No livro, afirmei que os empregados com planos do tipo BD se encontravam em melhor situação do que os que tinham planos CD. Como estava equivocado! Muitos dos planos do tipo BD estão em condições financeiras precárias, sem que os empregados tenham ciência disso. E por que eles não sabem? Porque ninguém revela aos empregados as condições dos planos, mesmo que os empregados perguntem.

O QUE É BOM PARA A GENERAL MOTORS

Há um velho adágio que diz que "O que é bom para a General Motors é bom para os EUA". Bem, a General Motors está com problemas. Por quê? A principal causa são as *aposentadorias*.

Em junho de 2003, a Associated Press informou que a agência de classificação de riscos Moody tinha rebaixado a classificação da dívida de longo prazo da GM, devido ao aumento da concorrência e aos amplos benefícios concedidos por seu fundo de pensão. Então, é verdade que o que é bom para a GM é bom para os EUA? Está na hora de reduzir as aposentadorias dos empregados ou é época de parar de fazer empréstimos para pagar esses benefícios? Tanto a GM quanto o governo americano se deparam com o mesmo problema. Mais adiante, apresentarei uma lista de grandes empresas com problemas de financiamento de seus planos de pensão.

OS COLEGAS ESTÃO PREOCUPADOS AGORA?

Na década de 1960 a maioria de meus colegas não se preocupava em investir. Não se preocupavam porque a maioria era esperta e sabia que encontraria empregos que pagavam altos salários nas grandes empresas. O problema é que os tempos mudaram e, com eles, as regras do emprego. O presidente Ford sancionou a ERISA cinco anos depois que minha turma se formou. Desde então, as mudanças financeiras que atingiram a geração baby boom e as que se seguiram foram substanciais. Este capítulo se intitula "Pergunte ao tempo" porque o tempo mudou. Fico imaginando quantos de meus colegas se adaptaram à marcha do tempo. Fico imaginando quantas pessoas estão esperando por uma alta no mercado de ações que engorde seus fundos de pensão. Fico imaginado quantos estão trabalhando em grandes empresas que têm planos de pensão do tipo BD com problemas de capitalização... e que não sabem disso.

APOSENTADORIAS, ADEUS

Como mencionei anteriormente, não tinha idéia de até que ponto eu havia subestimado o problema mostrado em *Profecias do Pai Rico*. Nem percebi o quanto a profecia do pai rico afetava todos os planos de pensão, tanto os do tipo BD quanto os de CD.

A edição de 17 de março de 2003 da revista *Fortune* publicou uma matéria intitulada "Aposentadorias, adeus". No subtítulo, lia-se: "Em breve, centenas de empresas poderão reduzir à metade as aposentadorias". É um texto importante sobre o fim potencial dos planos de benefícios definidos, os BDs. Devido ao alto custo dos planos de pensão, prossegue a matéria: "Várias empresas irão simplesmente cortar benefícios para sair do impasse". O artigo cita um congressista do estado de Vermont que afirmou: "O que estamos vendo é um assalto maciço aos fundos de pensão de milhões e milhões de trabalhadores".

O assalto já começou. Na matéria da *Fortune* aparece o exemplo de Larry Cutrone, de 55 anos, ex-empregado da AT&T, que recentemente viu sua aposentadoria reduzida de US$47 mil anuais para US$23 mil anuais. Não é preciso ser um mágico dos números para verificar que isso representa uma redução de 50% nos benefícios. Quem mexeu no dinheiro de Larry Cutrone? Foi a empresa que mudou o plano ou foi o tempo?

Outro exemplo da matéria: "Num dia frio de fevereiro passado, na Filadélfia, Janice Winston, 50 anos, recebeu algo reconfortante: um pagamento de US$400 mil de seu ex-empregador, a Verizon Communications. O dinheiro correspondia aos benefícios acumulados em seu fundo de pensão durante os 20 anos que trabalhara na empresa. A quantia também é cerca de US$215 mil mais do que o que a empresa esperava pagar-lhe."

Sete anos antes, o empregador de Janice, a Bell Atlantic (que posteriormente se fundiu com a GTE para formar a Verizon) implementou uma alteração sutil e elegantemente simples no plano de pensão que teria cortado os benefícios da aposentadoria não apenas de Janice, mas de milhares de seus colegas de empresa.

O que a Bell Atlantic (bem como a IBM e outras 300 grandes empresas) fez foi transformar seu antiquado plano de aposentadoria com benefícios definidos num novo tipo de plano louvado pelos consultores especializados. Até seu nome lembrava dinheiro, "cash balance" ou saldo de caixa.

O artigo prossegue, relatando que a diferença entre os planos de "saldo monetário" e os de contribuições definidas é que o saldo acumulado não pode ser afetado pelo comportamento do mercado de ações. O problema para o empregado está na forma de cálculo do benefício... e, como seria de esperar, este é formulado de modo a ser eficaz em relação ao custo para o empregador e não tão generoso para o empregado. No caso apresentado na matéria, Janice recebeu US$400 mil, o que pode parecer muito dinheiro. Mas pergunto eu: Ela tem condições de gerenciá-lo adequadamente? A quantia será suficiente para sustentá-la pelo resto da vida? E o que acontecerá se ela perder tudo, como acontece com muita gente que de repente se vê com uma grande quantia em mãos?

PEDRO ROUBA DE PAULO

O problema dos planos de pensão das empresas não é exclusivo dos Estados Unidos. É um problema mundial. No site InvestorDaily.com, encontrei um artigo de 2 de fevereiro de 2003 que mostrava que no Reino Unido o número de empresas que estava fechando seus fundos de pensão do tipo BD aos novos empregados quase dobrara, de 46 em 2001 para 84 em 2002. Isso significa que, em dois anos, os novos empregados de 130 empresas do Reino Unido não terão direito a um fundo de pensão.

Associações e sindicatos de empregados estão protestando, na tentativa de defender seus fundos de pensão com benefícios definidos. Podem gritar e espernear, mas a dura realidade é que os benefícios para os empregados são caros. Os investidores sabem que esses benefícios são uma despesa não apenas para a empresa, mas também para eles, investidores. Portanto, são eles que freqüentemente estão do outro lado, protestando em favor da redução das despesas com benefícios aos empregados. A ironia é que atualmente os empregados são também investidores. Assim, quem mexeu no dinheiro? Em muitos casos é um exemplo típico de Pedro roubando de Paulo. De um lado, o empregado quer benefícios, mas, de outro, o empregado que também é investidor quer que a empresa lucre e que o preço das ações aumente. Se os lucros da empresa não aumentarem, por causa das altas despesas com os fundos de pensão, suas aposentadorias irão para o ralo. Então, quem está mexendo no dinheiro dos empregados? Serão os próprios empregados? Serão os empregados aposentados agindo contra os novos empregados?

QUANTO CUSTAM OS FUNDOS DE PENSÃO DO TIPO BD?

O artigo da revista *Fortune* conclui com esta advertência: "Aos milhões de empregados da geração baby boom que têm a felicidade de ainda contar com uma generosa aposentadoria dizemos: "Não dêem por certo o que têm hoje".

Por que os trabalhadores com fundos de pensão deveriam estar preocupados? A seguir listamos os dez planos de pensão do tipo BD mais descapitalizados, em bilhões de dólares de 2003:

1. General Motors	–94,7
2. Ford	–46,6
3. IBM	–25,3
4. SBC	–19,6
5. Boeing	–17,7
6. Exxon	–15,5
7. DuPont	–13,0
8. Verizon	–13,0
9. Lucent	–11,9
10. Delphi Auto	–11,7

Fonte: relatórios das empresas

Ao observar a lista, dá para entender por que eu dou uma risadinha quando ouço alguém dizer: "Só invisto em empresas de primeira linha". Quando observo empresas de primeira linha como a General Motors e a Ford, fico imaginando quantos automóveis essas duas empresas terão que vender para dar conta do déficit de US$140 milhões de seus fundos de aposentadoria.

QUANTO CUSTAM OS EMPREGADOS APOSENTADOS?

A matéria da *Fortune* já citada informa que essas empresas de primeira linha estão atualmente pagando US$111 bilhões anuais a 21 milhões de ex-empregados já aposentados. Ao ver o quanto as empresas destinam anualmente ao pagamento de funcionários que já não trabalham, fico me perguntando como é que as ações dessas empresas podem continuar subindo se o número de aposentados continua aumentando e as bolsas de valores permanecem estagnadas.

UM PROBLEMA MUNDIAL

É óbvio que muita gente nunca poderá se aposentar e terá que trabalhar até que não possa mais fazê-lo. Com o envelhecimento da população, os sistemas de seguridade social têm problemas em todo o mundo. Noticia-se que, além do Japão, a França e a Alemanha estão em situação mais precária do que os Estados Unidos e o Reino Unido no que tange a dar conta do número crescente de aposentados. Enquanto escrevo, os trabalhadores franceses estão indo às ruas protestar contra as mudanças no sistema de aposentadorias. Quanto tempo se passará antes que os mesmos protestos ocorram nos Estados Unidos e no Reino Unido? Será o pessoal do baby boom, que protestou contra a guerra do Vietnã na década de 1960, quem irá às ruas protestar contra as reformas no sistema de aposentadoria?

VENCER O JOGO DO DINHEIRO

Na introdução, mencionei o jogo do dinheiro; agora, quero explicar como tomei conhecimento dele. O pai rico costumava dizer: "A vida é um jogo de tempo e dinheiro". Depois que, já perto dos 30 anos, tive sérios problemas financeiros, ele me apresentou a seu plano de jogo. Disse: "Para a maioria das pessoas, os anos de trabalho vão dos 25 aos 65. Em outras palavras, trabalhamos aproximadamente 40 anos. Quem olha a vida como um jogo do dinheiro divide o jogo em quatro tempos, de dez anos cada. Em outras palavras, um jogo de futebol americano profissional se divide em quatro tempos de 15 minutos e a vida de trabalho em quatro tempos de dez anos". Então, pegou seu bloco e fez um quadro:

O jogo do dinheiro

Idade	Tempos do jogo
25 a 35	1º tempo
35 a 45	2º tempo
Intervalo	
45 a 55	3º tempo
55 a 65	4º tempo
Prorrogação	
Tempo esgotado	

Pai rico estava preocupado porque o primeiro tempo de minha vida era uma confusão financeira. Então, continuou ilustrando suas palavras com outro gráfico:

Primeiro tempo: 25 — 35 anos

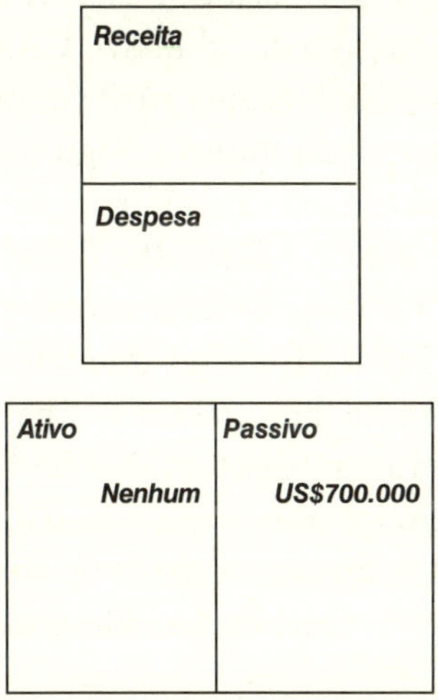

"Você perdeu o primeiro tempo", disse. "Se você não tomar jeito e aprender com seus erros, toda sua vida será uma mixórdia financeira".

O que ele dizia era verdade. No primeiro tempo da minha vida financeira, perdi a minha primeira empresa, estava afundado em dívidas, desacreditado, e ainda era mau negociante. Uma das razões que me levaram a sair do Havaí aos 35 anos de idade foi que eu sabia que tinha que dar um rumo à minha vida. Entre os 25 e os 35 anos tinha levado a vida pensando em divertir-me, em surfar, jogar rúgbi, paquerar e tentar enriquecer depressa. Sabia que precisava mudar. Em 1984, aos 37 anos, deixei o Havaí para começar de novo. Queria criar um novo eu.

Meu livro *Aposentado Jovem e Rico* tem como tema o segundo tempo da minha vida. Os que o leram recordarão a decisão tomada nas pistas de esqui canadenses, em dezembro de 1984, de me aposentar em menos de dez anos. Em 1994, Kim e eu nos aposentamos. Eu com 47 anos e ela com 37. Tínhamos atingido nosso objetivo, eu no segundo tempo, ela ao final do primeiro.

Ganhamos o jogo do dinheiro quando o dinheiro gerado por nossos investimentos, mais que por nosso trabalho, é maior que nossas despesas. Em 1994, Kim e eu recebíamos cerca de US$10 mil mensais gerados por nossos ativos e gastávamos US$3 mil. Embora não fôssemos ricos, desfrutávamos de independência financeira. Não precisávamos trabalhar. Não necessitávamos de aposentadoria de empresa ou do governo. Tínhamos vencido o jogo do dinheiro, se não houvesse alterações em nossa situação financeira.

Depois de vencer o jogo aos 47 anos, passei os dois anos seguintes refletindo sobre a vida. Nesse período, escrevi uma primeira versão de *Pai Rico, Pai Pobre* e criei o jogo de tabuleiro CASHFLOW 101. Também nesse período fundei com um grupo várias empresas petrolíferas e de mineração em vários lugares do mundo. Algumas delas tiveram sucesso.

Em maio de 2000, fui convidado a participar do programa de Oprah Winfrey e o resto é história. *Pai Rico, Pai Pobre* alcançou sucesso mundial e de repente eu era famoso. O terceiro tempo de minha vida, entre os 45 e os 55 anos de idade, foi algo que superou meus sonhos mais delirantes. Nunca imaginara que passaria uma hora com Oprah, nem que iria ao Today, o programa de entrevistas da CNBC, e a programas de rádio e televisão de todo o mundo, e que cinco de meus livros figurassem na lista dos mais vendidos do *The New York Times*. Embora o primeiro tempo da minha vida financeira tivesse sido confuso, o segundo e o terceiro foram ótimos.

Primeiro tempo: 25 — 35 anos

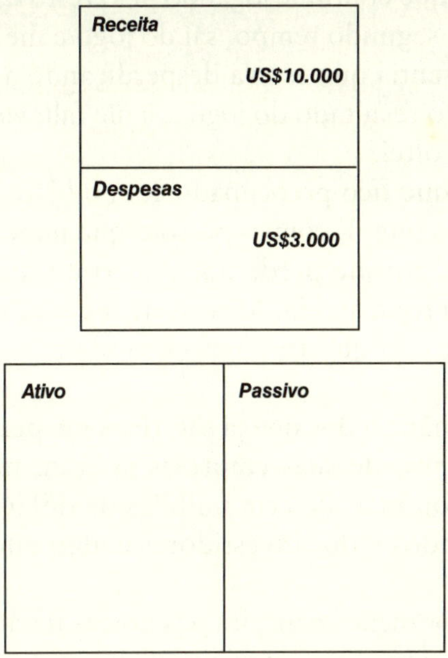

Agora, estou entrando no quarto tempo do meu jogo do dinheiro. Não faço nada diferente. Ainda sou empreendedor, criando empresas no quadrante D, e faço investimentos imobiliários e outros no quadrante I. Em outras palavras, o jogo ainda é o mesmo... e continuo melhorando meu desempenho a cada tempo. Minha preocupação é que muitos dos representantes da geração baby boom estejam acordando para a realidade e se dando conta de que lhes restam pouco tempo e dinheiro, mas também percebem que não sabem jogar. A segunda parte deste livro fala de como vencer o jogo do dinheiro, mesmo quando faltam tempo e dinheiro.

Embora eu tenha sido um fracasso nos empreendimentos do primeiro tempo, minha vida mudou quando decidi levar mais a sério o jogo do dinheiro.

POR QUE CONTINUO

Uma pergunta que me fazem a toda hora é: "Se o senhor já pode se aposentar, por que continua trabalhando?". São quatro as respostas:

1. Primeiro, amo o jogo de criar empresas e investir, sobretudo em imóveis. É provável que continue jogando pelo resto da vida. Quando me aposentei depois do segundo tempo, saí do jogo e me dediquei ao golfe. Fiquei entediado e sentia que estava desperdiçando a vida. Para mim, o dinheiro era apenas o resultado do jogo... e me faltava o jogo. Depois de dois anos de folga, voltei.

2. Segundo, porque fico preocupado com o hiato crescente entre os que têm e os que não têm. E com as pessoas que nunca poderão aposentar-se simplesmente porque perderam o jogo do dinheiro mesmo depois de trabalharem toda a vida. Muitos de meus companheiros de geração estão no início do quarto tempo e ainda não fizeram os pontos necessários.

3. Terceiro, a ganância dos que já são ricos me perturba. Muitos dos que roubaram dinheiro de suas empresas já eram muito ricos. Como alguém que já ganhou mais de cem milhões de dólares ainda consegue roubar dos empregados e dos investidores é algo que foge ao meu entendimento.

4. Quarto, a ignorância financeira das nossas instituições financeiras está prejudicando o país. Fico angustiado ao ver que nosso sistema de ensino continua desprezando a importância da educação financeira para todos os estudantes. Não importa que o aluno seja o primeiro ou o último da turma, que seja rico ou pobre depois de se formar, caso se forme, todos precisamos de dinheiro. Aprender a gerenciar e a investir nosso dinheiro é fundamental para todos. Por que não há nas escolas um currículo honesto sobre dinheiro não cabe na minha cabeça.

Se eu fosse o responsável pela educação financeira em nossas escolas, uma das primeiras coisas que ensinaria à garotada é o código tributário. Explicaria às crianças que a maioria das vantagens é para as empresas e há muito poucas para os empregados. Talvez esse fato inspirasse mais jovens a se tornar empreendedores, criando empregos e estimulando a economia global, como Henry Ford, Anita Roddick, Bill Gates, Michael Dell, Rupert Murdoch, Akio Morita e Richard Branson.

É POSSÍVEL PERDER DEPOIS DE TER GANHO

Uma das razões da importância do jogo do dinheiro é a possibilidade de perder depois de ganhar. Por exemplo, num jogo de futebol americano, digamos que o segundo tempo se encerre com um placar de 24 a 14. Mesmo que o time perdedor não faça mais gols, ao terminar o jogo ele ainda terá os 14 pontos que tinha no fim do segundo tempo... mesmo que o resultado final seja de 48 a 14.

O jogo do dinheiro é diferente. Continuando com o exemplo do futebol, uma pessoa pode ter um placar de 24 a 14 ao fim do segundo tempo, mas, ao contrário do futebol, ao fim do jogo o placar pode passar para 24 a 0. Em outras palavras, a pessoa pode estar vencendo sob o ponto de vista financeiro no fim do segundo tempo, com um placar favorável, mas pode perder tudo no quarto tempo do jogo.

Antes do colapso do mercado de ações, que começou em março de 2000, muita gente estava ganhando o jogo das finanças. Não poucas, na ponta do lápis, mas apenas no papel, eram milionárias. Algumas chegaram a largar o emprego. Depois da derrocada, elas verificaram, do modo mais difícil, que os pontos acumulados no placar num dos tempos pode desaparecer no tempo seguinte.

Muitos dos meus coetâneos de geração estão entrando no quarto tempo de suas vidas sem nada trazer dos anos que passaram no trabalho. Muitos deles dão ouvidos aos assessores, que dizem: "Invista a longo prazo". O problema desse conselho é que as pessoas já estão no quarto tempo do seu jogo do dinheiro. O que tinham sumiu. Muitos dos que estavam ganhando no segundo tempo estão perdendo no quarto tempo... e o tempo continua sua marcha. Noutro dia li um relatório que dizia que, atualmente, dois terços das pessoas vivem mais de 65 anos. A expectativa de vida é substancialmente maior do que quando foi criada a Seguridade Social, mas a idade para a aposentadoria nos Estados Unidos é ainda de 65 ou 67 anos.

OS PILOTOS ESTÃO PERDENDO

Depois que me formei em 1969, em vez de comandar navios, me apresentei como voluntário aos Fuzileiros Navais e fui para a escola de aviação de Pensacola, Flórida. Assim, entre 1969 e 1974, fui piloto militar. Muitos de meus colegas oficiais se tornaram pilotos de empresas aéreas, voando para empresas como United, American, Eastern, Western, Hawaiian, TWA, Northwest e U.S. Air. Na década de 1970, ser piloto da aviação comercial era uma profissão glamourosa, e muito bem remunerada. Porém, outra vez o tempo agiu e as coisas mudaram. Hoje, como muitos terão observado, algumas das empresas que listei não mais existem ou estão falidas. Atualmente, muitos desses pilotos não têm aposentadoria ou seu valor caiu muito.

Em 1° de julho de 2003, o *The Wall Street Journal* publicou um artigo sob o título: "A maioria dos trabalhadores está no escuro quanto à saúde de suas aposentadorias". O artigo começa assim:

> Para milhões de trabalhadores americanos, poucas questões são mais importantes do que a saúde de seus planos de pensão. Porém, as empresas têm empreendido uma bem-sucedida batalha para manter em segredo as informações relativas aos seus fundos de aposentadoria.
>
> A luta surge entre um crescente receio quanto ao destino dos fundos de pensão. Alguns empregadores, sobretudo do ramo siderúrgico, puseram fim a planos de pensão que vigoravam há décadas. Muitas outras empresas reduziram os benefícios mediante a reestruturação dos planos. E os empregadores estão agora fazendo lobby junto ao congresso por alterações na fórmula que lhes permitam reduzir suas contribuições aos fundos e os pagamentos aos que se aposentam.
>
> Contudo, os empregados e os aposentados quase não têm meios de verificar até que ponto seus planos são sólidos — em parte porque as empresas há muito resistem em divulgar informações atualizadas. A conseqüência é que os empregados têm dificuldade em descobrir se suas aposentadorias estão ameaçadas.

A matéria continua, explicando que os empregados tinham mais facilidade em verificar a situação de seus planos. Mas, em 1995, tudo mudou. Nesse ano, o Congresso exigiu que as empresas fornecessem mais pormenores sobre a saúde de seus planos de pensão à PBGC. A PBGC (sigla em inglês da empresa que garante os benefícios de aposentadoria) é uma seguradora estatal que faz o seguro das aposentadorias dos empregados. Em troca do fornecimento dessas informações, as empresas exigiram que a PBGC não revelasse aos cidadãos as informações recebidas. Em outras palavras, desde 1995 os empregados não têm mais condições de verificar a situação de seus planos de pensão.

EMPRESA CORTA APOSENTADORIA DE PILOTOS

A matéria também explica como os pilotos da U.S. Airways perderam suas aposentadorias porque não puderam encontrar qualquer informação sobre a solidez de seus planos de pensão.

Em 31 de março, o U.S. Airways Group extinguiu o plano de pensão de sete mil pilotos ativos e aposentados.

Isto significa que todos esses pilotos de repente viram sua aposentadoria e o dinheiro acumulado no fundo desaparecerem. A empresa embolsou US$387 milhões... dinheiro do fundo que pertencia aos pilotos. Esse não é um fato isolado. Muitas empresas recorreram a táticas semelhantes para tornar os ricos mais ricos, enquanto os trabalhadores perdiam o emprego ou a aposentadoria. Então, as perguntas são: Até que ponto seu fundo de pensão está em segurança? Como é possível descobrir o que acontece se a PBGC não está obrigada a dar informações aos trabalhadores?

O TEMPO NÃO ESPERA POR NINGUÉM

A matéria do *The Wall Street Journal* descreve o que acontecerá com alguns aposentados que perderam o plano de pensão:

> Aposentados incapacitados serão os mais prejudicados, pois também perderam os benefícios por invalidez, que estavam ligados à sua aposentadoria. Hugh Greenwood, que se aposentou em 1997, perdeu os US$2.000 mensais que complementavam a aposentadoria. Sua esposa voltou a trabalhar e o ex-piloto de 67 anos terá que fazer o mesmo.

Quando se aplicam os critérios do pai rico referentes ao jogo do dinheiro à vida de Hugh Greenwood, sob vários aspectos ele estava ganhando ao fim do quarto tempo. De repente, em decorrência das mudanças na economia mundial, ele terá que recomeçar praticamente a partir do nada... e com pouco tempo pela frente.

SERÁ NECESSÁRIO TRABALHAR PARA SEMPRE?

Quando me vi às voltas com problemas financeiros no primeiro tempo da vida, perguntei ao pai rico o que acontecia com aqueles que não tinham nada ao fim do quarto tempo. Ele disse, pensativo: "Vão para a prorrogação". Em outras palavras, terão que trabalhar pelo resto da vida, o que pode não ser ruim, desde que se tenham condições para tanto. Na verdade, acredito que o trabalho nos torna mais saudáveis e mais felizes.

Sei disso porque me aposentei aos 47 anos e achei deprimente... e é por isso que continuo trabalhando, mesmo sem precisar.

Ir para a prorrogação não é mau, desde que gostemos do que fazemos. Um dos problemas dos pilotos comerciais é que eles são obrigados a deixar de voar aos 60 anos.

Uma coisa que sugiro é que quem se vir obrigado a enfrentar uma *prorrogação* financeira procure fazer alguma coisa de que goste e de que seja capaz, enquanto tiver vontade. Em outras palavras, é bom não seguir o exemplo de alguns de meus ex-colegas que não têm outra profissão além da de piloto. É bom lembrar que, embora hoje nos sintamos fortes e saudáveis, haverá um tempo em que será necessário encerrar o jogo do trabalho e não fazer mais nada. Também cabe recordar que não fazer nada pode sair caro.

DÊ ATENÇÃO AO TEMPO

Como dizia o pai rico, "Todo investidor deve saber quando uma flor está a ponto de desabrochar... e quanto durará".

Isto significa que todo investidor deve estar atento ao tempo. Como minha geração está descobrindo, o que funcionou para a geração de nossos pais pode não funcionar para muitos de nós. Isso significa que um investidor precisa dar atenção aos ciclos. Milhões de representantes da geração baby boom perderam trilhões de dólares porque ouviram as conversas de vendedor e deixaram de prestar atenção aos ciclos.

Hoje, todos sabem que os mercados disparam e depois despencam, do mesmo modo que a maioria de nós sabe que ao inverno se segue a primavera e, ao outono, o inverno. Mesmo morando no Havaí, onde o ano inteiro é verão, nós, os surfistas, estávamos conscientes da mudança das estações. Sabíamos que no verão as ondas são grandes nas praias do sul. No inverno, as ondas são grandes nas praias do norte.

Quando *Profecias do Pai Rico* foi lançado, muitos dos chamados jornalistas especializados em finanças me perguntaram como eu podia prever um colapso do mercado de ações. Respondi: "Porque todo investidor profissional sabe que todos os mercados disparam e todos os mercados despencam. Prever um colapso do mercado é como prever o inverno no Maine". Embora a resposta fosse tão simples assim, muitos jornalistas quiseram discutir comigo, tentando negar a possibilidade de um desmoronamento do mercado ou que qualquer outro colapso estivesse a caminho. Em lugar de aceitar naturalmente o ciclo dos mercados, muitos repetiam o que lhes tinha sido inculcado pelos consultores financeiros: "A história mostra que em média o mercado de ações sobe 9% ao ano".

Isso é conversa de vendedor para atrair o investidor não sofisticado. Todo investidor profissional sabe que os mercados disparam e despencam. Minha resposta mais comum a essa afirmação relativa às médias é "Só o investidor médio investe em médias". Outra resposta que tenho dado é "A temperatura média anual do Maine é de 21° centígrados. Isso não quer dizer que no auge do inverno as pessoas possam passear apenas de suéter". Em geral, esta segunda resposta é demasiado complexa para eles.

COMMODITIES

Em 1966, quando o mercado de ações começou a subir, passei a investir em commodities, como ouro, prata e petróleo. Um gerente de banco amigo meu, que de repente tinha descoberto a nova religião dos fundos de investimento e do mercado de ações, ficou imaginando por que eu investia em commodities e não em ações. Expliquei: "Porque as commodities operam num ciclo de vinte anos. Elas caíram em 1980, agora que estamos nos aproximando de 2000, é tempo de começar a comprar, enquanto os preços estão baixos". Ele deu de ombros e continuou comprando papéis de fundos de ações de empresas de tecnologia até meados de 2002, tentando combater a tendência, acreditando nos conselhos de seu corretor. Foi preciso que perdesse quase tudo para entender que estava enfrentando uma virada de ciclos. Já falei da tendência 20-10-5 dos ciclos, mas retornarei ao assunto com mais complexidade na segunda parte deste livro.

Commodities são coisas como ouro, prata, milho, café, gasolina, óleo combustível, e outros bens tangíveis. Quando passei um ano no mar, comecei a estudar a relação entre os ciclos do mercado de ações e o das commodities. Uma das coisas que aprendi é que, quando o preço das ações está no alto, é hora de procurar outros mercados. Isso é investir respeitando os ciclos do Pai Tempo.

Como mostrarei mais adiante, os mercados parecem atuar em ciclos de vinte anos. Em 1973, o mercado de ações começou a cair. Essas quedas duram em geral algo em torno de dez anos. Em 1983, logo depois que o mercado de commodities despencou, mais exatamente o ouro e a prata em 1980, o mercado de ações começou a subir, atingindo o recorde histórico em 2000. Com a alta dos preços, muitos investidores perspicazes se voltaram para o mercado de commodities. Por quê? Porque parece ser esse o ciclo que o Tempo determinou para os mercados. Então, quem mexeu no dinheiro dos investidores em fundos de investimento? Foram os seus corretores ou o Tempo?

A BOLA DE CRISTAL

Quem quiser uma bola de cristal, examine a demografia. A geração baby boom é um grande inchaço na população. Na década de 1970, quando seus membros deixaram as escolas e entraram no mercado de trabalho, casaram, tiveram filhos, começaram a adquirir a casa própria. Isso levou à explosão dos preços dos imóveis residenciais. Nos anos de 1990, já com quarenta ou cinqüenta anos, entraram com força no mercado de ações, causando uma das maiores bolhas da história. Em 2010, quando começarem a se aposentar, os baby boomers voltarão a provocar surtos de altas e baixas em muitos mercados. Em 2010, a pergunta será: "O que estará fazendo e para onde estará indo essa geração?". Antecipe-se à resposta e você terá sucesso financeiro. Mas é fácil prever o destino da maioria na década de 2030. Observe novamente a tendência dos vinte anos, dessa vez provocada pela demografia. O aspecto positivo é que poderemos viver muito mais, possivelmente mais de cem anos. Isto provocará outra expansão.

Quem quiser enriquecer precisa prever onde ocorrerão as altas e fugir das baixas. Pode-se dizer que quem está atento à demografia tem uma bola de cristal. Quando escrevi *Profecias do Pai Rico*, eu estava mais concentrado em examinar a bola de cristal conhecida como demografia. O problema é que eu não tinha idéia de como o problema era grave. Não apenas os planos de pensão dos baby boomers, mas também muitos fundos de pensão de empresas, estão em situação financeira precária, para não falar no tesouro do governo federal dos Estados Unidos, que está atolado em dívidas.

RESPEITE O TEMPO

Para ser ótimo investidor, é preciso respeitar o Tempo e seu impacto no placar financeiro das pessoas. Alguns dos ciclos e tendências aos quais devemos estar atentos são:

JANELAS DE OPORTUNIDADE

Outro dia, estava ouvindo um programa de rádio em que o comunicador entrevistava os chamados especialistas em investimentos. Um deles disse: "Warren Buffett está investindo em títulos podres. Por isso, aconselho meus clientes a fazerem o mesmo".

A resposta do segundo especialista foi: "Warren Buffett investiu em títulos podres, no ano passado. Neste ano deixou de fazê-lo".

Isso é um exemplo de janela de oportunidade. Durante a alta do mercado de ações, muitos investidores começaram a citar Warren Buffett e a aplicar em ações. Como já mencionei no início do livro, Warren Buffett ficou fora do mercado de ações justamente quando milhões de investidores de primeira viagem nele se atiraram de corpo e alma. Como dizem, o tempo não espera ninguém. O mesmo se pode dizer das oportunidades.

MUDANÇAS NA VIDA

Uma das razões que torna o conceito do pai rico sobre os tempos do jogo do dinheiro tão importante é que a vida muda. Tenho vários amigos que tiveram grande sucesso financeiro até os 45 anos. Então, foram atingidos pela crise da meia-idade. Alguns largaram o emprego, outros deveriam ter agido da mesma maneira, mas continuaram no mesmo lugar. Alguns se divorciaram e perderam tudo. Outros poucos se divorciaram e perderam tudo mais de uma vez. Um amigo ficou inválido e não tinha seguro. Hoje, quando as empresas estão enxugando seus quadros, muitas pessoas estão recomeçando, quando deveriam estar concluindo.

Hoje, a educação financeira é mais importante do que nunca, simplesmente porque as coisas estão mudando mais rápido do que em qualquer outra época. Anos atrás, o pai rico desenhou o Quadrante CashFlow e me perguntou:

"No fim da vida, em que quadrante você quer estar?"

Depois de observar o desenho algum tempo, respondi: "Obviamente quero estar no quadrante I".

Então, o pai rico disse: "Se você planeja estar no quadrante I, por que não começar por aí?". É por isso que ele começou a me ensinar a investir quando eu ainda era garoto, usando para isso o jogo Banco Imobiliário. Uma das razões que me possibilitaram minha recuperação financeira, depois de um primeiro tempo desastroso, foi que eu tinha as

habilidades do quadrante I. Na segunda parte deste livro, vou transmitir aos leitores algumas dessas idéias, para que possam ganhar experiência sem arriscar muito dinheiro.

Hoje, ouço muitos políticos e jornalistas exigindo mais empregos. Em minha opinião, precisamos de *algo mais* além de empregos... precisamos de mais educação financeira. Como já disse em outros livros, um emprego é apenas uma solução de curto prazo para um problema de longo prazo... a questão é a maneira como garantimos nossa sobrevivência financeira, sobretudo quando já paramos de trabalhar, ou não podemos mais trabalhar, ou perdemos tudo e temos que começar de novo.

Um dos grandes problemas de nossos dias é que nossas escolas só se concentram nos setores E e A do quadrante, quando na verdade deveriam focalizar muito mais o setor I.

NÃO ESPERE GANHAR TODA VEZ QUE JOGA OS DADOS

Muitos investidores perdem dinheiro porque tiveram sorte uma vez. Nas fases de alta do mercado de ações, muitos investidores de primeira viagem se dão bem, ganham algum dinheiro, depois perdem e, na expectativa de voltar a ter sorte, investem mais — só para saírem derrotados do jogo.

Uma das lições mais duras que precisei aprender foi que ter ganhado dinheiro com um investimento uma vez não significa que voltarei a ganhar dinheiro outra vez, ainda que aplicando no mesmo tipo de investimento.

A conclusão é que os mercados mudam com o correr do tempo. Investir a longo prazo, comprando, guardando e rezando, é um conselho ridículo, quando o mercado muda de direção ou quando ocorre alguma virada de ciclo, como, por exemplo, nas situações em que a maré favorável passa das ações para as commodities.

SÓ PORQUE SOMOS ESPERTOS HOJE NÃO SIGNIFICA QUE O SEREMOS AMANHÃ

Nas reuniões da minha empresa, muitas vezes fico observando minha equipe, cujos membros estão quase todos na casa dos vinte, trinta anos. Não raro lhes digo: "Se eu estivesse procurando um emprego hoje, eu não me contrataria". O grande problema de nossos dias não é a idade nem a discriminação racial, é a segregação tecnológica. Em termos simples, não me contratem porque sou tecnologicamente obsoleto. Felizmente sou o dono da empresa.

A DEPRESSÃO RETORNA

Historicamente, se a pessoa vive até os 75 anos, é provável que enfrente uma depressão e duas recessões econômicas. A última depressão econômica começou em 1930. Como não temos outra há quase 70 anos, a próxima depressão não deve estar longe. Na década de 1930, o governo federal apertou o crédito, o que, segundo muitos economistas aprofundou a depressão. Aprendendo com o erro, depois de 2001, o Tesouro dos Estados Unidos, em lugar de apertar o crédito, inundou o mercado com dinheiro e crédito barato. Hoje, na economia americana, as pessoas têm muito dinheiro ou não têm dinheiro. Atualmente, temos investidores com milhões para aplicar e temos filas de desempregados com fome. Se houver uma depressão, em qual dos grupos você gostaria de estar... o grupo sem dinheiro ou o grupo com dinheiro?

TEMPO E DINHEIRO

Uma das razões pelas quais os ricos estão ficando mais ricos é que os salários dos trabalhadores não acompanharam o Tempo. O *The New York Times* publicou uma matéria que comparava o aumento do salário de um trabalhador médio com o de um CEO. O salário anual do trabalhador médio passou de US$32.522, em 1970, para US$35.864 em 1999, ganho de cerca de 10% em 29 anos (em dólares de 1998, descontada a inflação). Já a remuneração média real dos CEOs das cem maiores empresas (segundo classificação da revista *Fortune*) passou de US$1,3 milhão, em 1979, para US$37,5 milhões, no mesmo período.

Em outras palavras, em quase 30 anos, o pagamento dos trabalhadores aumentou 10% e o dos CEOs, 2.800%. Esta é uma diferença muito grande em tempo e dinheiro.

O TEMPO NÃO ESPERA NINGUÉM

Gostemos ou não, o Tempo avança e muda. Ignorar as mudanças e os ciclos do Tempo — simplesmente comprar, guardar e rezar — é muito perigoso do ponto de vista financeiro. É óbvio que muitos investidores da geração baby boom nunca poderão se aposentar, porque não viram a marcha do Tempo. Como dizia o pai rico, "Todo investidor deve saber quando uma flor está a ponto de desabrochar... e quanto durará".

Na segunda parte deste livro trataremos de como recuperar o tempo perdido.

COMENTÁRIOS DE SHARON

Sempre nos deparamos com relatos da crise financeira decorrente do envelhecimento populacional. Um estudo do Escritório do Censo dos Estados Unidos, intitulado *65+ in the United States*, mostrou claramente que o segmento da população com mais de 85 anos é o que mais cresce.

A população mais idosa — aqueles com 65 anos e mais — era de 35,6 milhões em 2002 (o mais recente censo). Isso significa 12,3% da população americana, cerca de um em cada oito americanos. Mas, em 2030, seu número dobrará, ou seja, representará 20% da população.

Essa mudança nos números referentes à população mais idosa, quando se leva em conta a maior expectativa de vida e a crise no sistema de Seguridade Social, são os temas de *Profecias do Pai Rico.* Robert fala dos 83 milhões de pessoas da geração baby boom que agora estão chegando aos 55 anos e que em poucos anos começarão a se aposentar. Supondo que a Seguridade Social pague US$1.000 mensais aos aposentados, isto representará US$83 bilhões mensais necessários para financiar o sistema de Seguridade Social dos Estados Unidos.

Essa situação, combinada com a mudança dos planos de pensão para o regime de contribuição definida, as dificuldades dos planos de benefícios definidos, a redução das taxas de juros, a queda no preço das ações e o medo dos mercados em geral, está criando uma catástrofe financeira. É imperativo que as pessoas assumam o controle financeiro de suas vidas e de seu futuro e não dependam das empresas ou do governo.

PARTE II

Pergunte a um investidor

PERGUNTA:
"É possível transformar US$10 mil em US$10 milhões?"

RESPOSTA:
"Sim... e em até mais se quiser."

QUATRO RAZÕES

Qualquer um consegue transformar US$10 mil em US$10 milhões? A resposta óbvia é não. Mas muito mais pessoas conseguiriam essa proeza se tivessem vontade e melhor orientação. A segunda parte deste livro é o conselho. Mas antes de passar a ele, há quatro pontos muito sutis, embora simples, que preciso examinar antes de passar ao conselho. Trata-se das quatro razões pelas quais muitas pessoas deixam de se tornar investidores turbinados.

Este é o tema do capítulo a seguir.

CAPÍTULO 10

Quatro razões que explicam por que algumas pessoas não podem se tornar investidores turbinados

Antes de apresentar a fórmula do investimento turbinado, acho que é importante examinar as quatro razões que impedem que algumas pessoas se tornem investidores turbinados de sucesso. Todas elas se relacionam.

PRIMEIRA RAZÃO: O PODER DA PALAVRA IMPOSSÍVEL

Eu estava ainda no ensino médio e, um dia, ao sair da escola, disse ao pai rico: "O professor de ciências falou hoje que, levando em conta o design, o besouro não poderia voar".

"Bom, esperemos que seu professor de ciência não diga isso ao besouro".

"NÃO É POSSÍVEL FAZER ISSO AQUI"

Em agosto de 2003, eu estava andando de automóvel pelas ruas da Cidade do Cabo, na África do Sul, uma das cidades mais espetaculares do mundo, aonde eu tinha ido fazer uma palestra num dos maiores bancos da região. Passando pelo porto, meu anfitrião, que estava sentado ao meu lado no banco traseiro, observou: "Seus livros são bons. Gosto da idéia de investir em imóveis e auferir renda passiva. Seria muito bom para nosso país, mas aqui é impossível fazer isso. Nossas taxas de juros são muito altas, de modo que não é possível ganhar dinheiro da forma que o senhor indica. Aqui é impossível gerar fluxo de caixa positivo com renda passiva".

O automóvel agora estava passando perto de um dos empreendimentos imobiliários em grande escala que eu já tinha visto. Os projetos comerciais e residenciais eram de primeira classe em termos de planta, inovação e uso do terreno. Depois de refletir um pouco, dei um suspiro e disse com a maior delicadeza possível: "O senhor pode não ser capaz de ganhar dinheiro com imóveis aqui, mas sem dúvida há quem possa".

Uma das razões que permitem ao besouro voar é não saber que não pode voar. Um dos motivos pelos quais tantos investidores não podem fazer grandes investimentos que lhes proporcionem muito dinheiro é que eles dizem: "Não posso fazer isso aqui" ou "Não tenho recursos para tanto", ou "Os preços são altos demais". Ou qualquer outra coisa que sirva para justificar sua incapacidade de fazer o que outros fazem.

O PREÇO DE FALAR "É IMPOSSÍVEL"

Diz-se que Henry Ford teria afirmado: "Se você pensa que pode, você pode. Se você pensa que não pode, você não pode. De qualquer forma, você está certo".

Enquanto percorríamos as ruas da Cidade do Cabo, meu anfitrião continuava explicando por que minhas idéias não funcionariam lá. "O preço dos imóveis aumentou demais nestes últimos três anos. Se já é difícil ter casa própria, imagine investir em imóveis alugados! É por isso que digo que suas idéias sobre investimentos não funcionam nesta cidade".

Enquanto ele perorava, eu olhava a paisagem e concluía que a Cidade do Cabo era uma cidade de classe mundial e havia muito dinheiro a ganhar lá. Sem dúvida, a Cidade do Cabo e a África do Sul tinham problemas que afastavam os investidores tímidos; contudo, para mim era óbvio que havia investidores despejando dólares na cidade. Muitas pessoas estavam enriquecendo bastante. Meu anfitrião, por outro lado, tinha deixado que seu negativismo e suas limitações o derrotassem. Passamos juntos cerca de cinco horas naquele dia. Nesse período, ele repetiu várias vezes "é impossível".

FALANDO CLARO

Depois que me formei na academia, o pai rico começou a conversar comigo de maneira mais objetiva. Era menos delicado, menos cauteloso.

Queria que eu aprendesse rápido, de modo que não media as palavras como quando eu era garoto. Enquanto meu anfitrião na Cidade do Cabo salientava o quanto era difícil ganhar dinheiro investindo em imóveis, minha imaginação ouvia o pai rico advertindo: "Os pobres e os preguiçosos dizem 'é impossível' com mais freqüência do que os bem-sucedidos. Para eles, essa atitude é mais cômoda do que reconhecer que 'é possível'. Quando se afirma 'é impossível', não se precisa agir... mesmo quando 'é possível'".

OS PREGUIÇOSOS TRABALHAM MUITO

Pai rico costumava dizer: "É fácil trabalhar muito e não ir a lugar algum. É fácil agarrar-se a um emprego e culpar o chefe que não dá um aumento. É fácil dizer "não dá". É fácil dizer "não posso fazer isso". É fácil culpar um marido ou uma esposa ou os filhos por nossos problemas financeiros". E continuava. "Muitos preguiçosos trabalham muito. E continuam trabalhando muito porque isso é mais fácil do que mudar". Quanto aos investimentos, pai rico dizia: "Muitas pessoas põem o dinheiro em mãos de estranhos e ficam perplexas porque obtêm retornos tão baixos. Outras pensam que deveria ser fácil achar um bom investimento. Parecem achar que os bons investimentos nascem nas árvores ou que alguém deveria dar-lhes de bandeja. A verdade é que é fácil achar maus investimentos. O mundo está cheio de pessoas que lhe oferecem maus investimentos. Se quiser que o dinheiro trabalhe para você, não se dê ao luxo da preguiça. Os preguiçosos aplicam nos investimentos que os ambiciosos rejeitam".

NÃO É CRUELDADE

Dizer que quem trabalha duro é preguiçoso não é crueldade. Faço essa afirmação para passar uma das mais importantes lições que pai rico me ensinou — a do poder da palavra *impossível*. Ele dizia: "A palavra impossível nos enfraquece, nos deixa cegos mesmo que possamos ver, entristece os felizes, transforma corajosos em covardes, rouba o brilho dos gênios, não deixa que pensemos e limita as realizações da pessoa ótima que está dentro de nós".

MILIONÁRIOS QUEBRAM

Recentemente, li uma reportagem sobre uma mulher que passava por dificuldades financeiras. O título da matéria era "Milionária vai à falência". Essa mulher tinha 70 anos, era formada por uma das melhores faculdades de direito e exercera a profissão com grande sucesso. Ao aposentar-se, desfez-se de todos os seus investimentos e deixou o dinheiro no banco. "Depois do colapso das bolsas, me senti muito esperta por não ter perdido dinheiro como tantos dos meus amigos", disse. "Assim, apliquei meu dinheiro, quase US$1 milhão, num certificado de depósito que rendia quase 5% ao ano em juros. Isso significava que eu podia contar com uma renda anual de quase US$50 mil, mais os US$22 mil da Seguridade Social. Pensei que estava tudo resolvido. Oito anos depois de me aposentar, esses certificados de depósito só estão pagando juros de 1% ao ano, de modo que agora minha renda é de US$10 mil. Estou tendo dificuldade em pagar as contas, mesmo que tecnicamente seja milionária. Se as taxas de juros não subirem logo, vou ter que começar a gastar o principal... e isso significa que posso quebrar se tiver a felicidade de viver muito".

Como seria de esperar, a resposta do especialista financeiro foi: "A senhora fez a coisa certa, mas agora é tempo de voltar ao mercado. Investindo com sabedoria, aplicando numa carteira diversificada, a senhora poderá obter rendimento de 5% ao ano".

Embora seja um conselho acertado para alguém com seus conhecimentos financeiros, o retorno anual de 5% dificilmente pode ser considerado bom. Com um pouco de educação e experiência financeira, ela poderia receber facilmente 15% ou até mais. Então, por que é que ela não obtém esses rendimentos mais altos? Uma resposta seria que a questão depende da formação e do professor. Em outras palavras, muitas pessoas são besouros que estão sendo ensinados a não voar por pessoas que também acham que não podem voar.

QUATRO CASAS VERDES... UM HOTEL VERMELHO

Quando eu tinha 9 anos, o pai rico começou a me ensinar os princípios do enriquecimento. Ele começou por coisas simples e ficava jogando Banco Imobiliário comigo durante horas. E repetia: "A fórmula para obter grande riqueza está neste jogo. O segredo é conseguir quatro casas verdes e trocá-las por um hotel vermelho". Então, ele completava minha instrução levando-me a visitar as propriedades que ele tinha para alugar e que representavam suas casas verdes. Quando eu estava na academia, em 1967, o pai rico de fato vendeu suas quatro casas verdes e comprou um dos maiores hotéis da praia de Waikiki. Embora o hotel não fosse vermelho, aos 19 anos eu sabia por que os besouros voavam e por que meu pai rico ficara tão rico em dez anos.

Em julho de 2003, eu estava em Waikiki passeando com o Mike, filho do pai rico, no trecho da praia onde um dia se erguia o velho hotel. Hoje, em seu lugar, construiu-se outro hotel ainda maior, de propriedade de uma grande seguradora. Embora a família do pai rico já não seja dona do hotel, ela ainda controla a propriedade do terreno em que o hotel foi construído. O aluguel desse terreno é impressionante. Mike observou: "Este terreno praticamente não tem preço. Papai partiu do nada, mas tinha um plano, uma visão e um sonho. Ele começou jogando Banco Imobiliário quando era garoto e nunca saiu do jogo. Ninguém lhe disse que não podia jogar Banco Imobiliário na vida real".

Quando o Mike parou para conversar com um dos donos das lojas situadas em seu terreno, minha mente voltou no tempo e eu podia ouvir papai e mamãe falando comigo: "Guarde essa bobagem de Banco Imobiliário. Vá fazer o dever de casa. Se não tirar notas boas, você não vai conseguir um bom emprego". Quando retomamos o passeio, Mike comentou: "Foi uma sorte que ninguém tenha dito ao papai que o Banco Imobiliário só era um brinquedo de criança".

E eu, silenciosamente, disse para meus botões: "Ou disse aos besouros que eles não podem voar".

SEGUNDA RAZÃO: O PODER DA FACILIDADE

"A chave do enriquecimento é facilitar as coisas", me disse o pai rico um dia, enquanto dava a seu filho e a mim uma aula de negócios. "Uma das razões pelas quais os professores ganham menos do que os empresários é que o sistema escolar foi projetado para pegar o que é simples e torná-lo complexo". Sem entender o que ele queria dizer com isso, pedi que explicasse melhor. Logo, o pai rico tornou as coisas claras: "O sistema escolar pega 1 + 1, simples aritmética, e transforma em cálculo diferencial. É isso que eu quero dizer com a transformação do que é simples em algo complexo".

A escola sempre me apavorou. Vivia num permanente sobressalto, receando que o ano seguinte fosse ainda mais difícil do que o presente. Lembro que, quando estava no primário, as pessoas diziam que o segundo grau seria muito mais duro. No segundo grau me diziam que a faculdade seria ainda mais árdua. Assim, me parecia que o sistema escolar era uma forma de dificultar a vida. Sem entender completamente a diferença entre o mundo dos negócios e a escola, perguntei ao pai rico: "Isso quer dizer que as empresas pegam o que é complexo e o tornam simples?".

Assentindo, o pai rico respondeu: "Certo. O propósito de uma empresa é tornar a vida mais fácil, não complicá-la. As empresas que facilitam a vida são as que ganham mais dinheiro".

"O senhor poderia dar um exemplo", perguntei.

"Claro. As montadoras ganham tanto porque o automóvel facilita a ida de um lugar para outro".

"Mais fácil do que andar. É isso que o senhor quer dizer?"

"Exatamente. Como o automóvel torna a vida mais fácil, milhões de pessoas estão dispostas a pagar por ele".

"O mesmo acontece com as empresas de aviação", acrescentei, ao entender a lição.

"E o telefone, o supermercado, a companhia de eletricidade. Todas elas ganham dinheiro porque facilitam a vida", disse o pai rico.

"E as escolas tornam a vida mais difícil", indaguei.

"Sim. Elas pegam o que é fácil e o tornam cada vez mais difícil. Se você quiser enriquecer, deve aprender a pegar coisas que são difíceis e torná-las simples. Se você se concentrar nisso, facilitar a vida das pessoas, poderá ficar muito rico. Se você facilitar a vida de mais gente, enriquecerá ainda mais".

A REGRA DE PAI RICO

Sua regra era: "O dinheiro flui para quem facilita a vida".

FACILITAR O INVESTIMENTO

Uma das razões pelas quais o mercado de ações se sai bem é que facilita o investimento. As bolsas de valores pegam uma empresa e a fatiam em milhões de ações; assim, as pessoas podem comprar com facilidade pedaços da empresa.

Os fundos de investimento atraem tanto dinheiro porque facilitam a decisão sobre a compra de ações. Tudo o que se precisa fazer é aplicar no fundo mútuo e esperar que seu gestor tenha escolhido um conjunto de ações que se valorizem.

Quem entender a lição do pai rico sobre tornar a vida mais fácil entenderá por que aqueles que dirigem as bolsas de valores ou gerenciam os fundos de investimento são os que enriquecem — não necessariamente as pessoas que investem o dinheiro.

VIABILIZAR O INVESTIMENTO

As bolsas e os fundos não só facilitam os investimentos. Também os viabilizam. Alguém resolve aplicar apenas US$50 todo mês. Basta isso. Não precisa levantar recursos para o pagamento da entrada, provar que seu cadastro é bom para conseguir financiamento bancário, como ocorre com os investimentos em imóveis ou empresas. Tudo que precisam fazer é aplicar o dinheiro. Somente.

QUEM SE SAFA NUM COLAPSO

Nos crashes, os fundos de investimento não deixam de ganhar dinheiro, mesmo que os aplicadores sofram grandes perdas. Durante o colapso, mesmo que os preços das ações e o valor das cotas despenquem, os gestores dos fundos de investimento continuam arrecadando as taxas de administração. Por quê? Porque facilitam o investimento.

UMA RELAÇÃO DIRETA

Todas as razões estão relacionadas. As pessoas que costumam falar *é impossível* são muitas vezes as que procuram as técnicas de investimento mais fáceis.

Quando me ensinava a investir, o pai rico disse: "Muitas pessoas parecem pensar que os bons investimentos nascem nas árvores. Elas pensam que investir deveria ser fácil. Muitas acham que basta pôr o dinheiro nas mãos de um mágico para ficarem ricas. Na realidade, investir é um processo contínuo de busca, de negociação, de financiamento e de gestão de pessoas e dinheiro. Quando se trata de investir, quem escolhe o caminho árduo acha a vida fácil. Quem prefere o caminho fácil costuma achar a vida dura".

Isso nos leva à terceira razão que impede tantas pessoas de se tornarem investidores fortes.

TERCEIRA RAZÃO: OS RICOS TORNAM FÁCIL SER POBRE

Você já verificou como é fácil obter um cartão de crédito? Já observou a rapidez com que se contrai uma *dívida ruim*?

Quando Kim e eu estávamos construindo nossa fortuna, enfrentamos problemas com os bancos porque tínhamos imóveis demais. Embora todos eles fossem investimentos que geravam fluxos de caixa positivos, os bancos queriam cortar alguns de nossos empréstimos, porque tínhamos muitas dívidas boas. Ao mesmo tempo, os bancos pareciam interessados em nossa carteira de investimentos multimilionária, mostravam-se ansiosos por nos conceder um novo cartão de crédito e um empréstimo para a compra de um carro novo. Em outras palavras, os bancos estavam preocupados porque tínhamos muitas dívidas boas e ao mesmo tempo queriam nos atulhar de dívidas ruins. Por quê?

No início de 2003, nosso corretor de hipotecas ligou perguntando se queríamos mais US$300 mil em dinheiro além de uma hipoteca sobre nossa residência. Como as taxas de juros tinham caído muito, Kim e eu poderíamos pegar o dinheiro e ainda pagar a mesma mensalidade sobre a hipoteca do nosso imóvel.

Quando quisemos refinanciar um de nossos prédios de apartamentos, recebendo US$250 mil em dinheiro, o mesmo corretor hesitou. Embora tivéssemos conseguido o dinheiro com outro corretor, achei interessante que aquele primeiro estivesse ansioso por nos conceder um empréstimo para um passivo, a casa em que moramos, mas hesitasse em emprestar dinheiro para um ativo. Por quê?

Outro ponto interessante é que muitas revistas especializadas em gerenciamento de finanças pessoais recomendavam que se comprasse uma segunda casa de veraneio, que *custa* dinheiro, mas não um imóvel para investimento, que *gera* dinheiro. Por quê? Quando falarmos de investimentos turbinados nos próximos capítulos, a questão se tornará ainda mais intrigante, porque a maioria das pessoas ricas ganhou dinheiro com imóveis ou tem sua riqueza em imóveis. O mercado de imóveis também é bem maior do que o de ações. Então, por que a maioria dos especialistas financeiros critica investimentos em imóveis e recomenda investimentos mais fáceis, como em ações, títulos e fundos?

QUARTA RAZÃO: INVESTIR SEM GARANTIAS

Por que tantos milhões de investidores estão dispostos a pagar um pouquinho a cada mês sem ter qualquer garantia de que o dinheiro estará à sua disposição no futuro? Por que tantos milhões de investidores estão tão dispostos a perder dinheiro todo mês em vez de ganhar dinheiro todo mês? Enquanto muitos investidores médios estão dispostos a jogar, ou a ganhar dinheiro no futuro, o investidor forte deseja garantias de retornos hoje.

Num dos próximos capítulos, falo de uma mulher que queria comprar uma ação que custava US$55, porque seu corretor lhe disse que em breve o preço dessa ação chegaria a US$57. A pergunta que faço é: Como pode haver tanta gente crédula e disposta a investir em mentiras? A resposta está nesta quarta razão.

As pessoas não se tornam investidores fortes porque são crédulas a ponto de investir em promessas futuras. E tantos investidores agem assim porque não encontram um investimento que dê rendimentos hoje. Como já mencionei, as quatro razões estão relacionadas. Tudo começa quando alguém diz "não tenho condições de fazer isso" ou "não acho um bom investimento". Se a pessoa não consegue encontrar um bom investimento que comece a dar retorno hoje, ela passa a procurar uma resposta fácil e se dispõe a receber o retorno amanhã.

Quem deseja ser um investidor forte não pode permitir-se investir em mentiras. Precisa investir em garantias. Nos capítulos seguintes, veremos como os investidores fortes investem com garantias.

COMENTÁRIOS DE SHARON

Façamos uma revisão das quatro razões que impedem as pessoas de se tornarem investidores fortes.

Primeira razão: O poder da palavra impossível

Você diz "É fácil falar! Eu não posso fazer isso". Em *Pai Rico, Pai Pobre,* Robert conta como seu pai pobre sempre falava "não dá para fazer isso!". Seu pai rico, por outro lado, o proibiu de falar "não posso" e o desafiou a falar "como posso fazer isso?". A palavra impossível fecha a mente, enquanto a pergunta "como posso?" a abre.

Segunda razão: O poder da facilidade

O pai rico dizia: "O dinheiro flui para quem facilita a vida".

Contudo, no início, não é fácil investir em algo que facilite a vida. Mas, quando se consegue, o dinheiro começa a fluir.

Pode parecer contraditório, mas lembre-se de que o pai rico também dizia: "Quando se trata de investir, quem escolhe o caminho árduo acha a vida fácil. Quem prefere o caminho fácil costuma achar a vida dura". Quem dedica tempo para encontrar investimentos hoje terá uma vida muito mais fácil mais adiante.

Terceira razão: Os ricos tornam fácil ser pobre

É muito mais fácil contrair dívidas ruins (dívidas pessoais como as do cartão de crédito, que devem ser pagas com sua renda pessoal) do que dívidas boas (dívidas pagas com a renda gerada pelo investimento subjacente).

Quarta razão: Investir sem garantias

Voltamos ao dilema entre investir para gerar caixa hoje e investir na expectativa de obter ganhos de capital no futuro.

Você pode se ver controlando cada uma dessas razões em sua estratégia pessoal de investimento para se tornar um investidor forte?

CAPÍTULO 11

A força do investimento turbinado

"O que é investimento turbinado?", perguntei ao pai rico.

"É investir usando todas as três classes de ativos e reinvestir caixa gerado pelo investimento, alavancado com DOP — dinheiro de outras pessoas — e acelerado por incentivos fiscais", respondeu o pai rico.

"Parece difícil", comentei.

"É por isso que tão poucos investidores procedem assim e é por isso que não obtêm retornos acelerados sobre o dinheiro que aplicam".

AS TRÊS CLASSES DE ATIVOS

Como já dissemos, os investimentos se dividem em três categorias:

1. Empresas
2. Imóveis
3. Papéis

Muitas pessoas não obtêm resultados satisfatórios com seus investimentos porque investem apenas em uma dessas classes. O investimento turbinado requer que o investidor aplique em duas ou, de preferência, em três classes de ativos.

No mundo de hoje, além da casa própria ou de uma casa de veraneio, a maioria das pessoas investe em papéis, como ações, títulos, fundos de investimento ou certificados de depósito. Por quê? Voltamos aqui à palavra *facilidade*. Os papéis são populares pela facilidade de entrada e de saída. Além disso, quando comparados às empresas ou aos imóveis, os papéis exigem poucas qualificações gerenciais do investidor.

A PERDA DE CONTROLE

O automóvel tem acelerador, freios e volante para que o motorista possa controlá-lo. Ao investir em papéis, o investidor muitas vezes abre mão do controle de suas aplicações e o transfere a estranhos, que espera sejam melhores motoristas do que ele. Abrir mão do controle é muito arriscado; contudo, muitas vezes, quando não se sabe dirigir, é melhor abrir mão do controle.

Para os investidores profissionais, um dos principais defeitos dos papéis é a renúncia ao *controle gerencial* sobre o objeto do investimento, quando não se participa diretamente de sua gestão. Por exemplo, sendo acionista minoritário da Microsoft, seria difícil para mim ligar para o Bill Gates e dizer-lhe que ele está gastando demais ou que eu quero um retorno maior sobre o meu investimento. Em minhas empresas e em meus imóveis, eu posso fazer isso. E também controlo o dinheiro que posso ganhar, minhas despesas, os impostos e a maneira como usarei minhas receitas. E ainda exerço algum controle sobre as atividades não muito honestas que talvez estejam sendo desenvolvidas na empresa. Outro controle de que abrimos mão ao investir em papéis é sobre as vantagens tributárias, que, no caso dessa classe de ativos, são poucas ou inexistentes.

Em minha opinião, empresas e imóveis são investimentos bem melhores para quem tem capacidade de gerenciá-los. Contudo, sem capacidade gerencial o controle fica difícil. Obviamente, para quem não tem capacidade para gerenciar uma empresa ou imóveis, esses investimentos podem virar pesadelos. Se alguém não sabe dirigir nem coordenar o acelerador, os freios e o volante, sair de carro pode ser um perigo.

Se as empresas e os imóveis oferecem mais vantagens, por que será que tanta gente investe em papéis e abre mão do controle? Acho que a resposta também pode ser encontrada na palavra facilidade. Para milhões de pessoas, é mais fácil abrir mão do controle do que aprender a gerenciar o dinheiro. É por isso que milhões de investidores enchem seus portfólios com fundos de investimento, sem ter qualquer idéia de quem está dirigindo o fundo. Para muitas pessoas ocupadas, isso pode ser mais fácil porque podem continuar trabalhando duro em vez de aprender a gerenciar suas finanças. Para muita gente, os fundos investimento são o feijão-com-arroz da vida financeira.

Escolher um fundo de investimento é como ir à seção de congelados de um supermercado. Está tudo preparado, embalado e pronto para levar para casa. Basta escolher o prato preferido, pagar, levar para casa, aquecer e servir. Embora eu invista em ações e em fundos, para mim eles são a sobremesa, não o prato principal. Em geral, aplico em papéis quando preciso ter a flexibilidade para mudar de posição. Eles me interessam muito mais pela *liquidez** do que por seu valor no longo prazo.

A grande desvantagem dos imóveis e das empresas é que entrar e sair deles é, às vezes, um processo longo, tedioso, complicado e turbulento. É por isso que invisto neles pensando no longo prazo.

COMPRAR AÇÕES É COMO FLERTAR

O pai rico gostava de dizer: "Comprar ações é como flertar. Você sai para jantar e ir ao cinema e se *não* der certo você se despede na porta e não volta a sair. Comprar imóvel é como casar. Antes de casar, em geral há um longo namoro... a pessoa olha o maior número de imóveis possível. Quando encontra a propriedade de seus sonhos, há uma cerimônia de casamento no banco e então a gente espera para ver o que acontece. Se você e seu imóvel não se dão bem e o casamento se torna um pesadelo, o divórcio pode ser uma transação enfadonha e estressante". Quanto às empresas, o pai rico observava: "Construir ou comprar uma empresa é de longe a alternativa mais gratificante, mas também a mais estressante. Se investir em papéis é como flertar e se comprar um imóvel é como casar, investir numa empresa é como estar casado e ter filhos".

VER O MUNDO COM OLHOS DE EMPRESÁRIO

Quando voltei do Vietnã, em 1973, o pai rico insistiu em que eu aprendesse a vender, a abrir empresas e a investir em imóveis. "Se você quer ser rico e tornar-se grande investidor, é preciso ver o mundo com olhos de dono de empresa e de investidor, não com olhos de empregado que trabalha na empresa".

Sem entender bem o que ele queria dizer, perguntei: "Se eu investir em imóveis, por que preciso ver o mundo com olhos de dono de empresa?".

Sorrindo, ele pegou seu bloco, desenhou um retângulo e ensinou: "Um agricultor pode estar disposto a pagar US$10 mil por este terreno.

---

* *Nota da Tradutora:* Possibilidade de transformar o ativo em dinheiro de modo rápido e sem perda de valor substancial.

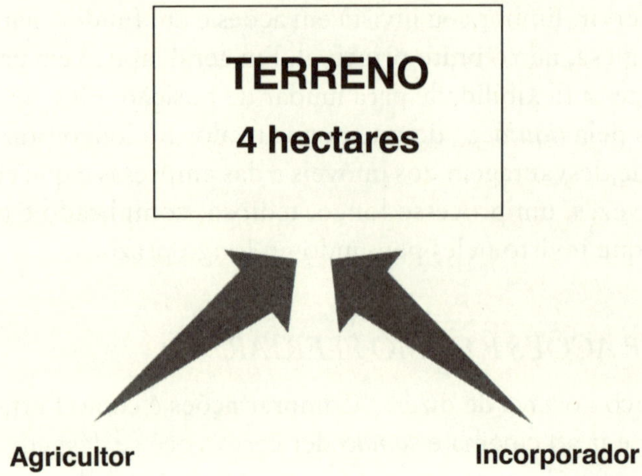

Se ele pagar mais do que isso, seu negócio será prejudicado porque sua produção de verduras não é bastante lucrativa para pagar o terreno. Em outras palavras, se o agricultor pagar mais do que US$10 mil pelo terreno, o imóvel talvez valha mais do que o negócio e, portanto, o negócio não vai pagar o terreno".

"Mas um incorporador imobiliário poderia pagar mais pelo mesmo terreno", disse eu, entendendo aonde o pai rico queria chegar com esse exemplo. "O valor do imóvel depende do negócio".

Pai rico continuou sua aula. "Um incorporador imobiliário pode estar disposto a pagar US$100 mil pelo mesmo terreno pelo qual o agricultor só pagaria US$10 mil. O terreno é mais valioso porque o negócio do incorporador é mais lucrativo. O incorporador vê o mesmo terreno com olhos diferentes".

Marcel Proust, autor e poeta, ensinou: "A única verdadeira viagem de descoberta não ocorre quando se buscam novas paisagens, mas quando se olha com novos olhos".

OPORTUNIDADES PERDIDAS

No capítulo anterior, escrevi sobre o passeio pelas ruas da Cidade do Cabo, quando meu anfitrião afirmou que era impossível ganhar dinheiro com imóveis naquela cidade, pelo menos da maneira como eu descrevia em meus livros. Ele não percebia as mesmas oportunidades que eu porque não víamos o mesmo imóvel com os mesmos olhos.

CEGO ÀS OPORTUNIDADES

Durante os anos de 1960 e 1970, o pai rico soube ver as mudanças que se aproximavam das plácidas ilhas tropicais do Havaí. Ele sabia que precisava agir ou ficaria para trás. Meu pai pobre só via que o preço de sua casa estava subindo.

Durante muitos anos, o Havaí era apenas o sonho de muita gente. A viagem de navio era só para os ricos. Levava-se cinco dias para ir da Califórnia ao Havaí. Muitas pessoas não tinham nem dinheiro nem tempo para uma viagem de duas semanas, ida e volta. O pai rico anteviu que os jatos trariam milhões de turistas para as ilhas, tornando-as não só mais próximas como também mais acessíveis. Ele sabia que os novos aviões de passageiros mudariam tudo.

Assim como para o agricultor o terreno valia US$10 mil e para o incorporador, US$100 mil, meu pai pobre via as mudanças com olhos de mestre-escola, ao passo que meu pai rico as encarava com olhos de empresário e de investidor... olhos diferentes.

Ironicamente, durante as décadas de 1960 e 1970, meu pai pobre ganhava mais do que meu pai rico. Meu pai pobre tinha um emprego público muito bem remunerado. Na década de 1960, meu pai rico sofria de falta crônica de dinheiro em caixa. Todo dólar que entrava ia para a expansão de seus negócios e para a compra de imóveis. Meu pai rico não tinha salário regular e em certas ocasiões nem qualquer dinheiro, mas persistiu.

Nesse período, meu pai pobre estava na verdade em melhor posição para fazer os investimentos que o pai rico fazia. Com seu alto salário, meu pai pobre teria tido mais facilidade em conseguir do banco empréstimos para comprar imóveis, antes que seus preços disparassem. Meu pai rico tinha que correr de banco em banco, de investidor em investidor, para conseguir dinheiro. Era difícil conquistar a confiança das pessoas, porque ele não tinha muito dinheiro nem um emprego seguro.

Embora meu pai pobre estivesse em melhor posição para enriquecer naquela época, não foi isso que aconteceu. Em vez disso, ele trabalhava com afinco, se ocupava, procurava segurança, comprou uma casa, poupou e se empolgava com a valorização do seu patrimônio, decorrente da subida do preço dos imóveis. Então, de repente, em 1967, foi o pai rico que, para surpresa geral, comprou um grande hotel na praia de Waikiki. Tudo que meu pai pobre observou foi: "Como é que ele pode comprar um hotel nessa praia? Ele não tem nem mesmo um emprego de verdade!".

O INVESTIMENTO TURBINADO DO PAI RICO: COMO É POSSÍVEL COMPRAR QUALQUER COISA QUE SE QUEIRA

De 1970 até o início da década de 1990, a riqueza pessoal do pai rico aumentou exponencialmente. No mesmo período, meu pai pobre foi empobrecendo. Em meados dos anos de 1970, o pai rico já não corria atrás de dinheiro. O dinheiro jorrava aos borbotões de seus investimentos. Além de ser dono de um grande hotel na praia de Waikiki, ele agora comprara outros hotéis à beira-mar e imóveis comerciais, com o caixa gerado pelo hotel. Em lugar de desperdiçar o dinheiro, ele sempre o reinvestia, o que lhe rendia ainda mais dinheiro. A partir de 1970, meu pai pobre ficou sem emprego. Depois de uma tentativa fracassada de se eleger governador, concorrendo contra seu chefe, o governador, seus inimigos políticos impediram que obtivesse outro emprego público.

Em 1973, quando eu ainda estava Corpo de Fuzileiros Navais, estacionado no Havaí, muitas vezes eu ia até Waikiki almoçar com o pai rico. Aproveitava para pedir orientação, preparando-me para quando desse baixa. Muitas vezes falávamos do que ele tinha feito, começando com tão pouco dinheiro. Embora ele já tivesse exposto várias vezes suas idéias sobre investimento turbinado, eu as ouvira ainda criança. Mais velho, mais maduro e capaz de comparar as características dos dois pais, eu agora tinha mais respeito pelos planos do pai rico. Num desses almoços, o pai rico lembrou: "Quando eu era jovem, sabia que, se eu seguisse esse plano de investimento turbinado, eu poderia um dia fazer qualquer coisa que desejasse... se tivesse sucesso".

Aos 25 anos, eu estava mais interessado em seu plano, sobretudo ao ouvir as palavras *eu poderia um dia fazer qualquer coisa que desejasse*. Até esse momento, eu conhecia o plano do pai rico, mas me parecia algo muito trabalhoso. Agora que eu via concretamente seu hotel na praia de Waikiki e todos os seus outros imóveis em outras ilhas, fiquei mais interessado em seu plano. Além disso, me parecia melhor do que o plano que o meu pai pobre seguia.

COMEÇA O PRIMEIRO TEMPO

Durante o primeiro tempo do meu jogo do dinheiro, entre 25 e 35 anos, eu sabia que minha tarefa era aprender a criar empresas, investir em imóveis e, como sobremesa, investir em papéis. Embora soubesse que eu provavelmente ganharia menos que meus pares no primeiro e, talvez, no segundo tempo da minha vida, eu também estava convencido de que, se me aplicasse, estaria melhor mais tarde, depois dos 45 anos.

O PLANO DE INVESTIMENTO POTENCIALIZADO DE PAI RICO

O próximo item deste capítulo é um exame simplificado do plano do pai rico. Nos capítulos seguintes, aprofundarei alguns pontos que contribuem para o bom funcionamento do plano. Gostaria de afirmar que apresentarei todos os aspectos importantes desse plano, mas acho que, para isso, precisaria de toda uma biblioteca. Aprendi a pôr em prática o plano de investimento turbinado entendendo o conceito e então o aplicando. Aos 25 anos, dediquei-me a aprender a constituir e dirigir empresas, a investir em imóveis e gerenciá-los, além de escolher e dirigir minhas aplicações em papéis. Em outras palavras, queria ter controle sobre os meus ativos em vez de entregar minha carreira e meu dinheiro a estranhos. Estou certo de que não é possível aprender esse plano apenas pela leitura. Seria como querer aprender a andar de bicicleta lendo um livro sobre o assunto. É impossível. Precisamos da bicicleta, mesmo que tenhamos lido o livro.

UM LEMBRETE

Antes de ler o plano de investimentos turbinado do pai rico, lembro-lhe do que foi dito no capítulo anterior. Recomendo-lhe prestar muita atenção ao seu diálogo interno, ou seja, à sua conversa consigo mesmo. Observe se diz *é possível* ou *é impossível* e se acha que parece muito difícil e está desejando uma resposta fácil. Se você verificar que está falando "é impossível" muitas vezes e deseja respostas fáceis para investir, talvez os fundos de investimento sejam melhores para seu caso.

O plano do pai rico exige a propriedade de uma empresa lucrativa, investimentos em imóveis que gerem fluxos de caixa positivos e, por fim, investimentos em papéis que proporcionem retorno superior ao da poupança e que ofereçam a mesma liquidez. Embora eu tenha mencionado esse esquema em outros livros, agora entro em mais detalhes sobre os aspectos tributários e de alavancagem, que de fato dão um impulso substancial aos retornos que recebo.

O INVESTIMENTO TURBINADO DE PAI RICO

É um plano para quem almeja realizar todos os seus desejos. É o plano básico dos investidores mais ricos do mundo. Foi apresentado na introdução e aparece novamente para referência. O lado D — I do quadro é o plano de investimento turbinado do pai rico: abra uma empresa, invista o caixa gerado pela empresa em imóveis e, então, equilibre as classes de ativos, aplicando o excesso de caixa em papéis.

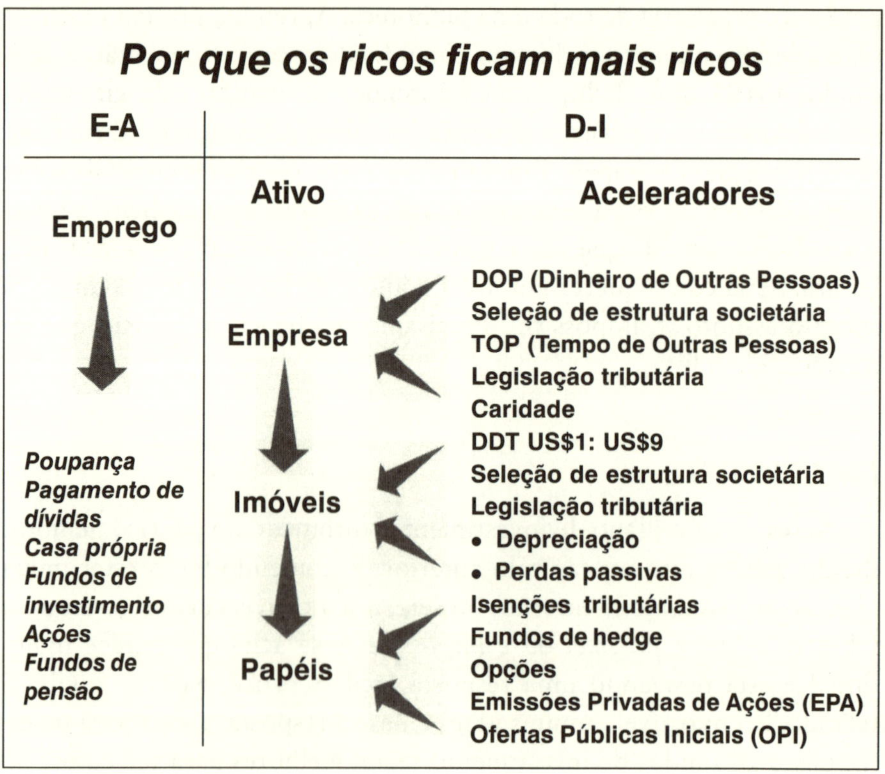

ATIVO Nº 1: EMPRESA

A empresa própria é de longe o melhor ativo porque, se bem-sucedida, permite gerar mais renda com menos trabalho e menos impostos.

Uma das razões que levou Warren Buffett a fazer de sua Berkshire Hathaway uma companhia de seguros e não uma fábrica de roupas* foi que a vantagem tributária de uma companhia de seguros é maior do que a de uma fábrica de roupas. Em outras palavras, as normas tributárias são diferentes para diferentes tipos de empresa. Além disso, investir por meio de diferentes pessoas jurídicas em vez de fazê-lo em nome pessoal lhe proporcionou a obtenção de retornos mais altos sobre o investimento, devido às diferenças tributárias. *Não esqueça nunca, os impostos são a maior rubrica isolada de suas despesas.*

NOTA DO AUTOR

Obviamente, impostos, pessoas jurídicas e diferentes tipos de empresa são temas muito complexos e específicos... algo bem além do escopo deste livro e de minha capacidade de escrever.**

Sempre destacamos que qualquer orientação, especialmente relativa a impostos, empresas, formas societárias, pessoas jurídicas, deve ser discutida com contadores e advogados. Cada situação é diferente e deve ser analisada junto a um profissional experiente.

Uma advertência: Evidentemente, se o leitor não tiver sucesso na implantação de uma empresa lucrativa, esta se torna um passivo e um escoadouro de dinheiro, motivo pelo qual recomendo começar por um negócio em tempo parcial antes de largar o emprego.

* *Nota da Tradutora:* Buffett, o renomado investidor, estabeleceu em 1954 um fundo de investimentos, o Buffett Partnership, que aplicava em participações acionárias de diversas empresas, dentre as quais um fábrica de tecidos problemática, a Berkshire Hathaway. Em 1969 ele desfez a sociedade e começou a transformar a Berkshire em um conglomerado diversificado de companhias de seguros, lojas de departamentos, bancos e outras empresas, que o tornaram em 1999 o terceiro homem mais rico da América.

** *Nota da Tradutora:* Para o caso brasileiro, a Internet também oferece informações valiosas sobre aspectos tributários e empresariais numa grande variedade de sites que vão desde o da Receita Federal até artigos de especialistas sobre vários tópicos pertinentes.

Acelerador nº 1: Dinheiro de outras pessoas

O primeiro acelerador na abertura de uma empresa é o uso do dinheiro de outras pessoas. À medida que você for se tornando um empresário melhor, isso se tornará mais fácil porque os investidores gostam dos vencedores.

Muitas pessoas abrem uma empresa recorrendo a dinheiro emprestado pela família ou a empréstimos pessoais dos bancos. Embora isso possa ser necessário no início, é bom lembrar que a maneira mais fácil de acelerar o negócio é convidando investidores a se juntar a você. Contudo, cabe uma palavra de cautela: tenha cuidado com quem convida a participar. Se você quiser manter o controle do negócio, deve limitar o envolvimento dos investidores.

Também convém estar atento à proporção de participação societária cedida a terceiros, pois, ao expandir o negócio, você talvez precise de novos investimentos. Leve isso em conta ao preparar seu plano de negócios.

Também é possível financiar o crescimento da empresa nela reinvestindo o próprio excesso de caixa. Nos primeiros dois anos de nossa empresa Rich Dad, Sharon, Kim e eu não fizemos qualquer retirada, reinvestindo em sua expansão todo o caixa gerado pelo negócio.

O passo seguinte foi a busca de parceiros estratégicos. Ao licenciar-lhes determinados direitos, dividindo com eles os lucros, ampliamos a empresa com base no dinheiro e nos sistemas de distribuição deles. Recorremos a esse modelo de parceiros estratégicos várias vezes ao longo da expansão de nossos negócios.

Acelerador nº 2: Seleção da pessoa jurídica

A escolha da forma societária mais adequada à sua situação pessoal e patrimonial, assim como às características e aos objetivos do negócio é ponto de partida absolutamente fundamental.

Para tanto, devem-se analisar as vantagens e desvantagens das diferentes formas societárias, com a assessoria de advogados e contadores experientes nas áreas societária e tributária, de modo a identificar o tipo de entidade que oferecerá maior proteção e benefícios, inclusive fiscais, às pessoas físicas participantes e à pessoa jurídica, reduzindo os riscos e aumentando a geração de caixa.

Acelerador nº 3: Tempo de outras pessoas

Se você for bom empresário, poderá alavancar outras pessoas e sistemas para fazer seu trabalho. Em outras palavras, ser bom empresário é o mesmo que ganhar dinheiro com o menor uso possível de recursos próprios, depois que a empresa já estiver constituída e em funcionamento. A maioria das pessoas trabalha para ganhar dinheiro boa parte de suas vidas porque *trabalham para uma empresa em vez de trabalhar para criar uma empresa.*

Acelerador nº4: Legislação tributária

Volte ao Capítulo 5 para ver como, em geral, as leis que regem os impostos são mais favoráveis aos empresários e aos investidores. Por exemplo, a legislação do imposto de renda admite que gastos pessoais não dedutíveis no cálculo do imposto de renda das pessoas físicas sejam deduzidos como despesa na apuração do lucro real (tributável) das pessoas jurídicas.

Acelerador nº 5: Caridade

Meu pai rico sempre lembrava que "é dando que se recebe". Ser generoso e retribuir o que se recebe da comunidade são elementos essenciais para o desenvolvimento da empresa.

Talvez não seja possível saber os retornos de sua caridade, mas eles existirão. Quanto mais pessoas você servir, mais rico ficará.

Em nossa empresa, fazemos doações regulares de livros e jogos para organizações beneficentes. Além disso, criamos a Foundation for Financial Literacy, que auxilia organizações que criam e apóiam programas de formação financeira, dentro dos objetivos de nossa declaração de missão "Elevar o bem-estar financeiro da humanidade".

É por meio da combinação de todos esses aceleradores que você poderá maximizar a velocidade de expansão de sua empresa e reforçar sua capacidade de gerar caixa. O dinheiro assim obtido será reinvestido no próprio negócio, para manter ou acelerar seu crescimento, ou em novos ativos, como imóveis.

ATIVO Nº 2: IMÓVEIS

Acelerador nº 6: Dinheiro de outras pessoas

Meu gerente de banco me ajuda a investir em imóveis. Digamos que eu compre um imóvel de US$100 mil recorrendo a:

US$10.000 do meu bolso
US$90.000 do meu banco

O banco permite que o investidor fique com o total do caixa gerado pelo imóvel, além dos ganhos de capital de seu investimento. Em outras palavras, embora o banco tecnicamente detenha 90% do investimento, o investidor também fica com a parte do banco na geração de caixa e nos ganhos de capital. Pense nisso. Quantos sócios lhe dariam a parte dos lucros que lhes cabe? Nesse caso, o banco é magnânimo. O banco arca com 90% do risco, mas o comprador do imóvel fica com todo o lucro. O banco só recebe os juros, que são pagos pelo inquilino. Pergunte ao seu assessor financeiro se os fundos de investimento lhe dão essa vantagem. Que fundo de investimento lhe emprestaria 90% do dinheiro, assumiria 90% do risco, mas tiraria 0% dos lucros? É o que pai rico chamava de dinheiro mágico.

Volte ao Capítulo 3 para recordar os três tipos de alavancagem oferecidas pelas instituições financeiras:

1. Viabilização do investimento
2. Depreciação de todo o ativo
3. Apropriação da valorização

Acelerador nº 7: Seleção da pessoa jurídica

Novamente a forma de organização societária é fundamental para a compreensão dos segredos e estratégias que os ricos usam há gerações para proteger seus ativos imobiliários. Muitas vezes é mais conveniente ter uma pessoa jurídica para cada imóvel, de modo que, se um deles está em risco, os outros não serão contaminados.

Novamente, é fundamental obter a orientação competente de advogados e especialistas em tributação, já que a escolha depende das circunstâncias específicas de tempo e lugar.

ATIVO Nº 3: PAPÉIS

Acelerador nº 8: Vantagens tributárias do investimento em papéis

Depois que meu dinheiro passa pela alavancagem dos imóveis, muitas vezes ele é aplicado no mercado de títulos. Isto me permite obter retornos superiores aos da caderneta de poupança e, em muitos casos, o benefício da tributação exclusiva na fonte.

Acelerador nº 9: Fundos de hedge

Estes fundos me permitem investir com segurança. Eles têm a "facilidade" dos fundos de investimento em ações, mas com menor risco de queda. Os fundos de hedge são fundos com posições compradas e vendidas, recorrem à arbitragem, compram e vendem títulos subvalorizados, negociam com opções e investem em quase qualquer oportunidade em que se esperem ganhos com riscos baixos. Há muitas estratégias diferentes de montagem destes fundos, mas o objetivo principal é reduzir a volatilidade e o risco preservando ao mesmo tempo o capital e proporcionando retornos positivos sob todas as condições de mercado. A maioria desses fundos procura dar proteção contra as adversidades dos mercados — o que é especialmente importante, tendo em vista a atual volatilidade das bolsas.

Acelerador nº 10: Opções

As opções sobre ações me permitem alavancar os investimentos em papéis. Mesmo sem adquirir ações, posso lucrar no mercado de ações, mediante a compra de opções, a uma fração do preço. As opções sobre ações me dão o direito de comprar ou vender certa quantidade de ações, a um preço fixo ("preço de exercício"), dentro de determinado prazo. As opções de compra me dão o direito de comprar as ações ao preço de exercício, se, no vencimento do prazo, o preço da ação nas bolsas for superior ao preço de exercício da opção; em caso contrário, não preciso exercer a opção.

Nas opções de venda, a lógica é oposta. A opção só será exercida se o preço vigente nas bolsas for superior ao preço de exercício.

Acelerador nº 11: Memorandos de colocação privada

Um memorando de colocação privada é uma oferta de ações de uma empresa que não está registrada nas bolsas, isto é, trata-se de uma empresa de capital fechado.

Os investimentos em memorandos de colocação privada são estratégias típicas de ganho de capital em que se espera que o valor das ações aumente com o tempo e funciona também como um plano de saída para os acionistas fundadores da empresa.

Novamente, a documentação e os requisitos legais são de fundamental importância. Faz-se necessário contar com uma orientação jurídica e tributária competente para selecionar a ferramenta financeira adequada à situação concreta.

Acelerador nº 12: Oferta pública inicial

As ofertas públicas iniciais (mais conhecidas por sua sigla em inglês, IPO) são o lançamento em bolsa das ações de uma empresa que está abrindo seu capital. De modo geral, as IPOs envolvem ações de empresas novas e não muito conhecidas. São operações rigorosamente regulamentadas e de preparação complexa, o tempo gasto com profissionais jurídicos e contadores as torna muito onerosas. Também exigem muito do tempo dos executivos, que, assim, podem ficar afastados do negócio principal. Contudo, proporcionam grande alavancagem, já que se espera que o preço inicial seja baixo e que suba com a negociação nas bolsas de valores. Esta é outra estratégia típica de ganhos de capital e um plano de saída para os fundadores da empresa.

US$105 MIL VIRAM US$30 BILHÕES

Warren Buffett foi capaz de transformar US$105 mil em US$30 milhões usando métodos de investimento semelhantes, embora recorrendo menos a imóveis. A lição a ser tirada é que o investimento turbinado se embasa na sinergia das aplicações e na alavancagem dos aceleradores. Essa sinergia entre as classes de ativos cria condições para que se transformem US$10 mil em US$10 milhões, com alguma regularidade e facilidade, depois que se aprende o método e se estabelece o sistema. No começo, é difícil, mas, com o sistema em operação, o caixa flui — para dentro, em vez de para fora.

US$10 MIL VIRAM US$10 MILHÕES

E é possível transformar US$10 mil em US$10 milhões com apenas uma classe de ativos? Sim, é possível. Na verdade, muita gente começa com apenas uma classe de ativos. É possível investir com sucesso nas três classes de ativos? Só você pode responder a esta pergunta.

O ELO MAIS FRACO

Se a pessoa compra e vende apenas ações, títulos de renda fixa, cotas de fundos ou imóveis, ela muitas vezes está perdendo as vantagens do investimento turbinado, e não raro incorre em riscos maiores e paga impostos demais — se é que chega a ganhar dinheiro. Ao abrir mão dos elos invisíveis, ou aceleradores, entre as classes de ativos, o investidor se torna o *elo mais fraco*. Sua falta de conhecimentos ou de desejo de enriquecer rapidamente o leva a roubar dele mesmo o dinheiro que poderia estar ganhando. Como o pai rico sempre dizia: "Nossa maior despesa é o dinheiro que não ganhamos".

COMENTÁRIOS DE SHARON

Os impostos como acelerador

Um dos aceleradores acessíveis a todas as três classes de ativos, os impostos, são também os mais complexos de entender. Não esperamos que o leitor se torne um especialista; porém, ao manter-se mais atento à legislação tributária e às deduções possíveis, é viável maximizar a geração de caixa e minimizar o pagamento de impostos, dentro da lei. É muito importante contar com assessoria tributária competente, que ajude a desenvolver estratégias mais adequadas ao caso particular, saber o que perguntar, e entender a influência dos impostos sobre o fluxo de caixa.

Como empregado, seu imposto é descontado na fonte, de modo que o padrão de seu fluxo de caixa é:

GANHAR → PAGAR IMPOSTOS → GASTAR

Já no caso do dono de empresa, o padrão do fluxo de caixa é:

GANHAR → GASTAR → PAGAR IMPOSTOS

Essa diferença nos padrões de fluxo de caixa e nas vantagens tributárias oferecidas às empresas são os motivos que levam o pai rico e Robert a aconselhar que se comece um negócio em tempo parcial. Como empresário, usa-se o dinheiro e reinvestem-se os ganhos no negócio antes de pagar impostos, ao contrário do que ocorre com os salários, que são abocanhados pelo leão antes de entrarem no bolso dos empregados.

Aumente seu fluxo de caixa abrindo uma empresa e deduzindo despesas comerciais legítimas

Por meio de uma empresa, você pode tirar proveito de deduções tributárias que não estão disponíveis para as pessoas físicas. Com a orientação e a documentação adequadas, talvez seja possível transformar algumas despesas pessoais em despesas comerciais legítimas. Evidentemente sua empresa tem que ter uma finalidade lucrativa legítima. A seguir listarei algumas deduções que talvez possam ser feitas:

- Despesas com o escritório mantido em casa
- Equipamentos (computadores, celulares)
- Despesas com material de escritório
- Programas de computador e assinaturas
- Despesas com automóvel

- Viagens, refeições
- Brindes
- Prêmios do plano de saúde
- Despesas com participação em seminários e outras atividades afins
- Despesas com a educação das crianças
- Móveis

Papéis

Ao analisar os investimentos em papéis é importante entender o jargão usado pelo mercado a fim de fazer as perguntas certas aos assessores financeiros. Por exemplo, no Brasil, a partir de 1º de outubro de 2004, será possível abrir uma *conta-investimento* para transferir recursos entre diferentes papéis, sem incidência de CPMF.

EBITDA, índice P/L

Estas siglas são bastante freqüentes nas páginas de economia dos jornais. Mas será que realmente entendemos o que querem dizer?

EBITDA é uma sigla em inglês, que significa lucro antes de deduzidos os juros, os impostos, a depreciação e a amortização. Às vezes, é traduzida como LAJIDA (Lucro Antes dos Juros, do Imposto, da Depreciação e da Amortização). Nos últimos tempos, tem aparecido com mais freqüência na imprensa, em face dos recentes escândalos empresariais nos Estados Unidos. Portanto, o EBITDA não leva em consideração as despesas com juros e impostos, que representam saídas de caixa. Já a depreciação e a amortização refletem o gradual envelhecimento dos ativos ao longo do tempo e não representam saída de caixa.

Quando a WorldCom revelou que inflara seu EBITDA ao classificar despesas correntes no total de US$3,8 bilhões como despesas de capital, desencadeou uma torrente de questionamentos sobre a exatidão dos relatórios contábeis. Warren Buffett fez o melhor resumo: "O EBITDA é um indicador financeiro sem sentido que distorce seriamente os ganhos da empresa".

O EBITDA não é uma boa medida de geração de caixa para avaliar uma empresa. Ele ignora o capital de giro, as despesas de capital e o endividamento, todos eles fatores fundamentais para a saúde da empresa no longo prazo. Por exemplo, se o endividamento de uma empresa é grande, o EBITDA não revela as despesas financeiras daí resultantes, podendo provocar uma avaliação equivocada.

Talvez fosse melhor acompanhar o "geração de caixa disponível" da empresa, que não leva em conta a amortização e a depreciação, ou seja, despesas que não implicam movimentação de caixa, mas descontam as despesas com juros e impostos.

O índice P/L é o preço da ação em relação ao lucro por ação. Divide-se o preço da ação pelo lucro por ação. É um indicador muito usado, pois é mais fácil de entender do que muitos outros indicadores. Por exemplo, em tese, supondo que todo lucro por ação seja distribuído como dividendo, se comprarmos uma ação com índice P/L de 10, serão necessários dez anos para recuperar o investimento.

Embora, em geral, o índice P/L seja calculado com base no lucro do passado (resultado apurado nos 12 meses anteriores), também é possível computá-lo com base no lucro do futuro (resultado projetado para os 12 meses vindouros). Às vezes, é difícil determinar qual foi o método empregado para calcular um dado P/L. Pode ser interessante comparar uma série de valores do P/L no correr do tempo com a taxa de crescimento da empresa e de outras empresas do mesmo ramo para observar a tendência.

Para analisar com mais profundidade as ações da empresa, é necessário ter acesso a seus relatórios anuais, que contêm as demonstrações financeiras e outras informações de divulgação obrigatória. Deve-se dar especial atenção à demonstração do fluxo de caixa, que pode revelar mudanças nos negócios da empresa. Embora a demonstração do fluxo de caixa seja quase sempre a última elaborada pelos contadores, considero-a a parte mais importante dos relatórios financeiros. Os investidores muitas vezes a menosprezam ou até a ignoram, embora geralmente contenha as informações mais relevantes para os acionistas. E como cada vez mais ouvimos falar de manipulação das demonstrações financeiras, torna-se ainda mais importante fazer as perguntas certas e conhecer o jargão dos investimentos.

O poder dos aceleradores

O investimento turbinado é mais do que a sinergia entre as três classes de ativos. Uma das razões de sua força está nos aceleradores invisíveis que se transmitem entre os ativos, como impostos e alavancagem bancária. A força não está no próprio ativo, mas nos aceleradores invisíveis.

Também é importante salientar que esse processo não poderá ser levado a cabo por apenas uma pessoa. Como se recordará, o lado direito do quadrante Cashflow é um esporte coletivo. Daí a relevância de se contar com uma boa equipe de assessores, incluindo contadores, gerentes de banco, advogados, corretores de seguro, consultores tributários e outros. A vantagem é que, com o auxílio de uma boa equipe, esse processo de geração de retornos cada vez mais altos se torna cada vez mais fácil.

Pai rico dizia: "Você não precisa conhecer todas as respostas. Basta saber a quem perguntar".

CAPÍTULO 12

Jogo, mais do que investimento

"O maior de todos os ladrões é a esperança."

PAI RICO

VENDER O SONHO... COMPRAR A MENTIRA

Numa palestra que fiz durante um almoço, em 1999, quando a histeria do mercado de ações estava chegando a seu auge, uma mulher levantou a mão e me perguntou: "Acabo de comprar 500 ações de uma empresa de primeira linha, a XYZ, o que o senhor acha de meu investimento?".

"Por que a senhora comprou essas ações?", devolvi.

"Porque meu corretor disse que seu preço iria aumentar. Comprei-as a US$55 e ele acredita que vão subir pelo menos para US$75 em seis meses. Já subiram alguma coisa e estou pensando em comprar outras mil antes que subam demais. O senhor acha que deveria comprar mais do que mil ações?"

PEÇA UMA GARANTIA DE DEVOLUÇÃO DO DINHEIRO

Depois de pensar algum tempo, decidi falar o que pensava, sem pensar em quem estava patrocinando o almoço. Disse: "O mercado já subiu muito. É um momento muito arriscado. Será que quem lhe vendeu essas ações a US$55 lhe daria uma garantia de devolução do dinheiro se elas não chegarem aos US$75? Ele lhe dará o dinheiro de volta se o mercado despencar?".

"Uma garantia de devolução do dinheiro?", exclamou a mulher, perplexa. "Os corretores dão garantia de devolução do dinheiro?"

Sem lhe responder, prossegui: "Bom, a maioria dos restaurantes devolve o dinheiro se a pessoa não gosta da comida. A maioria das lojas de departamentos e outras empresas oferece garantias de devolução do dinheiro se a pessoa não ficar satisfeita com os produtos ou serviços adquiridos. Por que não seu corretor?".

"Os corretores oferecem garantia de devolução do dinheiro?", perguntou novamente.

"Não que eu saiba", respondi.

"Então, por que o senhor fez a pergunta?"

"Porque fiquei imaginando por que a senhora estava tão disposta a aceitar a previsão da bola de cristal de seu corretor, a afirmação de que o preço da ação subiria de US$55 para US$75. A senhora está comprando as ações só porque acha que elas vão subir? Ou por que a senhora realmente quer uma participação no capital dessa empresa? E se o preço dessa ação cair para US$30? A senhora ainda vai querer essa ação? Vai estar satisfeita por tê-la comprado?"

"Acho que não", disse ela. "Quero a ação porque quero que ela se valorize... Só quero se seu preço subir para US$75, como o corretor falou".

"Então, peça uma garantia de devolução do dinheiro. Se a empresa for respeitável, então ele deve devolver o dinheiro se a senhora não ficar satisfeita com o produto que eles lhe venderam. Outro dia, fui a uma loja de departamentos e eles devolveram o dinheiro de uma camisa que não me satisfez. É por isso que compro lá. Eles garantem devolver o dinheiro".

O CHEFE ENTRA

A sala começou a se agitar. Finalmente, o gerente distrital da corretora se pôs em pé e fez o possível para salvar sua base de clientes. "Foi um dos meus corretores que fez essa recomendação", disse ele. "Nossa empresa estava empolgada com essa ação e a recomendamos. Obviamente, como empresa que lida com produtos financeiros, não podemos dar qualquer garantia. Não sei de nenhuma instituição financeira que o faça".

"Eu conheço", repliquei.

Ao ouvir minha declaração, a sala fez silêncio. Nesse momento, tive certeza de que nunca mais seria convidado por essa corretora. "Bom, quem oferece a garantia de devolução?", perguntou a mesma mulher.

"Seu banco", retruquei. "Ou, melhor dizendo, a senhora oferece a seu banco a garantia de devolução do dinheiro. A senhora faz isso sempre que seu banco lhe empresta dinheiro. Na verdade, um empréstimo hipotecário é exatamente isso — uma garantia de devolução do dinheiro. Se a senhora não devolver o dinheiro ao banco, o banco irá atrás da senhora até que a senhora o faça".

"Então, se meu corretor diz que a ação vai subir até US$75, eu devo pedir a garantia de devolução do dinheiro?"

"Acho que sim", respondi.

"Mas e se ele não me der a garantia?"

"Então, a senhora deveria oferecer-se essa garantia. É isso que os investidores espertos fazem".

"E se eu não puder me oferecer essa garantia?", perguntou.

"Então, diga francamente que está jogando, em vez de investindo. Os verdadeiros investidores não são jogadores... contudo, o mundo está cheio de jogadores que pensam que estão investindo".

PARA QUE INVESTIMOS?

Em *Pai Rico, Pai Pobre*, as duas palavras mais importantes em que o livro se concentrou foram *ativos* e *passivos*. Neste livro, as duas expressões mais importantes são:

GERAÇÃO DE CAIXA
VERSUS
GANHOS DE CAPITAL

Quando alguém diz "Comprei esta ação (ou este imóvel) porque acredito que se valorizará", essa pessoa muito provavelmente está investindo para obter ganhos de capital. O pai rico gostava de dizer: "Os ganhos de capital são o sonho dos jogadores. O verdadeiro investidor busca antes de tudo gerar caixa, não ganhos de capital". Aquela mulher que me fez perguntas sobre ações estava investindo para obter ganhos de capital, o que, de acordo com o pai rico, é jogar no futuro — não investir.

Pai rico dizia: "Quando se investe para gerar caixa, se investe na certeza de retorno do dinheiro. Quando se investe para auferir ganhos de capital, se investe em esperança. O maior dos ladrões é a esperança".

JOGADORES QUE SE JULGAM INVESTIDORES

Neste ponto, uma boa pergunta é: "Por que tanta gente investe para auferir ganhos de capital em vez de para gerar caixa?". A resposta está mais uma vez no perigo de dizer "não dá para fazer isso" ou "é impossível" ou "é muito arriscado". A pessoa se torna vulnerável aos predadores financeiros. Uma das ferramentas de logro desses predadores é a promessa de um futuro melhor. Eles podem dizer "daqui a três anos este imóvel estará valendo o dobro" ou "as bolsas sobem 6% ao ano, em média". O pai rico costumava dizer: "As pessoas que não encontram um investimento hoje jogam na promessa do amanhã. Elas contam com a esperança mais que com a inteligência. Elas têm sonhos, de modo que compram mentiras".

INVESTIDOR VERSUS *JOGADOR*

Num livro anterior, escrevi sobre certa ocasião em que o pai rico me mostrou que certo investimento imobiliário me levaria a perder dinheiro mensalmente porque o aluguel que receberia não cobriria o pagamento da hipoteca e das despesas de manutenção do imóvel. Era um *fluxo de caixa negativo* em lugar de um *positivo*. Muitos planos de aposentadoria se alicerçam em esperanças e promessas durante anos. Isto faz muito pouco sentido para mim, mas parece fazer sentido para os milhões de investidores que esperam que o dinheiro esteja à sua espera depois que concluírem o quarto tempo do seu jogo do dinheiro.

O pai rico ria e dizia: "Não é preciso muita inteligência financeira para descobrir um investimento que o faça perder dinheiro. O mercado está cheio de especialistas que lhe dizem como fazer isso. Tudo que você precisa é pôr nas mãos deles seu dinheiro". E acrescentava: "Qualquer um é capaz de identificar um investimento que dê prejuízo. Por que as pessoas pagam os chamados especialistas financeiros para fazer isso é algo que está além do meu entendimento".

A verdadeira questão é: Como tantas pessoas podem ser tão crédulas? Embora haja muitas respostas, podemos dizer que, como não conseguem encontrar uma fonte de caixa hoje, investem na esperança de ganhos de capital amanhã. E, além disso, investem sem garantia de devolução do dinheiro.

UMA ENGANAÇÃO MACIÇA

A pergunta é: Como tantos milhões de pessoas podem ser levadas a pensar que perder dinheiro todo mês, durante anos, sem garantia de devolução do dinheiro e sem seguro contra prejuízos catastróficos, pode ser considerado um investimento inteligente? Só pode ser o resultado de uma das maiores campanhas de vendas de toda a história do mundo... algo que só dá certo com uma população financeiramente ingênua. Na verdade, isso é mais do que campanha de vendas ... é uma enganação maciça.

POR QUE AS PESSOAS PERDEM DINHEIRO?

Em minha opinião, uma das principais razões que leva as pessoas a investir no amanhã em vez de no dia de hoje é simplesmente a incapacidade de *em suas mentes* não encontrarem ou não terem condições de encontrar um investimento que as remunere hoje. Quando uma pessoa não encontra um investimento que a remunere *hoje*, ela muitas vezes passa a acreditar no *amanhã*, o que a transforma em jogador que aposta em ganhos de capital. Elas estão dispostas a perder dinheiro, mesmo que seja um pouco a cada mês, acreditando na esperança e na promessa de que amanhã conseguirão o que querem. Essas pessoas, as que não sabem a diferença entre investir para gerar caixa e investir para obter ganhos de capital, são as que se tornam vítimas dos predadores financeiros.

PARA QUE OS INVESTIDORES INVESTEM?

Pai rico dizia: "Um investimento precisa fazer sentido hoje e amanhã". Em vez de se concentrar em qual investimento é o melhor, ações, títulos, fundos mútuos, imóveis ou uma empresa, pai rico ensinou seu filho e a mim a investir para obter:

1. Geração de caixa
2. Vantagens tributárias
3. Ganhos de capital

Talvez seja bom voltar a examinar a fórmula do pai rico de investimento turbinado. É uma fórmula que dificilmente funcionará sem uma entrada constante de caixa. Sem caixa, as vantagens tributárias — outra forma de gerar caixa — são limitadas. Para o pai rico, os ganhos de capital não tinham demasiada importância. Sua fórmula de investimento turbinado funciona com ou sem ganhos de capital. O pai rico cuidava de garantir o retorno do dinheiro. Para ele, os ganhos de capital eram enfeites. Por isso, estão em terceiro lugar na ordem de prioridades.

Infelizmente, a maior parte do público investidor adota a seguinte ordem de prioridades:

1. Ganhos de capital

Só sabem comprar na baixa e vender na alta. De acordo com o código tributário dos Estados Unidos, as pessoas que compram e vendem são classificadas como operadores, não investidores. Quando olhamos para o quadrante Cashflow,

... alguém que compra e vende se situa no quadrante A, não no I. No ramo imobiliário, muita gente se concentra em comprar e revender a preços mais altos, o que é investir para obter ganhos de capital em vez de para gerar caixa. Assim, nos Estados Unidos, essas pessoas podem estar sujeitas ao pagamento de impostos mais altos do que os verdadeiros investidores. Sem a constituição de pessoa jurídica e sem planejamento societário e tributário, elas são consideradas autônomos e muitas vezes ficam sujeitas a uma tributação mais onerosa. Como sempre, é preciso consultar contadores e advogados competentes, porque cada situação é diferente.

E A EXECUÇÃO HIPOTECÁRIA

Numa palestra para investidores em imóveis, levantei a questão da diferença entre operadores e investidores. Um jovem que estava na sala levantou a mão e perguntou: “Eu compro imóveis que foram objeto de execução judicial. Sou um operador ou um investidor?". Minha resposta foi: "O senhor está perguntando sobre um processo de financiamento. Eu estou falando da maneira como o senhor sai ou do uso que faz da execução. Se o senhor comprar o imóvel executado para alugá-lo e assim gerar caixa, então o senhor é um investidor. Se o comprar e vender para ganhar dinheiro rápido, então está investindo para obter ganhos de capital e isso pode colocá-lo no quadrante A, como operador".

Outra mão se levantou e a pessoa perguntou: "E se eu comprar um imóvel sem dar entrada? Ainda sou um investidor?". Minha resposta foi a mesma: "O que importa não é o processo de financiamento. É a saída. O seu intuito é revender o imóvel por um preço mais alto? O seu horizonte é o longo prazo ou o curto prazo? São essas as questões que interessam".

Muita gente fica sentada observando as subidas e descidas das bolsas de valores. Ficam felizes quando o índice Dow Jones* sobe e deprimidas quando cai. Essas pessoas em geral investem para obter ganhos de capital. Elas compram as ações quando os preços começam a subir e as vendem quando os preços caem. É essa filosofia que torna os investimentos em papéis tão voláteis e arriscados para o pequeno investidor.

Quando ouço alguém dizer "A casa em que moro se valorizou. Ganhei dinheiro porque agora ela vale mais US$50 mil do que paguei", sei que essa pessoa também está procurando ganhos de capital. Os que querem fazer investimentos turbinados precisam observar os ativos com olhos de empresário... porque os empresários sabem que a *geração de caixa* e as *vantagens tributárias* são bem mais importantes que os *ganhos de capital.*

QUEM SÃO OS GRANDES PERDEDORES?

O ponto que este capítulo visa ilustrar são as razões pelas quais tantas pessoas pensam que investir é arriscado, levando milhões de pessoas a perder trilhões de dólares entre 2000 e 2003. Uma das razões, além dos maus conselhos e da pouca educação financeira, é que a maioria das pessoas investe com o propósito de obter ganhos de capital. Isso também se aplica à maioria dos fundos de investimento, administrados por profissionais. Acho irônico que tantos fundos de investimento aconse-

* *Nota da Tradutora:* Índice que acompanha a evolução das pricipais ações negociadas na Bolsa de Nova York. É tomado como uma referência de mercado.

lhem seus clientes a investir a longo prazo e na prática façam exatamente o contrário. A maioria dos gestores de recursos de terceiros sofre pressões para obter ganhos rápidos, comprando na baixa e vendendo na alta. Eles fazem tudo, menos investir a longo prazo... conselho que dão... mas não seguem. Por quê? Porque investem para obter ganhos de capital. O verdadeiro investidor procura gerar caixa. Por quê? Porque não acredita em esperanças... acredita na mesma coisa em que seu banco e as autoridades tributárias acreditam... na certeza do retorno do dinheiro.

A LIÇÃO

Uma das razões pelas quais as pessoas investem na esperança em vez de na certeza do retorno é que elas não encontram investimentos que gerem dinheiro hoje. Há outras razões, algumas que ainda serão vistas.

No próximo capítulo, veremos algumas maneiras de encontrar investimentos que remunerem hoje e não amanhã.

Antes de passar para o próximo capítulo, gostaria de recordar ao leitor que o pai rico me incentivou a olhar todos os investimentos como negócios. Uma vez que o leitor ache um grande negócio que lhe proporcione geração de caixa regular, mantenha-o. Warren Buffett diz: "Gostamos de comprar empresas. Não gostamos de vendê-las e esperamos que as relações sejam duradouras".

MAIS UMA VEZ: CONSULTE OS ESPECIALISTAS

Grande parte desse método de investir foi apresentado de forma muito simplificada em *Pai Rico, Pai Pobre*. A diferença deste livro é que estou fazendo o possível para entrar em pormenores sem ser demasiado detalhista. Como já fizemos nos outros livros, recomendamos sempre que se consultem profissionais experientes, como contadores e advogados, para esclarecer os pontos aqui expostos.

UM LEMBRETE

Mas, antes de prosseguir, quero salientar a importância do poder da mente e do cuidado com o uso de expressões como "não posso" ou "é impossível fazer isso". São justamente as pessoas que falam isso para si mesmas que entregam seu dinheiro para estranhos e depois ficam espantadas porque não obtêm os bons retornos que esperavam. Lembre sempre que o setor de serviços financeiros não oferece garantia de devolução do dinheiro. É por isso que *você* precisa ser a pessoa que garante o retorno do dinheiro.

COMENTÁRIOS DE SHARON

Será que Robert está dizendo que o poupador é um jogador? Não. O que chamamos de jogar sem mesmo ter o treinamento de jogador profissional é a idéia de poupar para o dia de amanhã quando não se sabe e não se controla o que acontecerá no futuro.

Embora seja tradicional a idéia de que "investir é arriscado", acreditamos que NÃO investir é ainda mais arriscado. Apostar nosso futuro num empregador ou no governo nos parece arriscado. Pôr nosso dinheiro na mão de estranhos para que eles o administrem é decisão de alto risco, a menos que se faça parte da equipe estratégica do investimento.

Aconselho a leitura de um de nossos livros mais recentes *Histórias de Sucesso do Pai Rico*, onde se contam os casos de pessoas que deram os primeiros passos no controle de seus futuros financeiros na mesma época que muitos de seus amigos viram desaparecer suas poupanças e planos de pensão. Enquanto esses amigos estavam perdendo na mesa de jogo (o mercado), os personagens de *Histórias de sucesso* investiam em ativos que geravam fluxos de caixa positivos para eles. O primeiro passo costuma ser o mais difícil. Acreditamos que, ao ler essas histórias, outros encontrarão a coragem ou a oportunidade de assumir o controle de suas vidas financeiras.

CAPÍTULO 13

Como encontrar investimentos ótimos

"As oportunidades se repetem porque as pessoas repetem seus erros."

PAI RICO

"A maioria das pessoas se interessa pelas ações quando todos estão interessados nelas. O tempo de interessar-se é quando ninguém está pensando nelas. Não se pode comprar o que é popular e ter sucesso."

WARREN BUFFETT

VIDA E MORTE DOS LEMINGUES

Quando estava no ensino fundamental, minha professora mostrou para a turma um filme sobre o ciclo de vida dos lemingues. As crianças ficaram agitadas quando uma mãe lemingue deu à luz seus pequenos filhotes. Dávamos risadinhas ao ver os lindos animaizinhos brincando, se alimentando e crescendo. De repente, meus colegas e eu ficamos sem fôlego, quando o filme mostrou milhares dos já crescidos, mas ainda lindos lemingues pulando em massa de um penhasco para o mar e nadando para a morte.

Entre 1995 e 2003, milhões de investidores agiram como lemingues. Em vez de perder a vida, muitos deles perderam as poupanças de toda a vida. Por que aconteceu isso? Como sempre, as razões são muitas. Uma delas é que os investidores seguiram cegamente a manada, fazendo o que era popular, em vez de fazer o que era lucrativo. Em 1995, quando o mercado de ações iniciava sua disparada, os lemingues começaram a tirar a cabeça dos buracos. Depois de ver seus amigos enriquecendo e sem querer ficar para trás, muitos saíram da segurança de seus esconderijos e seguiram o bando para pular do penhasco na maior disparada do mercado de ações em toda a história recente.

O QUE ACONTECEU COM OS LEMINGUES QUE NÃO PULARAM?

Naturalmente, nem todos pularam do penhasco para o mar entre 1995 e 2000. Muitos, ao perceberem que o mercado de ações estava desmoronando, saíram das bolsas de valores para entrar nos mercados de imóveis e de títulos de renda fixa, à medida que caíam as taxas de juros. Novamente, sendo lemingues, acompanharam a multidão.

Enquanto as taxas de juros ficavam cada vez mais baixas, entre 2000 e 2003, milhões de investidores abandonaram o mercado de ações em busca de segurança e começaram a investir em imóveis e em títulos de renda fixa, no pior momento possível. Por que aquele era o pior momento possível? Porque agora todos investiam em imóveis e em títulos de renda fixa — o que os tornava mais arriscados. Investir em títulos de renda fixa ficava cada vez mais arriscado porque as taxas de juro estavam caindo. E, mesmo assim, os investidores continuaram aplicando naqueles papéis. Comprar títulos de renda fixa quando as taxas de juros estão em baixa é quase como comprar ações de empresas tecnológicas quando os preços estão em alta.

Ao mesmo tempo, enquanto as taxas de juro caíam, os preços dos imóveis subiam. E, com a subida dos preços, mais e mais investidores compravam imóveis, transformando-os em investimento arriscado.

O PIOR MOMENTO PARA INVESTIR

Há muita verdade na afirmação "Quando os motoristas de táxi e os engraxates começam a investir é tempo de sair do mercado". Pai rico costumava dizer: "A pior hora para investir é quando o mercado está em alta".

Em vez de ensinar-nos a sair à caça da nova tendência quente, o pai rico ensinou seu filho e a mim a nos desfazermos dos maus investimentos quando o mercado está em alta e a partir para investimentos interessantes quando o mercado está em baixa. Ele dizia: "A melhor hora para se desfazer de investimentos com desempenho fraco é quando o mercado está em alta e os amadores compram". Enquanto as taxas de juro caíam e o mercado de imóveis subia, entre 2000 e 2003, Kim e eu começamos a vender nossos investimentos imobiliários marginais a investidores desesperados para sair do mercado de ações e entrar no mercado de imóveis.

Um dos investimentos que vendemos por cerca de US$100 mil em 2003 tinha sido comprado por US$55 em 1989. Vendemos o imóvel porque o aluguel não subia, as despesas com o apartamento de dois quartos estavam aumentando e o apartamento não se valorizava em relação a nossos outros imóveis. Além disso, era uma propriedade pequena em relação ao resto de nossos investimentos. A venda foi resolvida em menos de duas semanas.

Mesmo não sendo um grande investimento, durante 14 anos recebemos em média US$1.000 mensais em aluguéis, com poucos períodos sem inquilino. Um dos inquilinos ficou sete anos no imóvel. Isso representa 12 meses X 14 anos = 168 meses X US$1.000 = US$168.000 de renda bruta em 14 anos. O apartamento não estava hipotecado. Tinha sido comprado à vista. Nossas despesas eram mínimas, mas, como disse, estavam subindo. Mesmo sem ser um bom investimento, ele nos proporcionou nesses 14 anos um retorno de quase 300% sobre o dinheiro aplicado. Tecnicamente, o imóvel não nos custava nada após o quinto ano, porque já tínhamos recuperado aqueles US$55 mil e o dinheiro estava reinvestido em outros imóveis. Assim, depois do quinto ano, estávamos recebendo dinheiro de graça. Embora não fosse muito dinheiro, sempre é melhor ganhar pouco do que perder.

ENCONTRAR UM BOM INVESTIMENTO

A história anterior não pretende apenas alardear um pequeno investimento, visa antes ilustrar porque alguns investidores encontram ótimos investimentos enquanto muitos outros não conseguem identificar boas oportunidades.

Uma das numerosas razões pelas quais muitos investidores não acham boas oportunidades de investimento é o que chamo de *fator lemingue*, ou seja, o impulso que leva os investidores a comprar porque outros estão comprando. Na maioria das publicações financeiras dos Estados Unidos, vemos anúncios que proclamam "Eleito o Fundo de Investimento de 2002", ou "Proporcionou retorno de 36% nos últimos cinco anos" ou "Classificação: cinco estrelas". Para os lemingues, esses apelos são irresistíveis. Geralmente, se for verdade, quando se fala que um fundo investimento é o número um ou que rendeu 35% em cinco anos, isso significa que o fim está próximo. No caso dos imóveis, os lemingues são atraídos quando sabem que um amigo ou um colega que comprou um imóvel por US$125 mil o vendeu três meses depois por US$165 mil. Como o pai rico costumava dizer, "Histórias de sucesso atraem otários para o mercado".

AS LIÇÕES DA EXPERIÊNCIA

Um fato perturbador me marcou desde os tempos de criança. Era saber que os lemingues faziam a mesma coisa ano após ano. O mesmo se aplica aos investimentos. Como dizia o pai rico, "As oportunidades se repetem porque as pessoas repetem os mesmos erros". Ele também dizia: "Uma das formas de encontrar ótimos investimentos é quando as pessoas se tornam lemingues, depois do aquecimento do mercado". Em outras palavras, quando o mercado se aquece ou fica badalado, já é tarde demais. Assim, as palavras sábias são: quando os mercados se aquecem, lembre-se de não fazer como os lemingues. Embora isso pareça fácil e óbvio, quando todos estão pulando do penhasco, muitas vezes é difícil não acompanhar. O principal erro que as pessoas cometem é investir no que está na moda. Entre 1995 e 2000, os investimentos mais populares eram fundos e ações. O modismo deveria ser um sinal para não se investir neles; contudo, não se fazia outra coisa. Repetindo a frase de Warren Buffett: "Não é possível comprar o que é popular e ter sucesso".

SETE MODOS DE ENCONTRAR UM ÓTIMO INVESTIMENTO

O pai rico nos ensinou, a seu filho e a mim, a encontrar investimentos ótimos simplesmente nos ensinando a interpretar demonstrações financeiras, a entender tendências, a procurar bons conselheiros e, mais importante, a não investir no que está na moda. Dizia ele: "Se você quiser ser um investidor de sucesso, precisa ser capaz de encontrar investimentos ótimos que os outros não vêem". Em minha opinião, uma das razões pelas quais tanta gente entrega seu dinheiro a estranhos é não saber encontrar um bom investimento. Os sete modos de descobrir investimentos ótimos, apresentados a seguir, funcionam em mercados bons e maus. Na maioria dos casos, a base de tudo é não ser lemingue.

PRIMEIRO: LEMBRE-SE DE QUE AS PESSOAS SÃO LEMINGUES

Uma das formas mais simples e melhores de encontrar investimentos é esperar que os amadores entrem no mercado. Os amadores sempre chegam tarde... em geral, quando o mercado está no pico. Como estão atrasados, quase sempre chegam em magotes, criam um frenesi, os preços aumentam e os amadores pagam demais pelo investimento. Depois que o mercado despenca, o que é inevitável, os verdadeiros investidores voltam em busca das melhores oportunidades, dos melhores preços. Isso é verdade para qualquer classe de ativos, sejam papéis, imóveis ou empresas. Trata-se de realidade que tem sido confirmada pela história e aposto que continuará sendo verdade no futuro.

UM DIA NA VIDA

Muitas vezes me perguntam como acho investimentos. Vou descrever um dia de setembro de 2003. É um exemplo de como fico atento ao mercado e descubro investimentos. Todos os dias, independentemente da situação do mercado, boa ou má, passo algum tempo conversando com investidores amadores e profissionais, que é o meu jeito de sentir o pulso do mercado.

Nesse dia de setembro de 2003, a filha de um amigo me procurou e disse que estava ganhando muito dinheiro com imóveis. Ela tinha comprado três imóveis pequenos e, ao revendê-los, obteve lucro total de US$9 mil. Estava empolgada e queria largar o emprego para dedicar-se em tempo integral à compra e revenda de imóveis. A conversa com ela confirmou que a bolha dos imóveis estava a ponto de estourar e eu precisava ser ainda mais cauteloso. Quando os mercados sobem aceleradamente e os amadores podem obter lucros rápidos, acredito que o mercado esteja chegando a seu pico. Quando os amadores começam a largar seus empregos, significa que o auge do mercado é iminente. Como Hunter S. Thompson escreveu certa vez, "Quando as coisas ficam esquisitas, os esquisitos viram profissionais".

Nessa mesma manhã, um amigo me ligou querendo vender um diamante. "Estou tendo problemas com a minha empresa. Você estaria interessado em meu diamante? Se você comprar, vou poder agüentar alguns meses, até o Natal. Depois do Natal, eu poderia recomprar meu diamante por um preço 25% superior ao que você pagou". Como não sei distinguir um diamante de um pedaço de vidro, abri mão da oportunidade.

Depois do almoço, recebi um e-mail de um amigo de Cingapura perguntando se eu estaria disposto a comprar alguns dos imóveis que ele possuía na Nova Zelândia. "Acabei tendo despesas maiores do que esperava com o último imóvel que comprei. Fiz uma reforma que saiu mais cara do que esperava. Estou sem dinheiro em caixa e tenho que pagar a hipoteca. O banco está me pressionando. Preciso rápido de US$100 mil para terminar o projeto e vender o imóvel. Tenho três lotes na Nova Zelândia que posso lhe vender pelo valor de mercado, se você me mandar os US$100 mil imediatamente".

"Quanto valem os três lotes, onde se localizam e por quanto você quer vendê-los?", respondi.

Ele não deu retorno. Imagino que a pressão do banco aumentou.

Depois do jantar, Kim, minha esposa, recebeu um telefonema de um de nossos parceiros imobiliários. A mensagem: "O comprador desistiu. Não conseguiu financiamento bancário".

"Então, depois de esperar nove meses, finalmente o imóvel é nosso?", perguntou Kim.

"Isso mesmo — e por um preço melhor do que a oferta original".

"Ótimo", sorriu Kim. "Faça a reserva e vamos começar a examinar a papelada".

Onze meses antes desse telefonema, nosso grupo tinha visto o imóvel e o reservara por meio de uma carta de compromisso". Em vez de vendê-lo para nós, o vendedor o passou para um comprador disposto a pagar muito mais do que nós tínhamos oferecido. Agora, o comprador que pagara demais estava com problemas financeiros e queria passá-lo adiante rapidamente. Ele estava perdendo muito dinheiro por mês porque não dava atenção aos inquilinos, que não paravam no imóvel. Assim, ele estava perdendo dinheiro não só com o pagamento da hipoteca, mas também com o aluguel que não recebia. Ele tinha ligado para nós cinco meses antes para nos oferecer o imóvel a um preço mais alto. Não aceitamos, e assim o vendedor o ofereceu a alguém, que para ele seria a salvação. Quando esse candidato pulou fora, porque não conseguiu financiamento, ele voltou a procurar nosso grupo. Estava disposto a vender a um preço menor que o oferecido de início e a arcar com o prejuízo. Não agüentava mais. Pensava que o imóvel seria um negócio fácil, mas para ele não deu certo. Ele estava perdendo dinheiro rapidamente e queria se livrar do imóvel. Não tinha tempo de esperar por um novo comprador. Depois de uma longa e paciente espera, o imóvel agora era nosso.

ISSO ACONTECE TODOS OS DIAS

"As oportunidades se repetem em sucessivas ocasiões", dizia o pai rico. "Pode ter certeza de que os mesmos erros serão cometidos várias vezes. As pessoas podem mudar, mas as mancadas continuam as mesmas. Torne-se especialista em certos erros e você ficará rico. As melhores oportunidades do mundo decorrem dos erros alheios".

Warren Buffett observa: "Só vou ao mercado para ver se alguém está a ponto de fazer alguma bobagem".

O MAIS TOLO

No mundo dos investimentos, as pessoas que apostam em *ganhos de capital*, em vez de buscar *geração de caixa*, muitas vezes estão fazendo o jogo do *mais tolo*. Por exemplo, a expectativa do *mais tolo* está presente quando alguém diz: "Comprei esta ação por US$25 e vou vendê-la quando chegar a US$35". Ou, "Comprei minha casa por US$250 mil e meu corretor diz que em cinco anos estará valendo US$350 mil". Essas são as palavras de quem investe na premissa de que sempre existe alguém *mais tolo* — e em geral estão certos. De fato, eu diria que hoje a maioria dos mercados de investimentos se alicerça na perspectiva do *mais tolo*. Quando o *mais tolo* some do mercado, os preços despencam. O mercado entra em queda quando o último tolo verifica que o penúltimo tolo que lhe vendeu a ação, a empresa, o fundo mútuo ou o imóvel sumiu e ninguém quer de volta o ativo. Quando os tolos iniciam a debandada, é hora de começar a procurar as melhores pechinchas. Como diz Warren Buffett: "Seja medroso quando os outros são gananciosos e seja ganancioso quando os outros são medrosos".

A MELHOR HORA PARA DESCOBRIR ÓTIMOS INVESTIMENTOS

A maneira mais eficaz de identificar ótimos investimentos é perceber que os lemingues estão correndo para o penhasco e perceber que a ganância está em alta, aumentando ainda mais a cobiça coletiva. O pai rico gostava de dizer "Ganância + estupidez = oportunidade".

Portanto, lembre-se dessas cinco lições tiradas do primeiro modo de encontrar investimentos, simplesmente recordando que, *quando se trata de investir, a maioria das pessoas é lemingue.*

1. Os lemingues chegam tarde e os investidores são madrugadores... e isso se aplica tanto à compra quanto à venda.
2. É mais fácil encontrar grandes negócios num mercado ruim do que num mercado bom.
3. Quando os mercados estão em má situação, os lemingues voltam para seus esconderijos. Nesse momento, os investidores aparecem e enriquecem.
4. Também é possível ganhar dinheiro nas boas fases do mercado. Só que nesses períodos o investidor deve ser ainda mais esperto. Quando os mercados se aquecem, os riscos são maiores, e a cautela torna-se ainda mais importante.
5. Nas más fases do mercado, o mais difícil é não virar lemingue. Nas boas fases do mercado, o mais difícil é agir como investidor.

SEGUNDO: TRAGÉDIAS OU CALAMIDADES PESSOAIS

O segundo modo de achar um investimento ótimo são as tragédias e calamidades pessoais. Não me alegro ao encontrar investimentos desse modo, mas já achei.

Muitos anos atrás, vi um imóvel posto à venda por um homem que ficara desempregado. Em duas semanas, o banco iria retomar o imóvel. "Pague o que estou devendo ao banco e pode ficar com a casa", disse-me.

"Mas isso não vai ser bom para o senhor", respondi.

"Veja, o senhor vai me ajudar a sair da confusão", respondeu.

"Mas, como?"

"Se o senhor pagar ao banco, não vou ficar com o nome sujo. Quando eu voltar a me aprumar, será mais fácil comprar uma casa para a minha família. Se eu estiver com o nome sujo na praça, não vou conseguir financiamento ou vou ter que pagar juros mais altos".

Embora não me sentisse muito à vontade comprando aquela casa, sabia que ele precisava de ajuda e eu não estava explorando sua tragédia pessoal.

O importante é que nesses momentos difíceis muita gente fica desesperada para vender. Embora daí decorram muitas oportunidades de investimento, sempre se deve ouvir a própria consciência.

TERCEIRO: RECESSÕES

Recessão é simplesmente uma contração da economia. Elas ocorrem com regularidade... o que novamente nos lembra que as oportunidades se *repetem*. Obviamente, as recessões desencadeiam calamidades comerciais e pessoais. Durante as recessões, muitas empresas vendem seus equipamentos a preço de banana. O valor dos imóveis residenciais cai e brinquedinhos pessoais como carros, casas de veraneio e barcos são vendidos por quase nada. As pessoas podem estar ricas de ativos mas com o caixa curto.

Bom exemplo disso é o fundador de uma empresa pontocom que comprou carros, uma casa maior e vários outros supérfluos. Depois do colapso das pontocom, essa mesma pessoa teve que vender seus bens a toque de caixa para poder se sustentar. Essa foi uma grande oportunidade para pessoas que queriam adquirir esses bens e tinham dinheiro na mão para comprá-los a preços de ocasião. O vendedor ficou feliz de encontrar compradores e estes ficaram felizes com a pechincha.

Também os ativos da empresa pontocom, como móveis e equipamentos, foram postos à venda por preços reduzidos. A empresa conseguiu levantar caixa com a venda de ativos e os compradores adquiriram móveis e computadores pouco usados a bons preços.

Repito: não gosto de tirar vantagem de tragédias pessoais, mas às vezes é possível ajudar alguém mesmo comprando o que estão vendendo a preço de banana. Siga sua consciência. Veja se poderá se olhar no espelho de manhã.

QUARTO: MUDANÇAS TECNOLÓGICAS, POLÍTICAS OU CULTURAIS

Em 1986, o governo alterou a legislação tributária dos Estados Unidos. A reforma tributária daquele ano tornou mais difícil para pessoas físicas bem remuneradas, como médicos, advogados, contadores, arquitetos e outros (localizadas no quadrante A), desfrutar das mesmas vantagens fiscais concedidas a empresários. Essa mudança contribuiu para a queda do mercado de ações em 1987 e a do mercado de imóveis no ano seguinte.

De repente, médicos, advogados, contadores e respectivas associações estavam literalmente vendendo ótimos imóveis a preço de banana em função da mudança na legislação. O valor dos imóveis despencou porque as vantagens tributárias foram eliminadas. Os preços caíram tanto que o governo dos Estados Unidos teve que intervir e foi criado um órgão específico, a Resolution Trust Corporation, para encontrar formas de vender imóveis que valiam bilhões de dólares a preços de ocasião.

Nesse período o medo rondava. Muitas pessoas se recolheram a seus esconderijos em vez de sair e investir. Nessa mesma época, Kim e eu trabalhamos ainda mais para ganhar dinheiro com nossas empresas, comprando do governo muitos desses imóveis baratos. Foi essa mudança na legislação tributária que criou condições para a conquista de nossa liberdade financeira.

AS MUDANÇAS SÃO COTIDIANAS

Hoje, há mais mudanças estruturais, técnicas, políticas e culturais do que em qualquer outra época. Cada mudança oferece novas oportunidades para investir e também para perder dinheiro. Eis algumas mudanças que estou acompanhando:

1. Terrorismo: é barato e pode ocorrer em qualquer lugar. O terrorismo reduz o sentimento de segurança. Se a segurança está ameaçada, o dinheiro tende a ficar escondido, em vez de ser investido com agressividade.

2. Empregos que saem do país: há alguns anos, as pessoas se preocupavam com os empregos em linhas de produção que estavam sendo transferidas para o México e outros países. Hoje, também os empregos de escritório estão migrando para mercados de trabalho mais baratos. Entre 2000 e 2003, 50 mil postos de trabalho saíram de lugares como Wall Street para países como a Índia. Por quê? Porque é muito mais barato pagar US$30 mil anuais a um MBA indiano do que US$300 mil anuais a algum americano com a mesma escolaridade. A possibilidade de contar com pessoal que trabalha à distância, a custos mais baixos, é uma tendência que deve tornar-se cada vez mais forte. Atualmente, até os atendentes dos serviços de auxílio das operadoras de telefonia moram em países como Filipinas, Malásia e Índia.

4. Envelhecimento da população: a população ocidental está envelhecendo rapidamente e atingindo a idade da aposentadoria. Hoje, em muitas capitais européias, já se verificam protestos porque os governos não têm recursos para continuar pagando os benefícios aos aposentados e estão amarrados por restrições orçamentárias.

5. Crescimento populacional: em 2000, de acordo com o censo dos Estados Unidos, o país tinha 281 milhões de habitantes. A projeção para os próximos 25 anos indica aumento para algo entre 350 e 400 milhões de habitantes. O crescimento esperado para a Califórnia, já superpovoada, é de 18% nas próximas duas décadas. Embora eu não saiba o que

a China e o terrorismo significam para as bolsas de valores, estou certo de que esse aumento da população americana será ótimo para o mercado de imóveis. Muitas vezes digo a quem reclama de que os imóveis estão muito caros: "Se você acha que os imóveis estão caros hoje, espere mais dez anos". Também observo: "Você não gostaria de ter comprado mais imóveis há 20 anos, mesmo se parecessem caros na época?". Embora os preços dos imóveis tendam a subir em média 6% ao ano, isso não é uma desculpa para comprar qualquer imóvel.

6. Guerras: são algo horrível; contudo, muitas vezes, significam a iminência de alguma grande mudança. A Inglaterra, a França, a Alemanha e o Japão já foram em diferentes épocas inimigos dos Estados Unidos. Hoje, são nossos maiores aliados. (Mesmo que a Alemanha e a França não tenham apoiado os Estados Unidos no Iraque, ainda são aliados sob outros aspectos.) Às vezes, é preciso lutar antes de nos tornar amigos. Espero que o Irã, o Iraque, a Palestina, a Rússia e algumas nações africanas e outras áreas de conflito em breve se tornem nações amigas e parceiros comerciais. O que quero destacar é que às vezes a guerra é um bom momento para comprar porque os preços baixam.

Durante a Segunda Guerra Mundial, os japoneses invadiram as Filipinas e tomaram muitas empresas. Uma delas foi uma mineradora de ouro listada na Bolsa de Valores de Nova York. No dia da invasão do país e da tomada de controle da mina, o preço das ações da empresa caiu até quase zero. Mas houve gente que aproveitou o preço baixo e ganhou uma fortuna quando a guerra acabou e a mineradora se recuperou.

7. A idade é uma desvantagem: quando eu era garoto, a idade era vantagem. Meus pais sabiam que, quanto mais velhos ficassem, mais valor teriam como trabalhadores. No mundo de hoje, quanto mais velhos ficamos, mais obsoletos nos tornamos, devido às mudanças tecnológicas. Hoje, em minhas palestras, sempre digo que devemos pensar como atletas profissionais... como jogadores de basquete que são astros aos 25 e fisicamente obsoletos aos 35.

Uma das razões que me levaram a ser empresário e investidor é que eu tinha toda uma vida pela frente para aprender a me aprimorar nos quadrantes D e I, em vez dos quadrantes E e A. Sabia que se fosse dono de minhas empresas e investisse para proveito próprio, eu não teria que me preocupar com o controle de minha vida por outra pessoa, que diria quanto eu ganharia, quando poderia tirar férias e quando me aposentaria. Embora eu tivesse sido um fracasso no primeiro tempo da minha vida, dos 25 aos 35 anos de idade, nos tempos seguintes fui me aperfeiçoando cada vez mais como empresário e investidor. No segundo tempo, entre os 35 e os 45 anos, Kim e eu conquistamos nossa independência financeira, e passamos a viver apenas de nossos investimentos.

A REVISTA FORBES FALA DE GENTE QUE APRENDE DEVAGAR

> Oitenta anos atrás, em 1º de outubro de 1921, a revista *Forbes* publicou um artigo intitulado:
>
> "MAUS ALUNOS TÊM SUCESSO"
>
> Thomas Edison foi expulso da escola porque era "burro demais para aprender". Os professores chamaram George Westinghouse de asno. Frank W. Woolworth provavelmente teria levado bomba numa prova de inglês no fim do primário. James B. Duke, o "rei do fumo", não tinha instrução. Diz-se que George Baker, decano dos banqueiros americanos, foi vigia noturno na juventude. Dentre vinte de nossos mais notáveis homens de negócios, nenhum já havia alcançado alguma posição de destaque ao completarem 35 ou 40 anos de idade. Quase todos passaram por maus momentos antes de atingir o auge do sucesso.

DESEJO VERSUS *LÓGICA*

Quando estava iniciando minha jornada, aos 25 anos de idade, tanto meu pai pobre quanto meu pai rico sabiam que eu não era aluno brilhante. Meu pai pobre, destacado acadêmico, me disse: "Você sempre vai aprender devagar". Como eu não aprendia depressa, o pai rico recomendou: "Você precisa dedicar-se a aprender devagar e sempre. Isso lhe permitirá vencer". Também disse: "O desejo pode levar você a lugares aonde a lógica não pode". Não escrevi um best-seller de sucesso internacional até chegar aos 50 anos. Tendo sido reprovado duas vezes no segundo grau por não saber redigir, ser autor de cinco best-sellers da lista do *The New York Times* não é lógico.

Logo depois de sair da faculdade, a maioria de meus colegas ganhava mais do que eu. Hoje, ganho muito mais do que a maioria de meus pares que obtinham boas notas e conseguiram empregos bem remunerados. Como eu era lento, também meu sucesso financeiro chegou tarde. Precisei de mais tempo para começar e para acumular os conhecimentos e a experiência imprescindíveis. Mas descobri o que eu precisava saber por meio de muito esforço e persistência, nunca desistindo, mesmo que muitas vezes tivesse vontade. Portanto, continue aprendendo sobre investimentos, qualquer que seja sua idade ou patrimônio... ou falta de patrimônio. Toda vez que você aprender algo novo, seu jogo melhora.

QUINTO: O CICLO 20-10-5

Pai rico dizia: "O mercado de ações é o investimento dominante durante um período de vinte anos. Quando o vigésimo ano se aproxima, aumenta a probabilidade de um colapso. Depois de um crash, o mercado de ações tende a manter-se em baixa durante dez anos. Nesses dez anos, as commodities, como ouro, prata e petróleo, e os imóveis dominam o mundo dos investimentos. E a cada cinco anos há algum tipo de grande desastre".

No início de minha vida, não entendia muito bem essa teoria do ciclo 20-10-5. Contudo, segui o conselho do pai rico. Entre 1973 e 1980, investi em imóveis e ouro... muitas vezes classificados como ativos perigosos. Alguns de meus leitores talvez se lembrem dos irmãos Hunt, que manobraram o mercado para levar a prata até um pico de cerca de US$50 a onça e o ouro até perto de US$800 a onça. Logo antes de 1980, o mercado de commodities despencou. Como previsto, de 1980 a 2000, o mercado de ações dominou o mundo dos investimentos. O desastre que ocorre a cada cinco anos parece também ter se confirmado. Eventos como crashes do mercado de ações, crises de insolvência em determinados setores, estouros de bolhas imobiliárias e catástrofes como o 11 de setembro de 2001 parecem verificar-se a cada cinco anos. Se essa teoria estiver certa, o próximo desastre deverá acontecer em 2006.

NADA A VER COM BOLA DE CRISTAL

Quando o pai rico me falou do ciclo 20-10-5, ele não pretendia fazer de mim um vidente com sua bola de cristal. Ele queria que eu ficasse atento às mudanças. Uma das razões que levaram tantos representantes da geração baby boom a enfrentar problemas financeiros com a aposentadoria é que seus investimentos ainda estão presos às bolsas de valores e o mercado de ações acaba de encerrar um ciclo de 20 anos. Se tivessem ficado atentos ao ciclo 20-10-5, teriam transferido seu dinheiro de ações para commodities por volta de 1996. Warren Buffett vendeu boa parte de suas ações nesse ano e antes de 2000 já tinha grandes posições no mercado da prata. Não sei se ele segue o ciclo 20-10-5, mas seu padrão de investimentos parece validá-lo.

Se esse ciclo se sustentar, muitos representantes da geração baby boom não terão condições de aposentar-se porque estarão no mercado de ações durante o ciclo das commodities, esperando que o preço de seus papéis se recuperem, o que não acontecerá antes do período 2008-2010.

Aplico o conhecimento do ciclo não como uma bola de cristal, mas como uma forma de estar atento ao futuro. Por exemplo, em 1996, quando o preço do ouro tinha chegado a um dos pontos mais baixos da história, sendo negociado em torno de US$275 a onça, comecei a investir em minas de ouro. Embora muitos de meus amigos de instituições financeiras e do mercado de ações rissem de mim, hoje, quando o preço do ouro gira em torno de US$375 a onça, eles já estão mais sérios. De fato, uma das empresas nas quais investi em 1996, em que sou membro do conselho de administração e segundo maior acionista, acabou de abrir o capital em 2003.

Em outras palavras, quando o ciclo de 20 anos do mercado de ações chegava ao fim, saí dele e comecei a procurar oportunidades no mercado de commodities, como ouro, prata e petróleo. Depois de 11 de setembro de 2001, continuei fora do mercado de valores, apesar dos preços baixos, porque sabia que o ciclo de 20 anos tinha terminado. Então, me concentrei em oportunidades no mercado de imóveis, embora os preços estivessem altos.

NÃO LEVE ISSO PARA O BANCO

Não apostaria meu futuro no ciclo 20-20-5. Como já disse, trata-se, sobretudo, de um meio de lembrar que os mercados se movimentam em ciclos. Contudo, sabendo disso, dificilmente sou pego no contrapé. Uma das melhores formas de descobrir bons investimentos é procurar os que estão fora de moda, mas que em breve devem reconquistar a popularidade. Assim, o ciclo 20-10-5 me permite saber que as ações provavelmente mais uma vez estarão em voga por volta de 2008 e, assim, posso pensar em vender minhas ações de mineradoras nessa época.

Como gosto muito de imóveis e confio na tendência de expansão populacional dos Estados Unidos, continuarei investindo no mercado imobiliário. No Japão, onde as taxas de natalidade são baixas, eu hesitaria em investir em imóveis. Os valores dos imóveis só sobem se houver gente disposta a alugá-los.

Em *Profecias do Pai Rico*, escrevi sobre a possibilidade de um grande colapso do mercado de ações entre 2012 e 2020. A razão desse colapso não é o ciclo 20-10-5, mas a tendência demográfica da população no mundo ocidental. No ano 2016, os primeiros representantes da geração baby boom atingirão os 70 anos e nessa idade a lei que criou os planos de pensão nos Estados Unidos exige que os participantes comecem a retirar seus recursos, o que exigirá a venda das ações para que os fundos possam repassar os recursos para os participantes e estes terão que pagar os impostos que tinham sido deferidos. Então, é preciso lembrar que, se o mercado estiver realmente aquecido em torno de 2016 e não houver entrado em colapso, quanto mais classes de ativos você incluir em sua carteira, mais segura estará a sua vida financeira, não importa o que aconteça com o mercado de ações.

SEXTO: TENHA UM AMIGO NO RAMO

Quase todos somos bastante maduros para saber que nem sempre os melhores investimentos são anunciados. Na maioria dos casos, são vendidos, de maneira legal ou ilegal, a conhecidos pelos melhores preços. Muitas vezes, quando o pequeno investidor ouve falar de um ótimo negócio, os preços do ativo já estão demasiado altos, o que os torna um mau investimento para o pequeno investidor.

Uma das melhores formas de descobrir ótimos investimentos é ter parceiros de negócios que operem diariamente no mercado. Kim e eu encontramos ótimos investimentos porque pagamos a nossos corretores mais do que outros investidores. Por exemplo, enquanto muitos investidores querem convencer seus corretores a reduzir as comissões, nós damos a nossos corretores toda a comissão e 10% dos lucros do investimento. Por alguma razão, porque somos generosos, em geral somos os primeiros a saber de um bom investimento. Adquirimos vários imóveis antes que eles chegassem ao mercado porque tínhamos amigos no ramo e os tornamos parceiros do investimento.

SÉTIMO: PAGUE MAIS

No início de 2003, um corretor de imóveis nos procurou e perguntou se estaríamos interessados em vender um de nossos imóveis. Minha resposta foi: “Na verdade, não estamos interessados em vender, mas tudo tem um preço”.

"Quanto que o senhor quer?", perguntou o corretor.

Depois de refletir um ou dois dias, Kim e eu dissemos: "Por US$2,5 milhões a gente está disposto a vender".

"Isso é demais", disse. "Que tal US$1,9 milhão?"

A conversa ficou por aí.

NINGUÉM GOSTA DE GENTE SOVINA

Pai rico costumava falar: "Ninguém gosta de gente mesquinha. Contudo, por alguma razão, há quem tente enriquecer sendo mão fechada". O mesmo vale para os investimentos. Pessoalmente, acho desagradável quando as pessoas tentam me oferecer menos do que quero... por alguma coisa que tenho... e que eles querem.

MUDE O NEGÓCIO

Já contei neste livro que o pai rico recomendava que seu filho e eu entendêssemos de negócios para nos tornarmos melhores investidores. Um dos motivos disso é que um investimento, incluídos aí os imóveis, vale tanto quando o negócio que está por trás dele. Recorri ao exemplo de um terreno de 10 hectares.

10 hectares

Para o agricultor, esse terreno pode valer US$10 mil.

Para o incorporador imobiliário, o mesmo terreno pode valer US$100 mil.

Por que essa diferença nos valores? Porque *serão utilizados em negócios diferentes.*

UM INSULTO

Não pedi US$2,5 milhões por um imóvel que me custou menos de US$700 mil por ser ganancioso. Pedi um preço tão elevado porque é isso que a propriedade vale para mim atualmente. No momento em que o corretor ofereceu um preço menor, me senti insultado. Vou explicar.

Quando Kim e eu o compramos, o imóvel era um motel com problemas financeiros, decorrentes da ociosidade elevada e das diárias insuficientes. Além disso, hotéis mais novos estavam sendo construídos nas redondezas. Depois da compra, decidimos mudar o modelo do negócio. Transformamos o imóvel num prédio de apartamentos para locação, atividade que conhecíamos bem. Em outras palavras, não valia US$700 mil como motel, mas valia US$700 mil como prédio de apartamentos, já que estava bem localizado. Hoje, oito anos depois da conversão, vale ainda mais, pois pretendemos daqui a cinco anos derrubar o edifício e em seu lugar construir um prédio de apartamentos de alto nível. Poderemos construir doze apartamentos de três quartos e dois banheiros, com garagem, que poderão ser vendidos por cerca de US$350.000 por unidade, ou seja, US$4,2 milhões no total. É por isso que o prédio vale hoje, para nós, pelo menos US$2,5 milhões. Seu valor é assim tão alto porque vamos mudar o negócio e esperamos ganhar esse dinheiro com a venda dos apartamentos. Se o corretor conhecesse nossos planos, veria que nosso preço era justo. Se esse comprador pudesse ver o futuro e a possibilidade de mudança do negócio talvez se dispusesse a pagar o que queríamos e ainda fazer o que pretendia. Em lugar disso, foi sovina e nunca voltamos a falar com ele.

MINHA MANEIRA PREFERIDA DE ENRIQUECER

Com demasiada freqüência, as pessoas tentam e conseguem bons investimentos sendo sovinas e acabam por perdê-los. Não se precisa ser inteligente para oferecer um preço menor e tentar pechinchar. Mas se necessita de criatividade para detectar oportunidades que não saltem aos olhos. De modo que, antes de insultar alguém, oferecendo preço mais baixo por um ativo almejado, verifique se consegue vislumbrar algum valor potencial que não seja percebido pelos vendedores. Na minha opinião, essa é a melhor maneira de enriquecer. Apliquei esse método e fiz ótimos negócios. Sempre estou buscando oportunidades que os outros não vêem e pago o preço que me pedem... o que deixa felizes as duas partes. É a minha maneira preferida de enriquecer.

HÁ MAIS DE UMA MANEIRA DE DESCOBRIR UM ÓTIMO INVESTIMENTO

Como se vê, há mais de um modo de descobrir um ótimo investimento. Os sete métodos listados oferecem alguma flexibilidade para escolher o mais adequado a cada situação concreta. As quatro questões básicas são:

1. Informe-se — não jogue com base em palpites.
2. Conheça os erros cometidos pelos lemingues.
3. Seja generoso.
4. Seja criativo.

Com estes pontos básicos em mente, suas chances de encontrar melhores investimentos aumentarão.

COMENTÁRIOS DE SHARON

Vamos organizar estas idéias. Robert nos revelou muitas de suas estratégias para localizar, selecionar e investir. O processo pode ser sintetizado assim:

Os sete modos de descobrir um investimento:

1. Lembre-se: as pessoas são como lemingues — procure o que não está na moda.
2. Tragédias pessoais ou calamidades — seu bom investimento pode amenizar a tragédia ou calamidade alheia, beneficiando a ambos.
3. Recessão — ótimo momento para investir.
4. Mudanças técnicas, políticas e culturais geram oportunidades.
5. Ciclo 20-10-5 — os ciclos de investimento são bons indicadores.
6. Tenha um amigo no ramo — às vezes, é importante contar com um "conhecido". Seja o primeiro a ser procurado para um novo negócio.
7. Pague mais. Isso lhe permitirá reservar o negócio (e depois analisá-lo). Não pechinche.

Os quatro passos seguintes servem para analisar o investimento descoberto:

1. Conheça os números... não jogue com base em palpites... examine os termos do negócio.
2. Conheça os erros cometidos pelos lemingues... Não acompanhe o bando.
3. Seja generoso... em vez de ganancioso.
4. Seja criativo... há muitas formas de fazer negócios.

Agora, lembre-se das cinco considerações referentes a cada investimento e veja como o investimento em questão se encaixa em sua estratégia geral:

1. Ganhar/criar — como o investimento gerará caixa para você?
2. Gerenciar — como você gerenciará este investimento?
3. Alavancar — quanta alavancagem o investimento oferece, ou você pode conseguir?
4. Proteger — como você deverá manter o investimento, maximizar sua lucratividade e protegê-lo de credores potenciais?
5. Sair — como você recuperará o dinheiro aplicado de início no investimento?

Utilize no investimento o plano de velocidade do dinheiro do pai rico:

1. Invista dinheiro em um ativo usando aceleradores.
2. Recupere o dinheiro investido (estratégia de saída).
3. Mantenha controle do ativo original.
4. Aplique o dinheiro em novo ativo.
5. Recupere o dinheiro do investimento.
6. Repita o processo.

É a combinação de todos estes passos que gera a verdadeira riqueza e propicia o controle do próprio futuro. Para referência, reproduzo aqui o quadro “Porque os ricos ficam mais ricos”, que resume tudo.

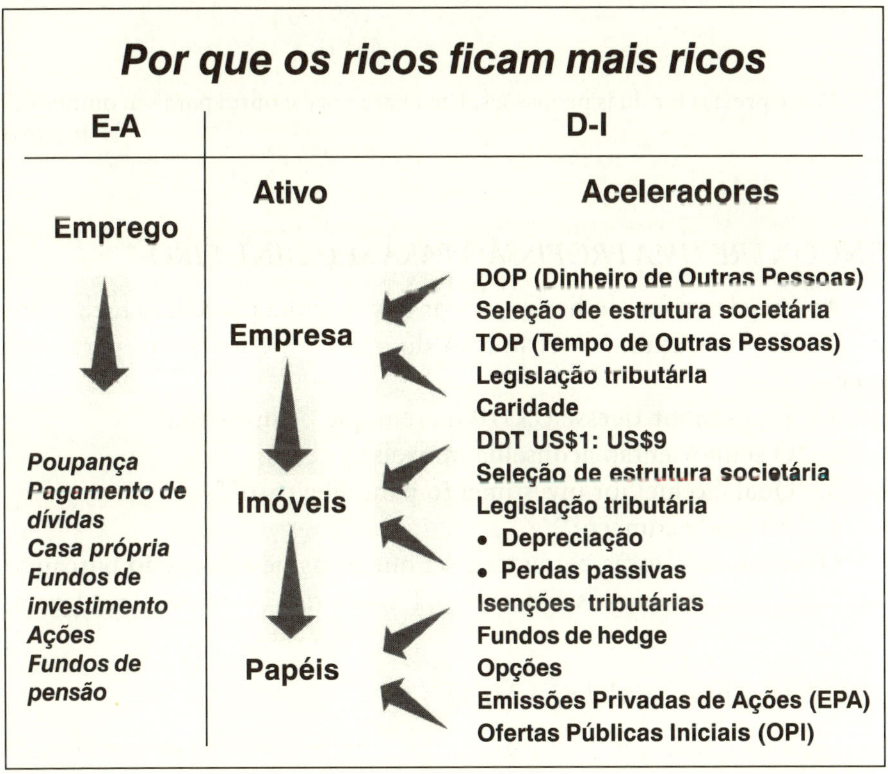

Capítulo 14

Como ser um ótimo investidor

"Você precisa ter duas profissões. Uma para você e outra para seu dinheiro."

Pai Rico

ENCONTRE UMA PROFISSÃO PARA SEU DINHEIRO

Ao chegar ao fim do livro, o leitor talvez tenha percebido meu sentimento de frustração... a frustração de ouvir repetidamente perguntas como:

1. "Se o senhor tivesse US$10 mil em que os investiria?"
2. "O senhor então aconselha imóveis?"
3. "Qual é o melhor investimento para meu caso?"
4. "Por onde começo?"

Quando ouço essas perguntas, sei que essas pessoas estão buscando um lugar para empregar seu dinheiro. É isso o que os investidores fazem.

SEM EMPREGO EM TRÊS MESES

Quando estava em Washington, D.C., numa turnê de lançamento de um livro, um senhor idoso se aproximou de mim no estacionamento e disse bruscamente: "O senhor é o cara que aconselha as pessoas a aplicar em imóveis, não é?"

Com a maior delicadeza possível, retruquei: "Não, eu não digo às pessoas onde devem aplicar seu dinheiro".

"Mas o senhor mexe com imóveis, certo?", perguntou batendo em meu peito com um lápis.

Afastando o lápis, falei: "Ensino as pessoas a investir em empresas, imóveis e papéis. Invisto nas três classes de ativos. A classe de ativos que as pessoas escolhem é problema delas".

"Veja", disse o estranho, "vou me aposentar daqui a três meses e preciso saber onde aplicar meu dinheiro. Não tenho aposentadoria. Disseram que o senhor poderia me ajudar".

"Posso ajudá-lo se o senhor estiver disposto a aprender a ser um investidor", respondi calmamente.

"Quanto vai me custar virar um investidor?", perguntou ele.

"Depende do senhor. Quanto é que o senhor tem para investir?"

"Cerca de US$18 mil no banco e sou dono de uma casinha e de meu carro. Não tenho dívidas. Isso é tudo o que eu tenho. Minha mulher me largou há alguns anos e ela é que tinha um emprego público e benefícios. Eu trabalho numa pequena empresa de engenharia que não está em boa situação. Gosto de trabalhar na empresa, mas o salário é baixo e não oferece benefícios ou garantias".

Sacudi a cabeça em silêncio. Eu podia sentir o sofrimento que estava por trás de suas palavras. Essa dor me lembrou de meu pai pobre, quando continuava procurando emprego, depois de ter atingido a idade para se aposentar. Finalmente, eu disse: "Bom, talvez fosse melhor o senhor não se aposentar. Por que não pôr o dinheiro no banco e continuar trabalhando em alguma coisa que o senhor goste de fazer."

"Sei disso. Há anos que sei que preciso investir. Não posso fingir que vou poder trabalhar pelo resto da vida. Fico apavorado pensando que eu, um homem instruído, algum dia me tornarei um peso para a sociedade, porque não posso trabalhar nem cuidar de mim mesmo. Sempre fui um homem trabalhador, mas sei que minha capacidade de trabalho um dia chegará ao fim".

Fez-se um longo silêncio. Como já disse, fico cansado de ouvir as mesmas perguntas sucessivas vezes. Fico cansado porque não tenho nenhuma resposta pronta que resolva como num passe de mágica as várias situações. Dinheiro, investimento e segurança financeira no longo prazo são questões que não têm soluções imediatas.

"O senhor poderia me dizer algo que me ajude a ser melhor investidor?", perguntou o homem, procurando respostas rápidas para seu problema de aposentadoria.

Pensei por um momento e perguntei: "Qual é sua profissão?"

"Sou engenheiro civil", respondeu com orgulho. "Tenho sob minha responsabilidade 25 trabalhadores".

"Bom", respondi. "E qual é a profissão do seu dinheiro?"

"A profissão do meu dinheiro?", gaguejou. "Não sei. Está no banco".

"Ótimo", sorri. "Então a profissão de seu dinheiro é bancário".

"Não entendo. O que o senhor quer dizer com isso?"

"Porque é nisso que o seu dinheiro está trabalhando para o senhor", retruquei. "Sabe, o pai rico me ensinou que eu devia olhar para meu dinheiro como meu empregado. Minha função como investidor é encontrar trabalho para meus empregados. Portanto, seus 18 mil empregados estão trabalhando para o senhor no banco. Isso significa que são bancários de profissão".

"Meu dinheiro está no ramo bancário?"

"Correto", disse eu. "São bancários porque o banco lhes paga para trabalhar lá".

"Nunca pensei nisso."

"E como o banco está tratando seus empregados? Paga bem?"

"Não muito bem."

"Quer dizer que o banco não lhes paga bem?", perguntei sorrindo, pois via que ele estava começando a pegar a mensagem.

"Não", sorriu o engenheiro, agora mais simpático. "Na verdade, o banco lhes pagava 5% ao ano, mas agora está pagando menos de 1% a meus 18 mil empregados."

"É pouco. E concede benefícios?"

"Benefícios, que benefícios?"

"Benefícios como ganhos de capital, vantagens tributárias, renda não-tributável. Seus empregados recebem algum desses benefícios do banco?"

"Não. Os juros que recebo são tributados. Não recebo nenhum benefício isento de impostos", disse, um tanto intrigado. "Seus empregados ganham alguns desses benefícios de seu banco?", perguntou.

"De forma alguma. É por isso que tenho tantos empregados no ramo imobiliário. É uma atividade que trata muito bem de seus empregados e lhes proporciona vários benefícios."

"Benefícios de que tipo?"

"Benefícios como vantagens tributárias para os ganhos de capital, depreciação, deduções, seguro contra perdas, proteção contra predadores financeiros e muito mais. Tenho algum dinheiro no banco, mas é pouco. Como no seu caso, o banco não trata muito bem meus empregados".

"E o mercado de ações?", perguntou o engenheiro. "Ele trata bem seus empregados?"

"Do mesmo modo que a maioria das grandes empresas trata seus empregados. É por isso que os empregados das grandes empresas muitas vezes formam sindicatos para defender seus interesses. Em vez de sindicatos, muitos 'empregados financeiros' recorrem aos fundos de investimento. Nome diferente, a mesma idéia. Em qualquer dos casos, sempre há uma luta entre trabalhadores e gerência, pagamento e benefícios. Na verdade, a alta administração das empresas sempre é remunerada, mas os trabalhadores não recebem se a gerência não faz um bom trabalho."

Em silêncio durante alguns minutos, o engenheiro estava começando a entender o que faz um investidor. "De modo que minha tarefa é achar uma profissão para meu dinheiro. É isso que um investidor faz. Preciso encontrar lugares onde meu dinheiro seja bem remunerado, receba ótimos benefícios e esteja livre dos abusos e da corrupção".

UM BOM INVESTIDOR É ZELOSO

Sorri, balançando afirmativamente a cabeça. "Assim como os pais são zelosos com seus filhos, o investidor procura saber como seu dinheiro e seus 'empregados' financeiros estão sendo tratados. A maioria das pessoas entrega cegamente seu dinheiro a estranhos que trabalham para grandes empresas e não sabem como seus trabalhadores estão sendo tratados. Eles estacionam seu dinheiro. É por isso que tão pouca gente tem sucesso em seus investimentos. Muitas vezes, permitem que seu dinheiro seja maltratado e mal remunerado. A tarefa do investidor é achar a profissão certa para seu dinheiro... seu empregado. Eduque-se, para poder tratar seus "trabalhadores" com respeito, encontrar bons empregos para eles, protegê-los, assegurar-se de que estão sendo bem remunerados. Assim, seus trabalhadores se multiplicarão e trabalharão duro para o senhor".

TRABALHANDO PARA ESTRANHOS

Estava na hora de ir embora. Tinha que fazer uma palestra e o senhor à minha frente parecia ter encontrado a resposta. Pelo menos parecia entender melhor o que era investir. Ele sorriu, estendeu a mão e disse "obrigado". Apertando sua mão, disse, "pai rico dizia: 'Ponha seu dinheiro em mãos de estranhos e ele trabalhará para estranhos — antes de trabalhar para você'. Portanto, seja esperto, ache o melhor emprego para o seu dinheiro e ele tomará conta do senhor. É para isso que investimos".

EM QUE O BOM INVESTIDOR É ZELOSO

Já mencionei que os investidores estão atentos a cinco coisas:

5. Saída
4. Proteção
3. Alavancagem
2. Gestão
1. Ganho/aquisição

O investidor profissional cuida desses cinco pontos ao planejar seus investimentos porque é zeloso com seu dinheiro — seu "empregado". Em termos de investimentos profissionais, esses cinco pontos correspondem à checklist de uma auditoria — ou seja, a lista de aspectos a serem verificados.

Quando eu estava fazendo o curso de pilotagem, ensinaram-nos a importância de sempre respeitar as checklists. Por exemplo, antes de dar partida no motor, nós seguíamos uma lista escrita de procedimentos. O mesmo se aplica aos verdadeiros investidores. Por exemplo, antes de comprar um novo imóvel, nós fazemos uma verdadeira auditoria. Com isso, ganhamos bastante dinheiro ao longo dos anos.

O QUE HÁ DE ERRADO EM TER EMPREGO E DINHEIRO EM FUNDO DE PENSÃO?

Nos livros anteriores, já mencionei muitas vezes as limitações dos empregos e dos fundos de pensão. Usando a checklist de cinco pontos é fácil ver por quê.

1. Ganho/aquisição: a renda proveniente de um emprego, do trabalho pessoal, é a mais tributada. Como muitos dos leitores sabem, há três tipos de renda: a ganha, a de portfólio e a passiva. Um investidor em geral investe para auferir renda de portfólio e renda passiva, que na maioria dos casos é adquirida e não decorrente do trabalho.

2. Gestão: um emprego lhe dá pouco controle gerencial sobre os impostos. Além disso, os trabalhadores cujos planos de pensão investem em ações ou em fundos de investimento não têm controle sobre as despesas dessas organizações. Os investidores profissionais querem gerenciar

impostos e despesas, porque esses itens afetam o retorno sobre o investimento.

3. Alavancagem: investir num plano de pensão oferece pouca alavancagem. No máximo, os empregadores contribuem para os fundos de pensão com quantia igual à dos empregados. Os investidores profissionais procuram usar DOP, ou dinheiro de outras pessoas, em vez de seu próprio dinheiro.

4. Proteção: os planos de pensão oferecem pouca proteção contra as perdas de mercado. Além disso, a maioria dos trabalhadores tem todo o seu patrimônio em nome próprio, com o que ficam desprotegidos em caso de disputas judiciais. Os investidores profissionais colocam seu patrimônio em nome de uma pessoa jurídica, e não no próprio nome. Eles recorrem ao seguro para proteger seus ativos sempre que possível.

5. Saída: quando alguém se aposenta, a renda dos planos de pensão é taxada a alíquotas altas, porque é renda ganha. Isto significa que até os ganhos de capital e os dividendos estarão sujeitos a essas alíquotas. Toda essa estrutura está embasada na suposição de que, ao aposentar-se, as pessoas passem para uma faixa de renda inferior. Já eu espero que minha renda aumente enquanto eu acumulo mais ativos que trabalhem para mim. Um investidor profissional espera que sua renda continue aumentando, mesmo depois da aposentadoria.

ADVERTÊNCIA DA CHECKLIST

Uma checklist pode dizer-lhe se há algo errado com o investimento. Quando as pessoas dizem que estão satisfeitas com a segurança do seu emprego e com o plano de aposentadoria recheado de fundos de investimento, sei que não analisaram com cuidado os cinco pontos da checklist. Além de estarem sendo prejudicadas em termos financeiros pelo sistema tributário e pelas empresas em que concentram seus investimentos, seu dinheiro não está nem alavancado nem seguro. Ao se aposentarem, se tiverem obtido bons resultados financeiros, voltarão a ser punidas pelo sistema tributário.

O QUE FAZEM OS INVESTIDORES

Qualquer que seja meu investimento, empresas, imóveis ou papéis, antes de investir examino os cinco pontos da checklist. Por exemplo, ao aplicar dinheiro num imóvel, penso em:

1. Ganho/aquisição: não quero obter renda ganha. Se escolher adequadamente o imóvel, estarei gerando renda passiva.

2. Gestão: procuro reduzir as despesas, aumentar a receita, escolher quando pago meus impostos e reduzir minha renda tributável. Se houver prejuízos, poderei usá-los em meu favor.

3. Alavancagem: os imóveis são o investimento mais fácil de alavancar. Nos Estados Unidos, pode-se alavancar até 90% do seu custo.

4. Proteção: protejo meu imóvel com diferentes tipos de seguro. E com diferentes tipos de pessoa jurídica. Protejo minhas idéias com direitos autorais, marcas registradas e patentes. Também protejo meus imóveis recorrendo a empréstimos sem garantia imobiliária ou então instituo um fundo de amortização onde acumulo dinheiro extra para as emergências.

5. Saída: em vez de vender meus imóveis, o que poderia se constituir em fato gerador de impostos, às vezes troco meu imóvel por outro, sem pagar imposto, ou o uso como garantia de um empréstimo para poder investir no que quero.

SUPER-SIMPLIFICAÇÃO

Estou ciente de que este é um exemplo mais do que simplificado do uso da checklist de cinco pontos. Na vida real, cada um dos pontos é muito mais detalhado. Contudo, sob muitos aspectos, ela pode ser usada como orientação para o plano de negócios de qualquer investimento. Nada funciona exatamente como é planejado, mas a checklist permite avaliar rapidamente os prós e os contras de qualquer investimento em que se queira pôr o dinheiro, isto é, os "empregados", para trabalhar.

Mesmo muito simplificadas, as duas checklists esboçadas aqui são úteis para comparar os aspectos positivos e negativos da situação de uma pessoa com emprego e plano de aposentadoria e a de um investidor profissional que é dono de empresa do ramo imobiliário. A lição a se extrair daí é que os investidores profissionais utilizam checklists de pontos importantes a serem analisados com cuidado, que infelizmente são ignoradas pela maioria dos investidores amadores.

A MELHOR FORMA DE ENRIQUECER

Muita gente parece pensar que investir é simplesmente aplicar o dinheiro em algum negócio badalado e esperar pelos lucros. Ou entregá-lo a um estranho e torcer para que ele ou a empresa lhe devolvam o dinheiro algum dia. Obviamente, isso não é investir — é jogar. Mas, pior que jogar, demonstra falta de respeito por algo a que a maioria das pessoas dedicou parte de sua vida, de seu suor, de seu sangue e de seu tempo.

A maioria das pessoas não gosta de trabalhar para outras pessoas, ou empresas, mesquinhas e arbitrárias. Entretanto, quando se trata do dinheiro a ser investido, muita gente entrega seu dinheiro a pessoas ou empresas que parecem estar mais atentas aos próprios interesses do que aos dos investidores.

Warren Buffett disse: "A melhor forma de enriquecer é não perder dinheiro". Uma das melhores maneiras de não perder dinheiro é investir algum tempo para garantir que o dinheiro investido... nosso empregado pessoal... trabalha num ambiente financeiramente inteligente, íntegro, bem administrado, responsável e seguro. Isso é o que fazem os investidores profissionais. Isso é o que fazem investidores como Warren Buffett. Ele trata o dinheiro, as empresas em que investe, seus trabalhadores e seus investidores com alto grau de inteligência, de integridade e de respeito pessoais. É por isso que suas atividades são tão bem-sucedidas. O pai rico dizia: "As pessoas que não respeitam o dinheiro, ou que maltratam o dinheiro que ganham, muitas vezes não são respeitadas e são maltratadas sob o ponto de vista financeiro".

Qualquer que seja seu ramo de investimentos, empresas, imóveis ou papéis, trate esses ativos e seu dinheiro com o mesmo respeito que você quer que lhe seja dispensado. Se fizer isso, seu dinheiro e seus ativos se multiplicarão e tornarão sua vida mais fácil e farta. Cuide de seu dinheiro e de seus ativos e eles cuidarão de você.

COMENTÁRIOS DE SHARON

Plano de investimento

Você precisa formular o plano de investimento mais adequado à sua situação. A seguinte revisão simplificada das três classes de ativos destaca seus prós e contras:

1. Empresas

Pró: São os ativos que oferecem os maiores retornos sobre os investimentos. Uma empresa tornou Bill Gates o homem mais rico do mundo. A legislação tributária beneficia as empresas.

Contra: É a classe de ativos cuja propriedade, desenvolvimento e controle são mais difíceis.

2. Imóveis

Pró: São os ativos mais fáceis de alavancar. É mais fácil obter financiamento para a compra de imóveis do que para empresas ou papéis.

Contra: No caso do pequeno investidor, os imóveis exigem mais capital do que os papéis e seu gerenciamento é mais complexo.

3. Papéis

Pró: É a classe de ativos em que a entrada e a saída são mais fáceis.

Contra: Menor controle financeiro.
Menos vantagens tributárias.
Alta volatilidade.

Sinergia *versus* diversificação

Muitas pessoas acreditam que a diversificação é uma estratégia inteligente. Contudo, muita gente realmente não diversifica, pois só investe em uma classe de ativos. Por exemplo, muita gente acredita estar diversificando quando aplica todo o dinheiro em fundos mútuos.

O pai rico nos ensinou que, em lugar de diversificar, é preferível buscar a sinergia de nossos investimentos, combinando classes de ativos. Por meio dela, é possível obter retornos muito mais altos. É a sinergia entre empresas e imóveis que tornou Donald Trump tão rico. É a sinergia entre empresas e papéis que tornou Warren Buffett tão rico.

CAPÍTULO 15

Conclusão: Vencedor ou perdedor?

Quando pai rico me mostrou pela primeira vez os quatro tempos do jogo do dinheiro, eu estava entrando no primeiro tempo e não liguei muito. Tinha 25 anos e tudo que queria era vencer, mesmo sem ter certeza de que conseguiria.

25 a 35	1º tempo
35 a 45	2º tempo

Intervalo

45 a 55	3º tempo
55 a 65	4º tempo

Prorrogação

Tempo esgotado

Embora tecnicamente eu tenha vencido meu jogo do dinheiro no fim do segundo tempo, e Kim ao fim do seu primeiro tempo, ambos estamos cientes de que o jogo não acabou. Todos conhecemos gente que vencia num dos tempos do jogo e mais adiante perdeu.

Uma das melhores coisas que me aconteceram foi ter perdido no primeiro tempo. O sucesso internacional de minha empresa de carteiras de náilon e velcro me subiu à cabeça... e logo se converteu em arrogância e em excesso de autoconfiança. Quando cheguei aos trinta, já tinha obtido sucesso e o tinha perdido. Essa derrota financeira no início da vida me ensinou não apenas a respeitar o dinheiro, mas também o jogo do dinheiro.

O PLACAR AO FIM DE TRÊS TEMPOS

Hoje, quando estou iniciando o quarto tempo do meu jogo do dinheiro, olho para trás e o placar dos primeiros três tempos é mais ou menos este:

25 a 35 Renda de investimentos — US$0 ao mês (grandes dívidas)
35 a 45 Renda de investimentos — US$10 mil mensais

Intervalo (dois anos de folga)

45 a 55 Renda de investimentos — mais de US$100 mil mensais
55 a 65 Renda de investimentos — (?) (a ser determinada)

Prorrogação (?) (a ser determinada)

Continuo cauteloso, embora hoje seja bem-sucedido financeiramente porque sei que o placar do jogo pode virar a qualquer momento. É por isso que fico contente de ter sofrido grave derrota no primeiro tempo. A derrota não só me ensinou a vencer, mas também a respeitar o dinheiro e o jogo do dinheiro. Estou muito consciente de que, embora esteja vencendo hoje, posso perder tudo amanhã.

UMA PREOCUPAÇÃO PESSOAL

Minha preocupação pessoal é que hoje há milhões de pessoas que trabalham duro, mas que estão perdendo o jogo. E uma das razões disso é que muitas dessas pessoas estão simplesmente *evitando* o jogo. E se elas estão no jogo, investindo em planos de aposentadoria, não estão obtendo altos retornos porque só diversificam dentro de uma classe de ativos, principalmente papéis, ou seja, estão perdendo a sinergia entre classes de ativos. Além disso, há gente demais pondo seu dinheiro nas mãos do governo, pagando impostos excessivos, ou de estranhos, que remuneram primeiro a si próprios e que talvez não devolvam o dinheiro no momento em que for mais necessário.

Novamente, como faço em todos os meus livros, repito que, na minha opinião, é tempo de que nosso sistema escolar inclua em seus currículos noções de gerenciamento básico do dinheiro, enfatizando a diferença básica entre *ativos* e *passivos*. As escolas também deveriam ensinar várias estratégias de investimento, as três classes de ativos e a diferença entre investir para gerar *caixa* e para obter *ganhos de capital*. E, finalmente, embora não menos importante, a educação financeira sólida deve abranger os efeitos básicos dos impostos sobre os rendimentos. Se as pessoas soubessem o quanto os empregados pagam em impostos e como a legislação tributária favorece os donos de empresas, talvez mais gente abrisse empresas ao sair da escola, em vez de procurar empregos bem remunerados. Essa é verdadeira educação financeira. Hoje, as escolas, em conluio com as instituições financeiras, declaram estar oferecendo alfabetização financeira à garotada, quando apenas ensinam a escolher ações. Não se trata de ensinar os jovens a se transformar em jogadores e sim de mostrar-lhes qual é o verdadeiro jogo do dinheiro, antes que cheguem ao quarto tempo de suas vidas esperando que a família ou o governo os amparem na velhice.

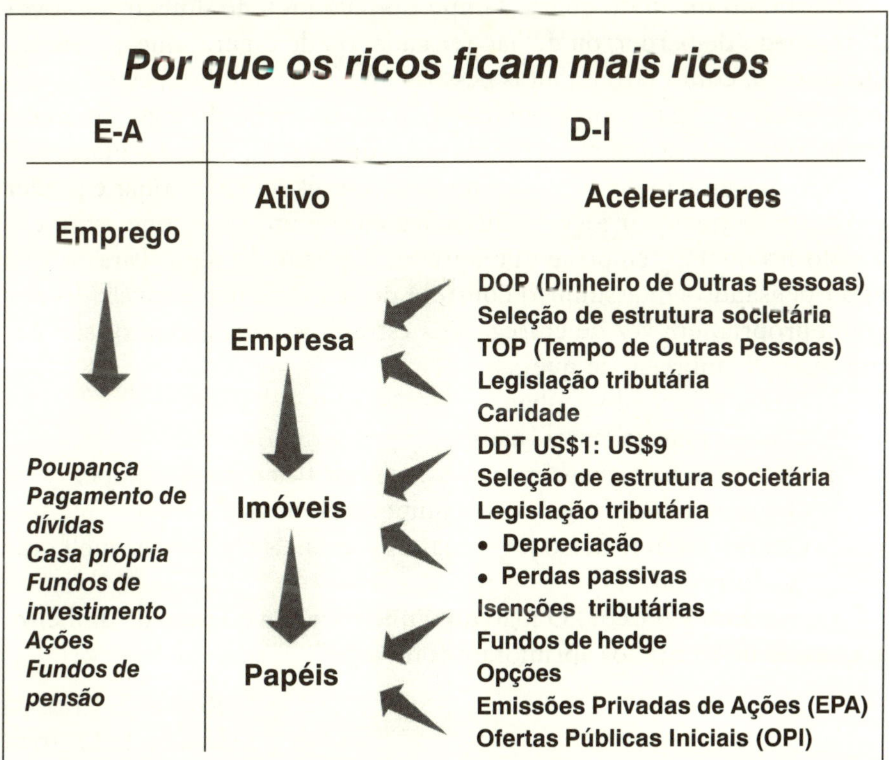

Examine mais uma vez o quadro da página anterior, que mostra as diferenças entre estacionar e acelerar o dinheiro. Você está pronto para assumir o controle de seu futuro financeiro e começar a acelerar seu dinheiro, em vez de deixá-lo estacionado?

A MELHOR PARTE DO JOGO

Antes de concluir o livro, quero passar uma palavra de sabedoria adquirida, *praticando o jogo* e não *fazendo teoria*. A melhor parte do jogo do dinheiro, independentemente de ter perdido ou ganhado, foi que aos poucos aprimorei meu desempenho. Como se vê pelo meu placar nos primeiros três tempos, apesar do resultado decepcionante do primeiro tempo, melhorei muito depois disso.

Infelizmente, muitas pessoas perderão o jogo do dinheiro, porque passam a vida evitando perder. Em vez de jogar para ganhar, gente demais *joga para não perder*. Repito, essa situação em parte é decorrência de um sistema de ensino que não cuida dos conhecimentos necessários à sobrevivência no mundo real.

Agora, no início do quarto tempo do meu jogo do dinheiro, em vez de ter medo de perder, ou de não ter nada, ou de esperar que o governo me ampare, como fazem tantas pessoas no quarto tempo... estou confiante — não arrogante ou empolgado, mas sem medo do jogo. Sei que é um jogo que praticarei até o fim da vida, qualquer que seja o placar.

Não que eu não possa perder no futuro, pois sei que ganhar e perder são parte de qualquer jogo. A diferença para mim, agora que estou entrando no quarto tempo, é que aprendi a gostar do jogo. Para os que estão pensando em assumir o controle de seu dinheiro e investi-lo por conta própria, em vez de entregá-lo a estranhos, alguns pontos são importantes. Lembre-se de que:

1. Perder é parte do ganhar.
2. Quanto mais jogamos, mais nos aprimoramos.
3. Quanto mais nos aprimoramos, melhor fica a nossa equipe.
4. Quanto melhor fica a nossa equipe, melhor fica o jogo.
5. Quanto melhor fica o jogo, maiores serão as chances de melhorar nosso placar.

Como dizia pai rico: "O jogo do dinheiro não é questão de dinheiro. É questão de como nos aprimoramos no jogo".

ROBERT T. KIYOSAKI
SHARON L. LECHTER

Os Autores

Robert T. Kiyosaki

Nascido e criado no Havaí, Robert Kiyosaki pertence à quarta geração de nipo-americanos. Depois de se formar na faculdade em Nova York, Robert entrou para o Corpo de Fuzileiros Navais e foi para o Vietnã como oficial e piloto de helicóptero de combate.

Ao voltar da guerra, Robert foi trabalhar na Xerox Corporation, e em 1977 iniciou uma empresa que levou ao mercado a primeira carteira de nylon com velcro para surfistas. Em 1985, fundou uma empresa internacional de educação especializada em ensinar negócios e investimento a milhares de alunos no mundo inteiro.

Em 1994, Robert vendeu seu negócio e se aposentou com a idade de 47 anos. Durante sua curta aposentadoria, Robert escreveu *Pai Rico, Pai Pobre*. Logo em seguida, escreveu *Independência Financeira*, *O Guia de Investimentos* e *Filho Rico, Filho Vencedor*. Todos os livros estiveram nas listas de best-sellers do *Wall Street Journal*, da *Business Week*, do *New York Times*, da *E-Trade.com* e outras listas importantes. Robert também criou o jogo de tabuleiro educacional CASHFLOW para ensinar às pessoas as estratégias financeiras que seu pai rico passou anos ensinando a ele... as mesmas estratégias que permitiram que Robert se aposentasse aos 47 anos.

Robert costuma dizer sempre: "Nós vamos à escola para aprender a trabalhar duro por dinheiro. Eu escrevo livros e crio produtos que ensinam as pessoas a como fazer o dinheiro trabalhar duro para elas... para que possam desfrutar dos luxos deste excelente mundo em que vivemos."

Sharon Lechter

CPA., co-autora da série de livros *Pai Rico* e CEO e co-fundadora da CASHFLOW® Technologies, Inc., Sharon Lechter tem dedicado seus esforços profissionais ao campo da educação. Diplomou-se com honras na Florida State University em contabilidade, e em seguida entrou para as fileiras do que era na época uma das oito grandes empresas contábeis dos Estados Unidos, a partir daí obteve posições em empresas dos setores editorial, de informática e de seguros, além de manter suas credenciais profissionais como CPA.

Sharon tem um casamento feliz com Michael Lechter há mais de vinte anos e tem três filhos, Phillip, Shelly e William. À proporção que seus filhos cresciam, passou a se envolver ativamente em sua educação e sempre atuou em posições de liderança em suas escolas. Tornou-se uma ativista nas áreas de matemática, informática, leitura e escrita na educação. Por isso, em 1989, ficou maravilhada ao juntar forças com o inventor do primeiro "livro falante" eletrônico, e o ajudou a expandir a indústria do livro eletrônico para um mercado internacional de milhões de dólares. Hoje, continua sendo pioneira no desenvolvimento de novas tecnologias para trazer a educação de volta à vida das crianças. Como co-autora dos livros da série *Pai Rico* e CEO da CASHFLOW® Technologies, Inc., ela concentra seus esforços no campo da educação financeira. "Nosso sistema educacional atual não foi capaz de acompanhar as mudanças globais e tecnológicas no mundo hoje. Precisamos ensinar aos nossos jovens as habilidades, tanto acadêmicas quanto financeiras, para que eles aprendam não só a sobreviver como também a florescer no mundo que enfrentam."

Como uma ávida filantropa, Sharon "dá de volta" como voluntária e doadora. Ela dirige a Foundation for Financial Literacy, e é diretora da delegação do Arizona para a Childhelp USA, organização formada para erradicar o abuso infantil nos Estados Unidos. Como membro ativo da Women's Presidents Association, gosta de interagir em networking com outras mulheres profissionais de todo o país.

Robert Kiyosaki, autor dos livros da série *Pai Rico* e seu sócio, diz o seguinte a respeito dela: "Sharon é um dos poucos empreendedores naturais que conheço. Meu respeito por ela continua a crescer a cada dia que trabalhamos juntos." Você pode entrar em contato com Sharon pelo e-mail sharon@richdad.com.

Para maiores informações sobre o Cashflow ou sobre o sistema de ensino do autor, escreva para:

Cashflow Technologies, Inc. 6611N. 64th Place Paradise Valley, Arizona 85253

Ou visite o site:
www.richdad.com

Sistema CTcP,
impressão e acabamento
executados no parque gráfico da
Editora Santuário
www.redemptor.com.br - Aparecida-SP